WIND
JAMMER
LIEDER

CLAASSEN VERLAG
DÜSSELDORF

STAN HUGILL

WIND JAMMER LIEDER

DAS RAUHE LEBEN
UND DIE LUSTIGEN LIEDER
DER ALTEN FAHRENSLEUTE

INHALT

Copyright © 1978 by Claassen Verlag GmbH,
Düsseldorf

Alle Rechte der Verbreitung in deutscher Sprache,
auch durch Film, Funk, Fernsehen, fotomechanische
Wiedergabe, Tonträger jeder Art und auszugsweisen
Nachdruck, sind vorbehalten.
ISNB (3 546 44893 6)

Eine McGraw-Hill Co-Produktion

Titel der Originalausgabe:
»Songs of the Sea«
Copyright © 1977 by
McGraw-Hill Book Co. (UK) Ltd.,
Maidenhead, England.

Photolithographie:
FOTO-LITHO HEGO AG, LITTAU
Schweiz

Satzherstellung:
HERTIG & CO. AG, BIEL
Schweiz

Handgeschriebene Strophen:
FRANZ CORAY
Musiknoten:
ERNST HOFER

Druck:
HERTIG & CO. AG, BIEL
Schweiz

Einband:
H. + J. SCHUMACHER AG, SCHMITTEN
Schweiz

Printed in Switzerland

HISTORISCHE EINFÜHRUNG

Halb realistisch, halb phantastisch erscheint uns heute diese Darstellung einer Schiffskatastrophe aus dem 18. Jahrhundert. Das Größenverhältnis ist grotesk verschoben, aber das Aussehen des »Seeungeheuers« entspricht durchaus seinen natürlichen Vorbildern.

Rechts: *Geschäftige Betriebsamkeit herrscht auf diesem Bild eines westindischen Hafenstädtchens aus dem Jahre 1590.*

Die Landbewohner haben die Seefahrer immer als eine besondere Rasse oder Gattung betrachtet; seit jeher waren die Seeleute von einem Hauch des Mystischen umweht. Kein Wunder, denn zu allen Zeiten kehrten sie mit unglaublichen Geschichten heim; sie erzählten von den Menschen in *Ui Breasail*, die Augen im Bauch hätten, von den zauberhaften Inseln der Lotosesser, dem Kraken in seinem Maelstrom, den vielgestaltigen Figuren der Scylla und Charybdis im Mittelmeer oder von Meermädchen und Sirenen, deren unheimlicher Gesang einen Mann zu Stein werden ließ.
Seit den Tagen der Seeräuber – den Nordmännern, Sachsen, Jüten und anderen – hatte sich der Graben zwischen Landleuten und Seeleuten noch deutlich vertieft, zumindest bis zum Anbruch des Maschinenzeitalters. War ein Junge einer Bordgemeinschaft beigetreten, ganz gleich ob auf einem Wikingerschiff, einer Karavelle oder einem baltischen Schoner, wurde er bald ein Fremder für seine Freunde an Land. Er nahm Sitten und Gebräuche der Seeleute an und lernte ihre eigentümliche Sprache. Die Unterschiede zwischen dem nordischen »Janmaaten« und dem lateinischen »Marinero« waren nicht groß, was das tägliche Leben auf See betraf. Sie schliefen

auf einem Strohlager, in neuerer Zeit in einer Hängematte oder einer Koje aus rohem Holz. Zu essen gab es Salzfleisch oder Stockfisch, grobes Roggenbrot oder Schiffszwieback. Es fehlten die gesunderhaltenden Vitamine; deshalb litt der Seemann oft unter Skorbut und anderen Mangelkrankheiten. Die Feuchtigkeit verursachte Rheuma und verwandte Leiden, das dauernde Holen und Hieven war schuld, daß bei Seeleuten Leistenbrüche häufiger waren als bei vergleichbaren Gruppen an Land. Obgleich in jüngerer Zeit der Skorbut und einige andere Leiden ausgeschaltet wurden, unterschied sich das Leben auf einem Salpetersegler des 19. Jahrhunderts nur wenig von dem auf den Segelschiffen Vasco da Gamas.

Mit Ausnahme der wenigen, die in arktischen Gewässern umherstreiften, waren die Schiffer des Nordens vor allem in Nord- und Ostsee unterwegs. Die Seeleute des Mittelmeeres dagegen segelten mit den Informationen, die ihnen die Basken gegeben hatten, auch über die Säulen des Herkules hinaus und suchten Neuland südlich und westlich von Europa. Die nordischen Seefahrer navigierten mit scharfem Ausguck, nach gekoppelten Kursen und mit Hilfe der Lotleine; sie verachteten die »Kuhhäute«, wie sie spöttisch die *Portolankarten* ihrer lateinischen Rivalen nannten. Während des 15. und 16. Jahrhunderts begannen die Genuesen, Venetianer, Katalanen und Portugiesen, mit hochseefähigen Fahrzeugen zu operieren. Dazu wurden neue Navigationsmethoden entwickelt – vor allem von vertriebenen alexandrinischen Juden, die sich auf Mallorca niedergelassen hatten. Die Karavel-

len Portugals und Spaniens fanden den Weg nach den Azoren und den Bahamas, sie segelten entlang der untiefenreichen Küste Guineas und um das Kap der Stürme. Im 15. und 16. Jahrhundert stellten Seeleute und Schiffe aus Spanien und Portugal die aller anderen Völker Europas in den Schatten. Dann übernahmen Holländer die Führung. Im Wettkampf um die Vorherrschaft zur See hatten sich die ersten holländischen Schiffe am arktischen Walfang beteiligt, und dabei wurde der

Stützpunkt Smeerenberg auf Spitzbergen gegründet. Von dort aus suchten sie das »Sesam öffne dich«, einen Weg nach dem Fernen Osten, an dem alle seefahrenden Völker Europas interessiert waren.

Nach den einmastigen *Koggen* der Hansestädte kamen die hochgetürmten *Karracken* und die schlankeren *Karavellen* des Mittelmeeres, die zwiebelförmigen *Fleuten* von Hoorn in Holland, bis schließlich die *Galeonen* der lateinischen und englischen Seefahrer die Entdeckung der Welt fortsetzten. Die Beschneidung des hochaufgebauten und reichverzierten Heckkastells, die Takelung mit drei Masten statt nur mit einem, die bessere Formung des Unterwasserschiffes, das nach den Worten des englischen Schiff-

Zwei Versuche der kartographischen Meeresdarstellung aus dem 16. Jahrhundert: »Die Ungeheuer des nördlichen Meeres« (links) mit Norwegen am rechten und Island am oberen Kartenrand, und eine portugiesische Karte des Mittelmeeres (rechts), *die 1569 in Venedig erschien – nach Größe und*

bauers Matthew Baker einen Dorschkopf und einen Makrelenschwanz bekam, das Anbringen von Mars-und Bramsegeln oberhalb der einfachen Untersegel, die Segel am Bugspriet, der Gebrauch dreieckiger Stagsegel, um die Druckwirkung des Lateinersegels am Besanmast auszugleichen, all das waren Markzeichen in der Entwicklung des Hochseeschiffes. Die Erfindungen und Verbesserungen des Astrolabiums, des Jakobsstabes, des Doppelquadranten und des Oktanten kamen der Navigation zugute; sie verdrängten den unbefriedigenden Quadranten mit Senkblei, der für Messungen von Gestirnshöhen auf bewegtem Schiff untauglich war. Die Entwicklung besserer Seekarten durch Gerhard Krämer, genannt

Genauigkeit durchaus als Navigationshilfe auf See zu gebrauchen. Der Kupferstich beherrschte die Meereskartographie bis ins 20. Jahrhundert.

Mercator, besserer Segelanweisungen oder *Routiers* durch die Franzosen (wordurch die lateinischen *Portolanos* ersetzt wurden) und der große Schritt vom Magnetstein zur Kompaßrose, die in Amalfi in Italien erdacht wurde, das alles half dem Seefahrer.

Manche Übel blieben jedoch. Die *Rôle d'Oleron,* das Seerecht des alten Rhodos, das heute im »Black Book of Admiralty« einbalsamiert ist, erlaubte das Auspeitschen und Kielholen der Mannschaften. Wasser wurde in Fässern und hölzernen Tanks mitgenommen, in denen sich bei längeren Seereisen Keime entwickelten, die das »Schiffsfieber« (Typhus) und andere bösartige Krankheiten hervorriefen. Wurde ein Schiff von Krankheit befallen, breitete sie sich schnell in der ganzen Flotte aus, da alle Forschungs- und Kauffahrteischiffe im 16., 17. und 18. Jahrhundert wegen der Piraten und der Kaperschiffe in Gruppen oder Flotten segelten. Die Flotte des Franzosen Dubois de la Motte kehrte 1757 von Kanada zurück und lief mit 6000 Typhuskranken in Brest ein; die Krankheit erfaßte dann auch die Bevölkerung an Land. Der englische Seefahrer Anson verlor 1741 im Südpazifik 80 Mann durch Skorbut.

Mit Ausnahme der Küstenschiffe waren alle Kauffahrer bis an die Zähne bewaffnet und die Seeleute kampfgeübt. Die englischen (1601) und die holländischen (1602) Ost-

indienfahrer waren die ersten Kauffahrteischiffe auf großer Fahrt, und sie waren schwer bewaffnet. Ihre Besatzungen waren zum Teil als Seesoldaten ausgebildet, und die Schiffe segelten im Konvoi. Mit dem Verschwinden dieser Segler – die französischen Ostindienfahrer wurden 1770 von der Kriegsmarine übernommen, die holländischen und englischen starben nach 1832 aus – begannen einzelne, weniger bewaffnete Handelsschiffe die Ozeane zu befahren. Die Periode vom Anfang des 17. bis zur Mitte des 18. Jahrhunderts hat man das Zeitalter der Abenteurer genannt. Es war die Zeit der Flibustier und Bukanier, der Piraten und Freibeuter sowie die der nichtwissenschaftlichen Seefahrer. Sie segelten überall herum, plünderten und eiferten, wollten bekehren, suchten nach Gold und wollten handeln. Die Kartographie war damals Geheimwissenschaft und Waffe. Mit Androhung der Todesstrafe hielten die Holländer ihre Routen nach Niederländisch-Indien geheim; die Portugiesen bedrohten den Verrat des Inhalts ihrer Karten mit der Folter, und der Franzose Bougainville weigerte sich hartnäckig, die Lage der neuentdeckten Insel Tahiti preiszugeben.

Was wissen wir von den Liedern der Matrosen in dieser Epoche vom 15. bis zum 18. Jahrhundert? Die literarische Forschung liefert uns die erste Andeutung von seemännischen Arbeitsliedern in einem Manuskript aus der Regierungszeit des englischen Königs Heinrich VI. (1421–1471). Eine Seeballade – vielleicht die älteste in Europa – handelt von einem Schiff voller Pilger, die von Wales zum Schrein des heiligen Jakob (Santiago) nach Compostela in

Spanien wollten. Wer sich dafür interessiert, findet die vollständige Ballade in *The Early Naval Ballads of England* in der Bücherei des Trinity College in Cambridge. Im altmodischen Chaucer-Englisch beschreibt die Ballade den Abfahrtstag, die Verpflegung und die Schlafplätze der Pilger sowie ihre Seekrankheit. Sie gibt ein Bild vom Schiffer und seinen Männern, nennt die Kommandos zum Ankerhieven und Segelsetzen, und erstmalig wird der wilde Schrei erwähnt, der »Ruck«, den die Seeleute seit altersher beim Holen eines Taues ausstoßen.

Der erste Hinweis auf das Singen von Arbeitsliedern beim Holen eines Taues – was die Seeleute später »shantying« nannten – und auf einen Vorsänger, der später »shantyman« hieß, findet sich in dem Werk eines Dominikanermönches, Felix Fabri aus Ulm, der 1493 auf einer venezianischen Galeere nach Palästina segelte. Shanty-Männer werden beschrieben als »Matrosen, die bei der Arbeit singen, ...ein Konzert zwischen einem, der Kommandos aussingt, und den Arbeitern, die singend antworten«. Die älteste Quelle, die eine Anzahl auf See gesungener Arbeitslieder enthält, ist *The Complaynt of Scotland* von Barbour (1549). Man findet darin zwei Lieder zum Ankerhieven,

ein Buhlien-Shanty und drei Holgesänge zum Heißen der unteren Rahen; sie gleichen denen, die von den Seeleuten zu meiner Zeit gesungen wurden, abgesehen von dem archaischen Kauderwelsch.

Von 1550 bis zum Beginn des 19. Jahrhunderts waren anscheinend die englischen Shanties ebenso wie die anderer europäischer Seeleute aus dem Bordleben verschwunden. Aber Samuel E. Morison erwähnt in seinem *Admiral of the Ocean Sea* (1942) ein altes spanisches Shanty, das auf Columbus' Schiffen gesungen wurde, und Luiz de Camões erzählt in den *Lusiaden* (1572), daß die Seeleute auf Vasco da Gamas Schiffen bei der Indienfahrt »Lieder und Rundgesänge zur Erleichterung

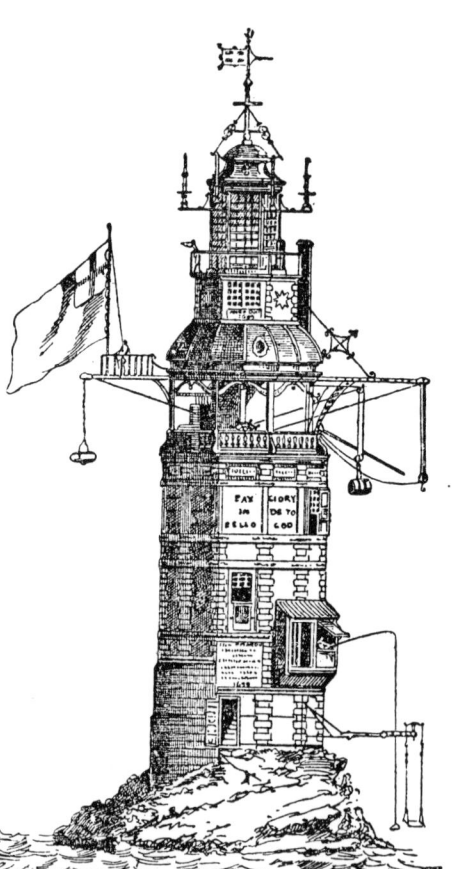

der Arbeit sangen«, beim Hieven des Ankers und beim Segelsetzen.

In *A Voyage to New Guinea* (1775) schreibt Mr. Forrest, daß »die Mohren auf den indischen *Country Ships* ebenfalls Arbeitslieder beim Heißen oder beim Rudern im Boot sangen«. *Country Ships* hießen die in Indien und Burma gebauten Segler, die den Indischen Ozean befuhren und meistens englische Offiziere, aber Laskaren (Inder) als Mannschaft hatten. Diese Quelle spricht von »cheering songs« und beweist damit, daß Englisch oder ein englisch-hindustanisches Gemisch damals die Umgangssprache war; sie gibt damit den einzigen gedruckten Hinweis auf englischsprachige Shanties im 18. Jahrhundert. Im Zeitalter der Abenteurer war Holländisch die seemännische Umgangssprache des Nordens, Spanisch die des Südens; aber vom 18. Jahrhundert an, als die Schiffsbesatzungen international gemischt wurden, gab man alle Kommandos in Englisch oder Pidgin-Englisch.

Das Pressen von Handelsschiffsleuten in die britische Kriegsmarine gilt als Grund für das Fehlen der Shanties auf den englischen Schiffen des 17. und 18. Jahrhunderts; denn die englischen Kauffahrer wurden zwangsläufig mit Nichtengländern bemannt, denen das Shantysingen anscheinend unbekannt war. Vielleicht aber unterblieb das Singen auch wegen der kleinen Schiffe mit den großen Besatzungen. Erst gegen Ende des 19. Jahrhunderts hieß die Devise »große Schiffe, kleine Besatzungen«, und dadurch erhielt der Shanty-Mann den »Wert von zehn Mann an einem Tau«. Auf den Kriegsschiffen aller Nationen wurden die Arbeiten im Takt ausge-

führt, der durch die Rufe und Pfiffe des Bootsmanns markiert wurde; Singen bei der Arbeit war verboten. Aus den frühen Jahrhunderten stammende Seemannslieder für die Freizeit sind ebenfalls schwer aufzufinden. Es existieren zwar in den Bibliotheken vieler Länder manche verstaubten Schmöker mit Sammlungen sogenannter Seelieder, größtenteils ohne Melodie, aber die meisten von ihnen stammen aus der Massenfabrikation von Balladendichtern an Land; sie wurden selten oder nie von Seeleuten gesungen. Heutzutage graben Folkloregruppen die besseren dieser »Gedichte« – denn das sind sie – wieder aus und unterlegen ihnen die Melodien anderer Volkslieder; das ergibt jedoch kein Lied, wie es im 18. Jahrhundert wirklich von einem weinseligen Janmaaten in der Taverne einer Hafenstadt gesungen wurde.

Es scheint, daß echte deutsche und holländische Seelieder aus dem 17. und 18. Jahrhundert die Zeit bis heute nicht überdauert haben. In Schweden war es etwas besser; hier sind die Titel einiger weniger Lieder aus dem 18. Jahrhundert: »Flickorna i Rotterdam« (Die Mädchen in Rotterdam), »Här blåser Nordost« (Hier weht der Nordost), Då vi kommer ut i en svarter Natt« (Dann kommen wir aus einer schwarzen Nacht), »Bramråvisan« (Bramrah-Lied) und »Komm med Jullen, kom gesvint!« (Komm mit der Jolle, komm geschwind). Eine Variante des erstgenannten Liedes soll Puccini in seiner Oper *Manon Lescaut* verwendet haben.

Frankreich kann ebenfalls einige Seelieder aus den Tagen Ludwigs XIII. (1601–1643), Ludwigs XIV. (1638–1715) und aus dem 18. Jahrhundert vorweisen: »Chansons pour passer le temps« (Lieder zum Zeitvertreib), »Les filles de Camaret« (Die Mädchen von Camaret), »Sur les bords de la Loire« (An den Ufern der Loire), »La fille de Sables« (Das Mädchen von Sables) und »La Corsairienne«, ein Ruderlied. Und nun folgen ein paar Titel echter englischer Seelieder aus dem 18. Jahrhundert und früher: »The Dolphin« (Der Delphin), »The Coasts of Barbaree« (Die Küsten der Berberei), »Captain Ward«, »The New York Trader« (Der New-York-Fahrer), »The Golden Vanitee« (Die Goldene Eitelkeit), »Bold

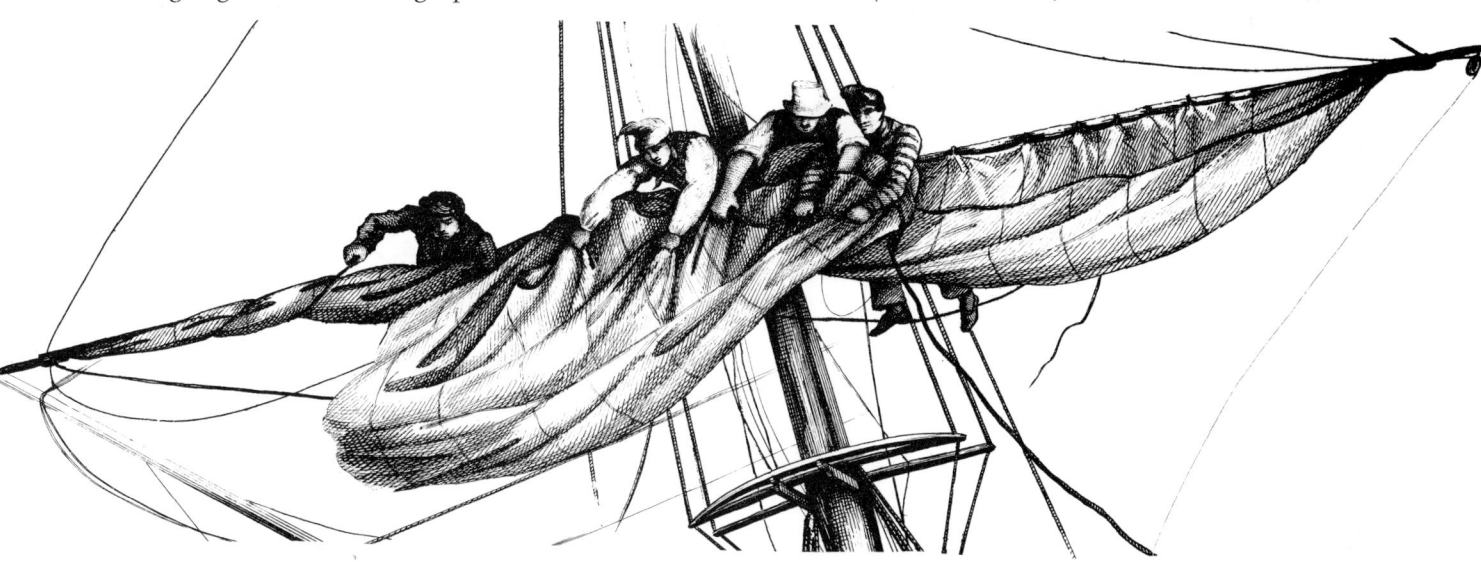

Benbow« (Der kühne Benbow), »The Lowlands of Holland« (Die Niederungen Hollands), »Cartagena« und »The Nightingale« (Die Nachtigall), »The Old Ramillies«, auch »Jack Tar« (Janmaat) sowie »On Board a Man-o'-War« (An Bord eines Kriegsschiffes).

Nach dieser kurzen Einführung wollen wir uns jetzt der Blütezeit der Seemannslieder und der Shanties zuwenden, dem 19. Jahrhundert.

DAS ZEITALTER DER SEGEL UND GESÄNGE, 1818–1920

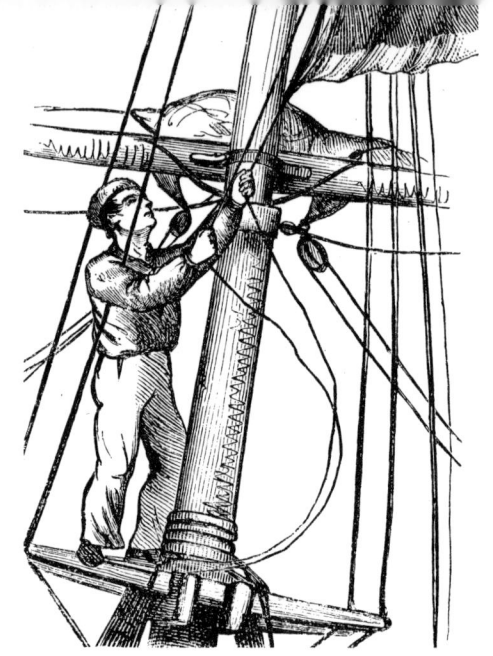

Nach dem Ende der Napoleonischen Kriege und mit den wachsenden Auswirkungen der Industriellen Revolution wurden Europa und Amerika vom Streben nach Geschwindigkeit ergriffen. Kaufleute und Industrielle verlangten von den Schiffbauern und Reedern schnellere Segler. Die Tage der stumpfbugigen und breitbauchigen Ostindienfahrer gingen zu Ende; die Kapitäne mußten ihre altmodischen Grundsätze der Schiffsführung aufgeben und sich die neue Art von Seemannschaft zu eigen machen.

Die von den Romanschreibern so sehr geliebten Seebärten waren, um Captain A. H. Clark zu zitieren, »plumpe, vulgäre und unwissende Männer, voll grausiger Flüche, mit einem unangenehmen Geruch nach billigem Rum und üblem Tabak, unfähig ihre eigene Sprache einigermaßen richtig zu sprechen und zu schreiben … gute Seeleute … aber ihr Wissen und Ehrgeiz beschränkt auf das Koppeln der Kurse, auf den Teerpott und den Marlspieker … ohne den Wunsch, sich auf dem Gebiet der Navigation zu vervollkommnen«. Der Übergang zu einem modernerem Typ dauerte natürlich seine Zeit; Meilensteine auf diesem Weg waren: Die Auflösung der bri-

tischen und holländischen Ostindischen Kompagnien nach 1832, so daß Schiffe anderer Firmen in die gewinnbringende Fahrt nach Indien und China hineindrängen konnten; die Gründung von Lloyd's Register (1834) mit dem Ziel, Handelsschiffe gründlich zu prüfen und zu klassifizieren; die endgültige Aufhebung (1849) der Navigation Acts, die den britischen Schiffen die Küstenfahrt in britischen Gewässern vorbehalten hatten.

Die durch Lieder und Legenden berühmt gewordene Blackball-Linie setzte 1818 für ihre schnellen Paket-Segler zweimonatliche Abfahrten im Verkehr zwischen Liverpool und New York fest, was es vorher nie gegeben hatte; andere Linienreedereien taten es ihr nach. Den Ostindienfahrern hart auf den Fersen waren die sogenannten Blackwall-Fregatten, die nicht mehr wie die Ostindienfahrer abends die Segel festmachten und Rahen und Stengen an Deck gaben, um es sich »für die Nacht gemütlich zu machen«. Die Blackwall-Fregatten, auf der Fernost-Route beschäftigt, wurden schon bald nach 1850 von den neuen Klippern verdrängt.

Als erster echter Klipper gilt zumeist das amerikanische Vollschiff

Rainbow von 1843. Der kalifornische Goldrausch von 1848 steigerte das Verlangen nach Schnelligkeit; bald schon segelten schnelle amerikanische Klipper auf dem Weg um Kap Horn um die Wette nach San Francisco. Andere amerikanische Klipper holten Tee von China, ein großes Geschäft, weshalb dann auch die britischen Komposit-Klipper nicht lange auf sich warten ließen. Die amerikanischen Klipper waren ganz aus Holz gebaut, die britischen trugen eine hölzerne Außenhaut auf eisernen Spanten. Eine riesige Segelfläche trieb die Klipper voran, dazu gehörten außer den üblichen Segeln die Himmelssegel, Mondsegel, Leesegel (an verlängerten Rahen), Jimmy Greens (unter dem Bugspriet), Ringtails (hinter dem Besen), Save-alls (zwischen den Rahsegeln) und Wassersegel (außerhalb der Bordwände). Nach der Eröffnung des Suez-Kanals waren die Dampfer in der Fahrt nach dem Fernen Osten eine harte Konkurrenz für die Segler; viele Teeklipper wurden aus der Chinafahrt verdrängt und begannen, Wolle und Gold von Australien zu holen und Emigranten in die ehemalige Strafkolonie zu bringen (1860/70).

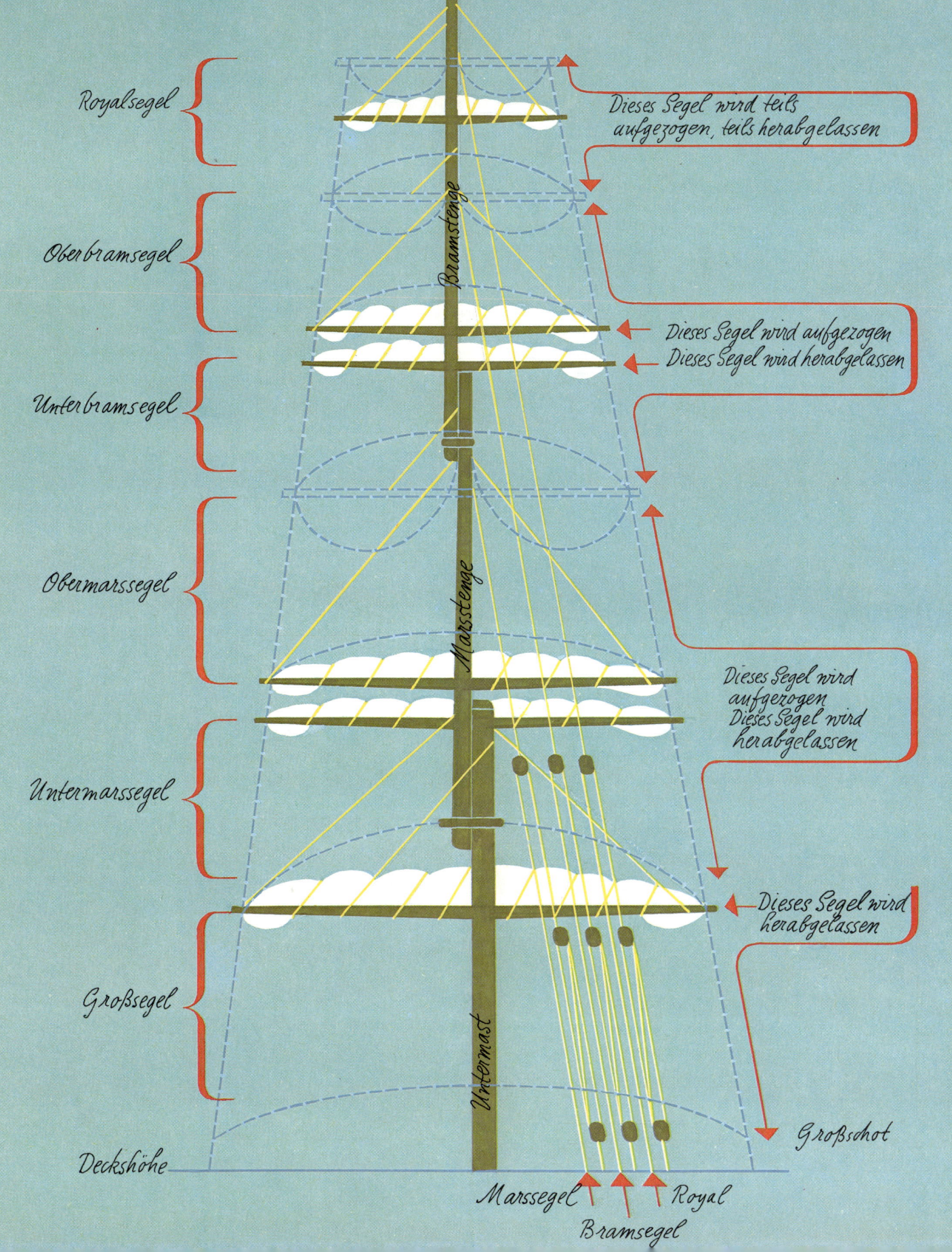

Royalsegel

Dieses Segel wird teils aufgezogen, teils herabgelassen

Oberbramsegel

Dieses Segel wird aufgezogen
Dieses Segel wird herabgelassen

Unterbramsegel

Bramstenge

Obermarssegel

Dieses Segel wird aufgezogen
Dieses Segel wird herabgelassen

Marsstenge

Untermarssegel

Dieses Segel wird herabgelassen

Großsegel

Untermast

Großschot

Deckshöhe

Marssegel   Royal
Bramsegel

Das *Shanty* war der Arbeitsgesang der Seeleute und der *Forebitter*, den man »Poller-Lied« nennen könnte, ein Lied für die Freizeit; beide kamen um 1830/40 auf (obgleich einige Forebitter älter sind), aber ihre große Zeit hatten sie gegen Ende des Jahrhunderts, obwohl sie schon zwischen 1830 und 1860 geboren wurden.

Im 19. Jahrhundert kamen die jungen Seeleute der Kauffahrtei und des Walfangs aus allen Schichten der Gesellschaft, wurden aber in kürzester Zeit in echte Söhne Neptuns umgemodelt. Die Kennzeichen der echten Seeleute wären auch nicht verschwunden, wenn man die Männer in geistliche Roben gesteckt hätte. Im vorigen und im Anfang dieses Jahrhunderts bestand die »Takelage« der Seeleute aller Länder aus einem Wollsweater, Kattun-Hosen und -Blusen und einer Wollmütze, dazu lederne Seestiefel (in hohen Breiten) oder selbstgemachte Platting-Schuhe (in den Tropen). Der Gürtel mit dem Scheidemesser und das Ölzeug vervollständigten das Bild eines richtig angezogenen Seemanns. Segelmacher sowie Boots- und Zimmermänner trugen weiche Schirmmützen und oft ein zweireihiges Stoffjackett. Dicke Seemannsjacken trugen alle bei kaltem Wetter. Bei ganz schlechtem Wetter legte man die »Leib- und Seelen-Laschings« an, das heißt man schnallte den Gürtel mit Scheidemesser über die Öljacke und zog ein Bändsel vom Gürtel vorn durch den Schritt nach dem Gürtel hinten, außerdem band man Kabelgarne um die Ärmel am Handgelenk und um die Hosen unterhalb der Knie, vielleicht nahm man auch noch ein Bändsel von der Achterkante des Südwesters zum Gürtel, damit einem der Ölhut bei der Arbeit auf den Rahen nicht davonflog. Alle diese Bändsel sollten im Kap-Horn-Wetter »Leib und Seele« zusammenhalten, man half sich gegenseitig beim Anlegen und trug sie manchmal zwei Monate lang. Das lamge Tragen dieser Laschings – Manchmal schliefen die Leute sogar damit – führte am Hals und an den Handgelenken oft zu Salzwasser-Beulen, die durch das Scheuern und die Kälte entstanden. Um den Hals legte man ein Handtuch als Schal.

Das »Logis«, in dem die Leute schliefen, befand sich in früheren Tagen unter der Back im V-förmigen Bug oder auch in einem Deckshaus hinter dem Fockmast. Neuere Segelschiffe hatten mittschiffs ein »Brückenhaus«, das sich über die ganze Breite des Schiffes erstreckte. Doppelreihen von Kojen waren entlang der Logiswände aufgestellt. Auf den frühen Schiffen pendelte die schlickige und stinkende Ankerkette zwischen den Kojen; denn die Ketten liefen durch das Logis in den Kettenkasten darunter. Gegessen wurde in den frühen Zeiten auf der eigenen Seekiste sitzend; neuere Schiffe hatten im Logis hölzerne Tische, »Back« genannt, die mit Leisten eingefaßt waren, um Teller und Tassen bei rollendem Schiff zu halten.

Natürlich hatten die Seeleute ihre eigene Sprache, und die Schiffsjungen mußten sie sich aneignen. Nur selten wurden die Jungen von den älteren Seeleuten angelernt; sie mußten ihnen die seemännischen Fähigkeiten abgucken. Statt die Anfänger zu unterweisen, teilten die

Die bauchigen Ostindienfahrer (hier und auf der nächsten Seite) waren seit

etwa 1850, als es fast nur noch auf Geschwindigkeit ankam, völlig veraltet.

Keinem dieser leichteren Fahrzeuge hätte man im vorigen Jahrhundert die Bezeichnung »Schiff« zugestanden.

Älteren gern Püffe und Schläge aus. Diese Art von »Disziplin« war auf den französischen und deutschen Schiffen noch strenger als auf den britischen. Manche Vollmatrosen auf diesen Schiffen erinnerten die Leichtmatrosen immer wieder an ihren niedrigen Dienstgrad. Auf deutschen Schiffen kam es vor, daß sich Vollmatrosen von Schiffsjungen bedienen ließen, die ihnen die Seestiefel ausziehen und ihnen die Pfeife stopfen und anzünden mußten. Diese »hochrangigen« Vollmatrosen, im Englischen »A.B.« (able bodied seaman) genannt, waren stolz auf ihre Arbeit und bildeten so etwas wie eine geschlossene Kaste, wenn es darum ging, andere in ihre Berufsgeheimnisse einzuweihen. Seeleute waren im allgemeinen keine Spielernaturen, es sei denn, man nennt es »spielen«, wenn sie Maden aus ihrem Zwieback auf dem Tisch um die Wette laufen ließen, wobei sie die Viecher mit Nadeln antrieben, weil ein Paket Tabak der Einsatz war. Abergläubisch waren viele der alten Seeleute (s. S. 180). Im allgemeinen waren sie auch nicht religiös im strengen Sinn, aber sie besaßen eine Art natürlicher Religion. Die Alten hatten ihre eigene Hierarchie von Göttern – bei den Angelsachsen waren es Davy Jones (wahrscheinlich war damit der Geist des Propheten Jonas gemeint) und seine Frau Mother Carey (wahrscheinlich die römische Mater Cara), die beide im »Big Locker« in der Tiefe des Meeres herrschten, während Neptun an der Oberfläche regierte. Die kleinen Sturmmöven, englisch »Stromy Petrel« genannt, hießen bei den englischsprechenden Seeleuten »Mother Carey's chickens«; man hielt sie für Mitglieder des Hofes von Davy Jones und glaubte, daß sie Vorboten eines Sturmes wären. Die Bezeichnung Petrel kommt von Petrus, der ebenso wie Mutter Carey's Küken über das Wasser »ging«.

Im letzten Abschnitt des 19. Jahrhunderts verkehrten die Segelschiffe hauptsächlich auf folgenden Routen: Von Australien und Neeseeland mit Wolle und Weizen, von Neukaledonien mit Nickelerz, nach China mit Petroleum von Amerika, von Newcastle (Neusüdwales) mit Kohle nach Chile und Peru, von Europa mit Kohle, Koks und Holz (von der Ostsee) nach weit entfernten Ländern, von der Westküste Nordamerikas mit Getreide und Holz und von der Westküste Südamerikas mit Salpeter und Guano. Je drei bis vier Monate dauerten sowohl die Ausreise wie auch die Heimreise auf diesen Routen; die meisten Schiffe machten nur eine Rundreise im Jahr.

In der Salpeterfahrt von Chile waren hauptsächlich französische, deutsche und britische Schiffe beschäftigt. Wenn sie einen europäischen Hafen für eine typische Reise nach Chile verließen, vielleicht mit Kohle oder Stahlschienen beladen, mußten sie in der Regel im Ärmelkanal gegen südwestliche Winde aufkreuzen, falls sie nicht nordwärts segelten in der Hoffnung, mit günstigem Wind an den Orkney-Inseln vorbei in den Atlantik zu gelangen. Für diesen Reiseabschnitt brauchten sie ihre besten Segel, *La Chemise de bonne Sœur* nannten die französischen Seeleute diese erste Garnitur, das Hemd der guten Schwester.

Bilder aus dem frühen 19. Jahrhundert, der großen Zeit der Indienfahrer.

1804 fand diese Seeschlacht zwischen Franzosen und Engländern statt.

15

Von links nach rechts: *Brigantine (zweimastig), Barkentine* und *»Schiff«* (mit *Rahsegeln an allen drei Masten*)

Vor der portugiesischen Küste konnte man hoffen, den *Nortado* oder Portugiesischen Passat anzutreffen, der aus Nordosten wehte wie der echte Passat des Nordatlantiks. Bis man diesen erreichte, vielleicht schon auf der Höhe von Madeira, konnte das Vorwärtskommen im Winter schwierig sein. Im Ärmelkanal hatten die Seeleute viel an den Brassen zu tun, oft in Regen- und Hagelböen mit grober See. Die Männer waren einander noch fremd, ebenso wie das Schiff dem größten Teil der mannschaft noch fremd war. Aber während dieses ersten Reiseabschnitts klärte sich vieles, auch das Verhältnis zwischen Mannschaft und Schiffsleitung. Die oberen Segel mußten oft festgemacht werden, und diejenigen Leute, die ohne Ölzeug und Seestiefel an Bord gekommen waren,

mer. Die Seeleute begannen, ihr salzverkrustetes Zeug zu lüften und zu waschen, sie trockneten ihre Decken und Strohsäcke und wandten sich irgendwelchen Hobbies zu, vielleicht dem Bau von Schiffsmodellen oder »Buddelschiffen«. Das milde Wetter gab auch Gelegenheit zum Singen und zum Musikmachen auf der Back, wo man auf dem Ankerspill und den großen Pollern saß, die von den Angelsachsen »forebitts« genannt wurden. Mit dem Erreichen des Passats mußten die Segel ausgewechselt werden. Die Schwerwettersegel wurden abgeschlagen und in der Segelkoje verstaut. Dafür holte man die Passatsegel auf die Rahen; sie waren abgenutzt und geflickt.
In der Äquatorgegend liegt zwischen dem Nordost- und Südost-Passat ein breiter Kalmengürtel. Ein

Natürlich nutzte man die Gelegenheit auch zum Zeugwaschen. Haie fangen war ein beliebter Sport, auch Bonitos, Albacore und Barracudas zog man aus dem Wasser.
War das Schiff durch den Südost-Passat hindurch, rüstete man es für die Umsegelung des Kap Horns, das die Engländer *Cape Stiff*, die Holländer *Kap Hoorn* und die Franzosen *Cap Dur* nannten. Einem heimkehrenden Schiff halfen die »braven Westwinde« bei Kap Horn, aber dem ausreisenden Segler wehten sie »recht in die Schnauze« und gaben den Seeleuten Grund zu Redensarten wie »Mit Zähnen und Klauen gegenan« oder »Im Kampf mit Kap Horn«. Das Schiff segelte dann vielleicht mit einem Schlag bis 60° Süd hinunter, dann auf dem anderen Bug wieder nordwärts in Richtung auf das Kap bis 58° Süd.

hatten eine schwere Zeit. Auf manchen Schiffen unterhielt der Kapitän eine »Schlapskiste«, eine Art Gemischwarenladen, der am ersten Sonntag auf See eröffnet wurde. Dann konnten sich die schlecht ausgerüsteten Seeleute das richtige Zeug für eine Kap-Horn-Reise kaufen, das Geld würde ihnen am Ende der Reise von der Heuer abgezogen.
Sobald man den Nordost-Passat erreichte, wurde das Leben angeneh-

Segelschiff konnte manchmal wochenlang in diesem schwülwarmen Gebiet treiben und vergeblich auf einen Windstoß hoffen. Ständig wurde an den Brassen geholt, um auch den leisesten Windhauch zu nutzen. Manchmal füllten heftige Regengüsse das Deck mit frischem Wasser. Dann strippten die Männer, um zu baden; vielleicht war es die einzige anständige Körperwäsche während der ganzen Reise.

Ein Blick auf alte Seekarten, in denen Kap-Horn-Reisen eingetragen sind, zeigt oftmals ein Gitterwerk von Zick-Zack-Kursen, das die gesamte Drake-Straße zwischen Kap Horn und den Südshetland-Inseln bedeckt. Nicht selten wurde das Schiff zurückgetrieben, statt westwärts voranzukommen.
Segelbergen in einem schweren Kap-Horn-Sturm bedeutete für alle Beteiligten eine furchtbare Anstren-

gung. Meistens mitten in der Nacht kam das Kommando »Alle Mann«, das auch die Freiwache einbezog. Mit verquollenen Augen taumelten die Leute aus ihren Kojen. Sie nutzten die Gelegenheit zwischen zwei überkommenden Brechern, um die Logistür zu öffnen, tapsten dann in die pechschwarze Nacht und knietief in das eisige Wasser. Kommandos zum Bergen des Groß-Obermarssegels gellten über das Deck; Geitaue und Gordings mußten geholt werden, das Fall wurde gefiert, die Brassen bedient. Wildes Aussingen begleitete das Holen an den Tauen. Dann ging's nach oben, aufwärts in den Riggen an der Luvseite, wo der Wind die Männer gegen die Wanten drückte. Sie mußten über die Püttingswanten, ihre Körper hingen über der See, wenn das Schiff nach Luv überholte. Manch-

Segel gefährlich schlagend über die Rah nach achtern blähte. Mit klammen Fäusten schlugen die Männer den Wind aus dem Segel, packten die eisharten Falten und versuchten, das gefrorene Tuch in einer »Brok« auf die Rah zu rollen. Begleitet wurde diese harte Arbeit von wildem Aussingen:

Timmy way, hay, high, ya!
We'll pay Paddy Doyle for his boots!

(*Timmy wäh, häh, hei, ja!*
Wir zahl'n Paddy Doyle für die Schuh!)

Eine gemeinsame Anstrengung erfolgte bei dem laut geschrieenen »boots«. Zum Festmachen des Segels wurden dann die Zeisinge um die Rah und das Segel gebunden, wobei auf einer dicken Marsrah je zwei Mann einander helfen mußten. Dann rutschte die Freiwache an den Pardunen abwärts, um so schnell wie möglich wieder in die Kojen zu kommen, während die andere wache sich Zeit ließ und auf dem normalen Weg in den Wanten abwärts stieg.
Nachdem Kap Horn umrundet war, steuerte das Schiff seinen Bestimmungshafen an der chilenischen Küste an. Von dort würde es die Reise nach einem der Salpeterhäfen

mal waren die Riggen vereist, dann war die Gefahr noch größer, abzugleiten und in die See zu stürzen – ohne Hoffnung auf Rettung. Weiter aufwärts in den schwankenden Stengewanten, und von dort über den schwarzen Abgrund hinweg in das Fußpferd der Marsrah. Wie die Krebse schoben sich die Männer dann auf dem zweizölligen Fußpferd nach außen in die abscheuliche Finsternis, während sich das

fortsetzen, wo die Segler in langen Reihen ankerten und die Salpetersäcke aus Leichtern übernahmen.
In den Häfen an der Westküste desertierten viele Männer, sie »stiegen aus«, wie sie es nannten, weil sie eine weitere Kap-Horn-Umseglung scheuten. Infolgedessen waren die Häfen voll von »Beachcombers«. Sogenannte »Crimps« (Matrosenmakler) und Logiswirte gediehen an der Küste. Manches Schiff ohne

17

Leute erhielt von ihnen eine Mannschaft, entweder willige und See-erfahrene Beachcombers oder aber sinnlos betrunkene Subjekte, die »shanghait« wurden. Die shanghaiten Leute wußten an Bord oftmals nicht, »wo vorn und achtern war«. Es waren Bauern, Farmarbeiter, Angestellte oder wer sonst leichtsinnig genug war, in solchen Spelunken zu trinken.

In früheren Zeiten brauchten die Engländer das Wort »ship« ausschließlich für ein *Vollschiff*, also ein dreimastiges Schiff mit Rahsegeln an allen drei Masten. Es gab auch viermastige Vollschiffe und sogar ein fünfmastiges, mit Rahen an allen Masten. Ein Dreimaster mit Rahen nur am vorderen und mittleren Mast (Fockmast und Großmast) ist eine *Bark,* ihr letzter Mast (Besanmast) trägt nur »Schratsegel«, das sind Segel in Längsschiffsrichtung, wie sie ein Schoner führt. Entsprechend ist die Viermastbark getakelt, mit Rahen an den ersten drei Masten; sie war der bevorzugte Segelschiffstyp in den 80er und 90er Jahren des vorigen Jahrhunderts. Fünfmastbarken hat es nur wenige gegeben.

Ein kleinerer Rahsegler war die *Brigg,* ein zweimastiges Schiff mit Rahsegeln an beiden Masten. Diese Schiffe begannen schon ab 1880 auszusterben, auch in der Küstenfahrt; am längsten haben sie sich im Mittelmeer gehalten. Die *Schaubrigg* kam noch früher aus der Mode. Sie war wie die Brigg getakelt, hatte aber an der Achterkante des Großmastes eine zusätzliche Mastspiere, an der ein Besansegel gesetzt wurde. Eine *Brigantine* hat zwei Masten, früher mit Rahsegeln an beiden Masten, wie es

viele nautische Bücher beschrieben, aber in der zweiten Hälfte des vorigen Jahrhunderts führte sie nur noch Rahsegel am ersten Mast, während der Großmast ein Gaffelsegel trug und zwischen den Masten Stagsegel gesetzt wurden. Eine *Barkentine* war, und ist, ein dreimastiges Schiff mit Rahsegeln am Fockmast und Gaffelsegeln am Groß- und Besanmast. In Amerika gab es zu Anfang unseres Jahrhunderts viele Barkentinen mit mehr als drei Masten.

Das sind die anerkannten Typen der Rahsegler; alle anderen Frachtsegler wurden in der englischen Seemannssprache als »Fore-and-After« klassifiziert, weil sie hauptsächlich Schratsegel führten. Shanties aber wurden nur auf den Rahschiffen gesungen, die Schratsegel bedurften solcher Arbeitslieder nicht.

Um die seemännischen Ausdrücke zu verstehen, die auf einem Segelschiff in der zweiten Hälfte des 19. Jahrhunderts gebraucht wurden, folgt hier eine vereinfachte Erklärung jener Teile des Segels und der Takelage, deren Benennung den Nichtseemann normalerweise verwirrt.

Amerikanische Clipper (links und rechts), *die »Chinarenner«.*

Mitte: *Britische Kauffahrer vor der Themsemündung.*

Die Masten der Segelschiffe bestanden aus drei Stücken: *Untermast, Marsstenge* und *Bramstenge*. Die einzelnen Masten mitsamt ihrem Geschirr werden – in der Reihenfolge von vorn nach achtern – mit den Vorsilben *Fock-, Groß-, Kreuz-* und/oder *Besan-* gekennzeichnet; den Besanmast gibt es nur auf barkgetakelten Schiffen.

Die Spieren aus Holz oder hohlem Metall, die waagrecht an den Masten hängen, heißen *Rahen*. Die beiden unteren Ecken eines Rahsegels werden von Tauen, Drähten oder Ketten gehalten, die man *Schoten* nennt; sie führen zu den Enden der Rah darunter. Von den *Untersegeln* führen die Schoten und Halsen an Deck. Die Schoten der anderen Rahsegel werden über Scheiben in den Rahnocken geführt, weiter durch Blöcke unterhalb der Rah nahe ihrer Mitte und von dort abwärts zu der Nagelbank am Fuß des Mastes. An den unteren Enden sind die Schoten mit starken Taljen (Flaschenzügen) aus Tau versehen, deren »holende Part« an den Koffeenägeln der Nagelbank belegt werden.

Am Fockmast heißt das Untersegel, also das dem Deck nächste, das Focksegel oder die *Fock*. Darüber bläht sich das *Vor-Untermarssegel*, dann kommt das *Vor-Obermarssegel*. Darüber wird das *Vor-Bramsegel* geführt, oft geteilt in *Vor-Unterbram-* und *Vor-Oberbramsegel*. Das höchste Segel war auf den meisten Schiffen der *Royal*, obgleich einige Schiffe darüber noch ein *Skysegel* setzten. Mit den Vorsilben *Groß-* oder *Kreuz-* vor den ebengenannten Segeln haben wir die Namen aller Rahsegel beisammen.

Besan heißt das Schratsegel am Besanmast, das meistens ein Gaffelsegel ist. Die dreieckigen Segel zwischen den Masten heißen *Stagsegel*. Am Bugspriet oder Klüverbaum, der vorn aus einem Segelschiff herausragt, wird das *Vor-Stengestagsegel* gesetzt, vor dem noch mehrere *Klüver* geheißt werden. Geheißt werden alle Segel mit einem *Fall*. Die Rahen werden von einer Seite zur anderen mit Hilfe der *Brassen* geschwenkt, um ihre Stellung der Windrichtung anzupassen. Rahsegel werden mit den *Gordings* zusammengeschnürt, wobei die unteren Ecken der Segel durch die *Geitaue* aufgeholt werden.

Beim Segeln gibt es zwei extreme Positionen: Erstens das Segeln mit dem Wind von achtern, *vor dem Wind*, wobei die Rahen und Rahsegel rechtwinklig zur Kielrichtung stehen, zweitens das Segeln bei Wind von vorn, wobei die Rahen im spitzen Winkel zur Kielrichtung stehen, während das Schiff Zick-Zack-Kurse beiderseits der Windrichtung steuert, was der Seemann *kreuzen* nennt. Eine dritte Position kommt in Frage, wenn der Kapitän das Schiff stoppen will, z.B. um einen Lotsen zu nehmen, dann wird das Schiff *beigedreht*. Zu diesem Zweck werden die Rahen des Großmastes entgegengesetzt zu allen anderen Rahen gebraßt, so daß der Wind die Segel gegen den Großmast drückt und damit das Schiff stoppt. Alle oben erwähnten Taue werden durch »Armstrong's Patent« bewegt, das heißt durch Muskelkraft. Jedoch gab es auch einfache Maschinen an Bord, vor allem das *Gangspill* und/oder das *Ankerspill*. Sie standen auf der Back oder darunter und dienten zum Hieven des Ankers und zum Verholen des Schiffes in Häfen und Schleusen. Zu erwähnen sind ferner die *Pumpen*, die gewöhnlich beim Großmast standen, und die von Hand bedienten *Ladewinden* nahe der Großluke.

Weitere Clipper: Die Cimber *aus Dänemark* (oben); *die* Ariel (Mitte); *und die*

Guiding Star, 1853, *auf dem Weg nach Australien (beide Amerika).*

19

Die folgende Einteilung der Arbeitslieder ist ziemlich willkürlich, da die einzelnen Seeleute und auch die Liedersammler sich nicht immer einig sind, zu welcher Arbeit ein bestimmtes Shanty gesungen wurde.

Zuerst gab es das *Aussingen*, den wilden, lautmalenden Gesang zum Heißen leichter Vorsegel, auch geeignet beim anfänglichen Heißen einer Rah, an den Brassen und überall bei dem abschließenden »Pull«, sei es auch nur beim Anziehen der Seestiefel. Historisch betrachtet ist das Aussingen die untere Stufe, aus der sich der wohlklingendere Gangspill-Song entwickelt hat. Die Lautmalerei soll wohl das Quietschen der Blöcke, das Knarren des Tauwerks, das Heulen des Windes in den Segeln und die Schreie der Möven imitieren. Unverständliche Silben beim Aussingen können mit den Füllsilben der Blues-Sänger verglichen werden.

In historischer Reihenfolge kommen dann die *Hand-über-Hand-Shanties*, die beim Heißen der leichten Stagsegel gesungen wurden. Zwei oder drei Mann holten gemeinsam an einem Tau abwechselnd mit der linken und der rechten Hand. In solchem Gesang kamen ebenfalls Füllsilben – manchmal als »Knoten« bezeichnet – oder wilde Schreie vor:

Hill-ay-o-o-yu, rise 'er up, me bullies, hill-ay-o-o-yu!
(Hill-ei-o-o-ju, holt ihn hoch, ihr Jungs, hill-ei-o-o-ju!)
oder

Hand, hand, hand over hand, Divil ran away wid a Liverpool man!
(Hand, Hand, Hand über Hand, Teufel lief weg mit Liverpool Mann!)

Matrosen an Bord eines Kriegsschiffes 1870; bei der Arbeit und – wahrscheinlich – beim Singen von Shanties.

und

*Do, ray, me, fah, soh, la, ti, doh,
What makes me fart I do not know!*

(Do, re, mi, fa, so, la, do, ti,
Was mich furzen läßt ich weiß nicht wie!)

In Richtung auf besser klingende Beispiele wäre der *Sweating-up-Song* zu nennen – kurze Verse, von denen nur wenige erhalten sind, wie hier:

*You stole me boots, you St. Helena soger
You stole me boots – a-ha!*

(Du stahlst mein' Schuh, St. Helena soger,
Du stahlst mein' Schuh, – a-ha!)

Der »Pull« kam auf das abschließende »ha«.

Eine weitere Entwicklung stellt der *kurze Holgesang* dar, von den amerikanischen Seeleuten »short drag song« genannt. Er wurde ziemlich schnell gesungen, beim Holen der Royalfallen und beim Heißen anderer leichter Rahsegel:

*Boney was a warrior,
Chor: Way-aye-yah!
Oh, Boney was a warrior,
Chor: John François!*

(Boney war ein Krieger,
Wäh – eih – jah!
Oh, Boney war ein Krieger,
John François!)

Der Pull kam mit den gewöhnlich gedruckten Worten, manchmal gab es zwei Pulls in einem Refrain.

Die volle Blüte der Holgesänge brachten die *Rahfall-Shanties*, meist auf ein Thema festgelegte Vierzeiler, die beim Heißen der Mars- und Bramrahen gesungen wurden. Um eines dieser Rahsegel zu setzen, wurden ein oder zwei Jungen nach oben geschickt, um die Zeisinge zu lösen. Danach stiegen sie von der Rah zurück in die Wanten und riefen den an Deck bereit stehenden Leuten zu: »Alles klar oben!«. Der Ketten- oder Drahtschenkel eines Marsfalles lief von der Mitte der Rah über eine Scheibe im Mast und endete an einem großen einscheibigen Block. Durch diesen Block führte eine Kette, deren eines Ende an Deck fest war, während das andere Ende eine schwere Talje trug, deren Hanf- oder Manilaläufer durch drei- oder vierscheibige Blöcke lief. Die holende Part dieser Talje wurde an Deck durch einen *Fußblock* geführt, damit genügend Leute gleichzeitig holen konnten. Die *Vorhand* (der Shanty-Mann) – vielleicht war es der Bootsmann oder der Zweite Steuermann – ergriff den Läufer mit beiden Händen

Drei Zeichnungen aus der Mappe »Matrosenleben«, die I. Westerfelt 1881

so hoch wie möglich oberhalb des Fußblocks, während die übrigen Männer den Läufer hinter dem Fußblock aufnahmen.

Auf den von oben kommenden Schrei »Alles klar« begann der Shanty-Mann zunächst ein paar Takte auszusingen, um die Lose aus dem Fall zu holen und die Falten aus dem nassen Segel zu schütteln, die von der Umschnürung durch die Zeisinge herrührten. Sobald das Segel den Wind faßte und sich frei von der Rah bauchte, stimmte Shanty-Mann sein solo an. Manchmal jedoch gab er den Leuten zunächst das Shanty an, das er im Sinn hatte, indem er selbst den Refrain anfing. Amerikanische Seeleute nannten die Rahfall-Shanties »long drags«.

Shanty-Mann: *A handy ship and a handy crew,*
Refrain: Handy *me boys, so* handy!
Shanty-Mann: *A handy mate and skipper too,*
Refrain: Handy *me boys, so* handy!
(*Ein handig' Schiff und 'ne handig crew,*
Handig *ihr Jungs, so* handig!
Ein guter Maat und Käp'tn dazu,
Handig *ihr Jungs, so* handig!*)

Eine andere Gattung der tauholenden Shanties waren die zum »Auflaufen«, die von den Engländern *Walkaway Shanties* genannt wurden. Am besten bekannt ist heute noch der »Drunken Sailor«:

Voller Chor: *Way-hay! an'away we go,*
Hieland laddie, bonnie laddie!
Way-hay! an'away we go,
Me bonnie hieland laddie O!

(*Wäh-häh! weg von hier geh'n wir,*
Hochland-Junge, guter Junge!
Wäh-häh! weg von hier geh'n wir,
Ich guter Hochland-Junge O!)

Diese »Stampf- und Geh-Songs« sang man oft an den Brassen bei Wendemanövern, aber auch, wenn ein leichtes Segel schnell geheißt werden sollte, oder wenn zwei Taue gleichzeitig geholt werden mußten wie zum Beispiel beim Aufheißen eines Schiffsbootes. Es heißt, daß nur diese Art von Shanties in der Britischen Kriegsmarine erlaubt war, und nur auf kleinen Fahrzeugen wie zum Beispiel Zollkuttern.

Zu den tauholenden Shanties gehört schließlich noch der *Vorschot-Song,*

der nicht nur bei den Vorschoten, sondern auch bei Halsen, Brassen und selbst bei Fallen nützlich war, wenn es darum ging, noch ein paar Zentimeter aus einem bereits steifen Tau herauszuholen. Der Pull kam mit dem letzten Wort des Refrains, das jedesmal herausgeschrien wurde und deshalb musikalisch nicht sein volles Recht erhielt.

Haul the bowline, for Kitty she's me darlin',
Refrain: *Haul the bowline, the bowline* HAUL!
(*Hol' die Buhlien, denn Kitty ist mein Darling,*
Refrain: *Hol' die Buhlien, die Buhlien* hol!)

Die meisten der zuvor genannten Shanties sind Vierzeiler. Andere Vierzeiler wurden für das *Ankerspill* gebraucht, das altmodische *Pumpspill* mit der hölzernen Trommel. Auch sie brauchten wie die Holgesänge einen ruckweisen Rhythmus brauchten. Ein Beispiel:

Oh, Stormy's gone that good ol' man,
Refrain: *To me way you Stormalong!*
Oh, Stormy's gone that good ol' man,
Refrain: *Ay, ay, ay – Mister Stormalong!*

(*Oh, Stormy ging, der gute Mann,*
To mi wäh Du Stormalong!
Oh, Stormy ging, der gute Mann,
Ay, ay, ay – Mister Stormalong!)

Die gewöhnlich gedruckten Silben geben an, wann die Männer die Pumpenschwengel hoben oder niederdrückten. Die erste Bewegung, auf *Storm,* war (an einem Schwengel) aufwärts bis zur Hüfte, auf

gone wurden die Arme bis über den Kopf gestreckt, dann wieder runter bis zur Hüfte auf *good*, runter bis auf die Füße auf *man*, und so weiter. Natürlich wurden zwei Solos vom Shanty-Mann gesungen und zwei Refrains von »alle Mann«. Nach demselben Prinzip arbeiteten die *Schwengelpumpen*, die auch »Nick-Pumpen« genannt wurden, wodurch der Bewegungsvorgang angedeutet wurde. Shanties für das Pumpspill konnten auch an der Schwwengelpumpe gesungen werden. Hier zwei Beispiele:

She was just a village maiden, wid
red an' rosy cheeks,
Refrain: *To me way hay hee high*
ho!
Oh, she went to church an' Sunday
School and sang this anthem
sweet,
Refrain: *Oh, there's fi-yer down*
below!

(Sie war ein Mädchen vom Lande
mit rosigem Gesicht,
To mi häh hi hei ho!
Oh, sie ging zur Kirch' und Sonn-
tagsschul' und sang die Lieder süß
Oh, es juckt da unten so!)

I dreamed a dream, the other night,
Chor: *Lowlands, lowlands away*
my John,
I dreamed a dream the other night,
Chor: *Lowlands away!*

Ich träum' ein' Traum in dieser
Nacht,
Tiefland, Tiefland, hinweg mein
John,
Ich träumt' ein' Traum in dieser
Nacht,
Tiefland hinweg!)

In späterer Zeit jedoch, als man die *Downton-Pumpen* mit den großen Schwungrädern hatte, brauchte man eine drehende Bewegung und dazu eine andere Art von Shanties. Viele Arten von Gesängen konnten an den Handgriffen und Zugstroppen der Downton-Pumpen gesungen werden, und viele Märsche und Lieder der Landbewohner wurden für diesen Chorgesang einfach übernommen:

Glory, glory hallelujah!
Glory, glory, hallelujah!
Glory, glory, hallelujah!
As we go rollin' home.

(Glori, glori, Hallelujah!
Denn wir fahr'n jetzt nach Haus.)

Deutsche Seeleute sangen:

Glori, glori, glori, gloria,
Schön sind die Mädels in Bratavia!

Die holländischen Seeleute schmetterten etwas Ähnliches. Der *Zugstropp* war ein Tau an den Handgriffen der Pumpe, das mehr Männern die Teilnahme am Pumpen ermöglichte.

Das *Gangspill*, englisch »Capstan« genannt, wurde in seiner doppelköpfigen Form zum Ankerhieven benutzt und war der Fetisch, für den der Seemann in puncto Singen sein Bestes gab. Die *Handspaken* vor der Brust, an jeder Spake zwei bis drei Mann, trabten die Männer um das Gangspill herum und drehten damit das Ankerspill unter der Back, um die Ankerkette einzuhieven. Anfangs wurden schnelle Gangspill-Shanties gesungen, man hievte das Schiff ja nur näher an den Anker heran. Das Tempo ließ nach, wenn das Schiff dem Anker näher kam; entsprechend wurden dann langsamere Lieder gesungen wie »Roling home« und »Shenandoah«.

Ein schnelles Shanty war:

Hurrah, Hurrah! For the gals of
Dub-a-lin town,
Hurrah for the bonnie green flag an'
the harp widout the crown!

(Hurrah, Hurrah, für die Mädels
von Dublin-Town,
Hurrah für die Flagge, die grüne,
die Harfe ohne die Kron'!)

oder auch:

Oh, wake her! Oh, shake her!
Oh, wake dat girl wid de blue dress
on,
When Johnny comes down to Hilo
– poor ol' man!

(Oh, weck' sie! Oh, schreck' sie!
Oh, weck' das Girl mit dem blauen
Kleid,
Wenn Jonny-Boy kommt nach Hilo
– armer Mann!)

Besondere Shanty-Arten waren der *Bunt-Song* (Bauch-Song) »Paddy Doyle's Boots«, den man sang, wenn der Bauch eines Segels auf die Rah gerollt wurde, und das *Zeremonien-Shanty* »The Dead Horse«; beide findet man im musikalischen Teil dieses Buches.

Die Freizeitlieder hießen auf englischen Schiffen *Forebitter* nach den großen Pollern auf der Back oder dem Vordeck, auf denen man bei gutem Wetter saß und sang. Im Gegensatz zu den Shanties und Gangspill-Songs wurden die »Poller-Lieder« meistens von irgendeinem Instrument begleitet, das gerade zur Hand war: Mund- oder Ziehharmonika, Fiedel, Banjo und so weiter. Die Texte waren meistens von der erzählenden Art und handelten von einer Reise oder einem seemännischen Ereignis. Aber auch viele Lieder vom Land, vor allem

Die Mannschaft beim Auswechseln des Großsegels, eine Arbeit, die sicherlich von einem Shanty begleitet war.

Trinklieder und auf deutschen Schiffen Lieder aus der Fremdenlegion, wurden in das Repertoire aufgenommen. Man sang auf der Back oder dem Vordeck, vornehmlich in den Passatgebieten; manchmal war auch eine Fufu-Kapelle mit selbstgebastelten Instrumenten dabei. Die übliche Zeit zum Singen war nach dem Abendessen, wenn die Arbeit an Deck beendet war. Auf den Walfängern sangen die Männer natürlich auch eigene Lieder:

'Tis advertised in Boston, New York an' Buffalo,
Five hundred brave Americans a-whalin' for to go.

(Gesucht werden in Boston, New York und Buffalo
fünfhundert brave Yankees für Walfängerei.)

Aus den Tagen des Goldrausches stammt das folgende Shanty:

Oh, I remember well, the lies they used to tell,
Of gold so bright it hurt the sight,
An' made the miners yell.

(Oh, ich denke an die Lügen, die sie uns erzählt,
Von Gold so strahlend, daß es die Augen quält,
Daß die Schürfer gellend schrien.)

Die deutschen Übersetzungen der fremdländischen Shanties sind keine Nachtdichtungen und deshalb auch nicht zum Singen geeignet. Spielen und singen Sie die Shanties in der Originalsprache – so wie es auch die Fahrensleute taten, die an Bord von Schiffen fremder Nationen gingen! Der deutsche Text soll nur das Verständnis der oft altmodischen oder ungewöhnlichen Originale erleichtern.

IN DIE FERNE UND NACH HAUS

Das Anheuern auf Schiffen vollzog sich, abhängig von Ort und Zeit, auf die verschiedenste Weise. In britischen und europäischen Häfen begab sich der Seemann zu den Liegeplätzen und hielt Ausschau nach Schiffen, die zwischen den Wanten einen Segeltuchlappen aufgespannt hatten, das Zeichen für einen freien Arbeitsplatz. Auf amerikanischen Schiffen wurde der Heuervertrag auf dem Kopf des Ankerspills unterschrieben. Bisweilen wurde die Schiffsmesse in ein Büro umgewandelt, wo die Männer dann ihr Kreuz neben ihren Namen machten und damit den Dreijahresvertrag besiegelten, der sie verpflichtete, die Meere zwischen 70° nördlicher und 60° südlicher Breite zu befahren. Mitte des 19. Jahrhunderts eröffneten skrupellose Anwerber und Logiswirte sogenannte Vermittlungsbüros und forderten von den Seeleuten für die Gelegenheit, auf einem Schiff anheuern zu dürfen, horrende Gebühren, die sie selbst Schiffsgeld, die Seeleute jedoch Blutgeld nannten. Eine Weiterentwicklung dieser Methoden war das sogenannte Shanghaien, bei dem nicht nur die Matrosen, sondern auch die Kapi-

täne geprellt wurden. Ein Matrose ohne Papiere oder mit einem schlechten Zeugnis von seinem früheren Schiff konnte oft noch ein Schiff finden, indem er sich der damals beliebten Methode des »Molenkopfsprunges« bediente. Wenn nämlich ein Mann der Besatzung sich zum Auslaufen nicht eingefunden hatte oder erkrankt war, erfolgte ein letzter Ruf nach einem Mann, wenn das Schiff an den Molenköpfen vorbeilief.

An Bord seines Schiffes angekommen, begab sich der Neue – Strandräuber, Bankangestellter, Schuhputzboy oder richtiger Matrose, betrunken, nüchtern oder betäubt, je nach der Methode seiner Anwerbung – auf mehr oder weniger sicheren Füßen zum Vorschiff und plazierte sich und seine Seekiste oder den Seesack in einer freien Koje. Das war dann für die Dauer

der Reise sein Zuhause, falls er nicht von einem Kampfhahn daraus vertrieben wurde. Er hatte seinen Strohsack mit (»Eselsfrühstück« nannten ihn die Engländer), den er von einem Schneider oder einem Schiffsausrüster gekauft hatte, Decken, Blechteller und Schüssel, zerschlissenes Ölzeug, Langschäfter und die Kap-Horn-Ausrüstung. Bald erscholl dann der Ruf »An Deck antreten!«, wenn das Schiff am Pier lag; draußen auf der Reede hieß es »alle Mann zum Ankerhieven!«. In manchen Häfen, wenn die Mannschaft noch zu betrunken war, den Befehlen zu folgen, schafften sogenannte »Runner«, Gehilfen der Anwerber, das Schiff hinaus über den Brandungsgürtel, lösten und setzten die Segel und kehrten dann mit ihrem Ruderboot zurück. Die Männer am Ankerspill, entweder die der eigenen Besatzung oder die Runner, stimmten sofort ein Shanty an, und die rauhen Stimmen der buntgemischten Besatzung aus richtigen Seemännern, Strandräubern und abenteuerlustigen Jünglingen verkündeten vereint den Seemöwen, daß das Schiff nun auslief, bestimmt nach fremden Ländern.

»Heimwärts bestimmt!«, diese zwei Worte ließen mit Sicherheit das Herz eines jeden Seglermatrosen höher schlagen. Man denke daran, das Bordleben in jenen Tagen der Windjammer war so hart und voller Entbehrungen, daß ein Fahrensmann nur selten eine ganze, durchgehende Reise mitmachte. Aus diesem Grunde bestand die Besatzung britischer – und anderer – Schiffe, mit Ausnahme von Schiffsjungen, Freiwächtern (Köchen, Stewards, Bootsmännern und Zimmerleuten) und den Steuerleuten auf der Heim-

reise aus Strandläufern (von der Westküste Südamerikas), entlaufenen Seeleuten, die genug vom Buschleben hatten, oder gescheiterten Auswanderern (aus Australien und Neuseeland). Von dem Ritual, das in den Salpeterhäfen von Chile

beim Auslaufen der beladenen englischen, französischen und deutschen Schiffe mit Heimatkurs Europa vollführt wurde, wird noch im einzelnen unter dem Shanty »Goodbye Fare-ye-well« berichtet werden.

SPANISH LADIES

ENGLISCH: FOREBITTER
manchmal als Ankershanty gesungen

Dies ist in erster Linie ein Shanty der britischen Royal Navy, doch wurde es bald von Handelsschiffen übernommen und war bei ihnen dann sogar sehr beliebt. Es ist ein erzählendes Lied über die Durchfahrt einer Segelschiffsflotte durch die Straße von Dover.

Fare-well an' a-dieu to you fair Span-ish la-dies, Fare-well an' a-dieu to you la-dies of Spain, For we've re-ceived or-ders for to sail for Old Eng-land, An' hope ve-ry short-ly to see you a-gain.

Ch.: We'll rant an' we'll roar, like true British sailors,
We'll rant an' we'll rave across the salt seas,
Till we strike soundings in the Channel of Old England,
From Ushant to Scilly is thirty-four leagues.

2. We hove our ship to, with the wind at sou'west, boys,
We hove our ship to, for to take soundings clear,
In fifty-five fathoms with a fine sandy bottom,
We filled our main tops'l, up Channel did steer.

3. The first land we made was a point called the Deadman,
Next Ramshead off Plymouth, Start, Portland, and Wight,
We sailed then by Beachie, by Fairlee, and Dungyness,
Then bore straight away for the South Foreland Light.

4. Now, the signal was made for the Grand Fleet to anchor
We clewed up our tops'ls, stuck out tacks an' sheets,
We stood by our stoppers, we brailed in our spankers,
And anchored ahead of the noblest of fleets.

5. Let every man here drink up his full bumper,
Let every man here drink up his full bowl,
And let us be jolly and drown melancholy,
Drink a health to each jovial an' true-hearted soul.

SPANISCHE
DAMEN

1. Farewell und adieu, ihr lieblichen spanischen Ladies,
Farewell und adieu, Ihr Ladies of Spain,
Wir haben Befehl, nach England zu segeln,
und hoffen, wir sehen euch bald wieder.
(Als Refrain wiederholen)

2. Wir drehten bei, den Wind in Südwest, Jungs,
wir drehten bei, um eine genaue Lotung zu nehmen,
Bei fünfundfünzig Faden mit feinem sandigen Grund,
braßten wir unser Groß-Marssegel voll und steuerten in
[den Ärmelkanal.

Ch.: Wir wollen brüllen und wir wollen toben, wie echte
[britische Seeleute,
wir wollen brüllen und wir wollen tosen über die
[salzigen Seen,
bis wir den Grund loten im Englischen Kanal,
von Ouessant nach den Scillys sind es vierunddreißig Meilen.

3. Das erste Land, das wir ausmachten, war ein Punkt, der
[hieß Deadman,
dann kamen Ramshead vor Plymouth, dann Start,
[Portland und Wight.
Wir passierten dann Beachie, Fairlee und Dungyness
und nahmen direkten Kurs auf das South Foreland-Feuer.

4. Nun kam das Signal für die Grand Fleet zu ankern,
wir nahmen die Marssegel weg und geiten Schoten und Halsen auf,
Wir standen bei den Stoppern, wir geiten unseren Besan dicht,
und ankerten vor der stolzesten aller Flotten.

5. Laßt jeden Mann hier seinen vollen Becher leeren,
Laßt jeden Mann hier sein volles Glas leeren,
laßt uns fröhlich sein und Traurigkeit ertränken,
Trinkt auf die Gesundheit jeder freundlichen und treuen Seele.

RIO GRANDE

ENGLISCH/AMERIKANISCH:
CAPSTAN SHANTY

Dieses Shanty wurde gesungen, wenn die Männer den Anker hievten und die Handspeichen des Ankerspills in gemächlichem Trott vor sich her schoben. Wieso gerade der Rio Grande do Sul in Brasilien eine solche Anziehungskraft auf den Segelschiffer von damals ausübte, ist kaum zu erklären. Der Rio Grande war ein schwer befahrbarer Fluß, genau genommen eine Lagune, voller wandernder Sandbänke. Die Liverpooler »Girls« waren robuste Frauen irischer Abkunft mit schwarzen Wollschals, weiten Röcken und hochschäftigen, seitlich elastischen Jemima-Schuhen.

1. Ein Schiff segelte hinaus über die Bucht.
   Ch.: Fort zum Rio!
   Sein Bug ist auf das Kreuz des Südens gerichtet,
   Ch.: Wir sind auf der Reise zum Rio Grande!
   Voller Chor: Dann also fort, Jungens, Fort!
   Fort zum Rio!
   Singt, lebet wohl, Ihr Liverpool-Mädchen,
   wir sind auf der Reise zum Rio Grande!

2. Sage mir, warst du noch nie unten am Rio Grande?
   Ch.: Fort zum Rio!
   Dort, wo der Fluß herunterfließt, auf goldenem Sand,
   Ch.: Wir sind auf der Reise zum Rio Grande!

3. Wir waren krank an Land, als unser Geld fort war,
   also heuerten wir auf diesem Schiff an, um es zu segeln.

4. Manche von uns waren krank, oh ja, und mache sauer,
   wir haben genug Unsinn getrieben, und jetzt wollen wir mehr.

5. Unseren Anker werden wir lichten und unsere Segel werden wir
   [setzen,
   und die Liverpooler Girls werden wir nicht vergessen.

6. Euch Park Lane-Girls haben wir kennengelernt,
   wir nehmen jetzt Kurs südwärts. Oh Gott, laß uns fort!

7. Oh packt eure Säcke und nehmt sie auf,
   die Girls, die wir verlassen, werden unsere halbe Heuer kriegen.

8. Sei nicht traurig, Mary Ellen, und schau nicht so betrübt drein,
   am Weiße-Strümpfe-Tag wirst du heißen Rum trinken.

2. Oh, say wuz ye never down Rio Grande?
   It's there that the river rolls down golden sands.

3. We wuz sick o' the beach when our money wuz gone,
   So we signed in this packet to drive 'er along.

4. There's some of us sick, aye, there's some of us sore,
   We've scoffed all our whack an' we're looking for more.

5. Our anchor we'll weigh an' the rags we will set,
   Them Liverpool Judies we'll never forget.

6. Ye Parkee Lane Judies we'll 'ave ye to know,
   We're bound to the south'ard. Oh, Lord let us go!

7. Oh, pack up yer donkeys an' get under weigh,
   Them Judies we're leaving will git our half-pay.

8. Cheer up, Mary Ellen, an' don't look so glum,
   On white-stockin' day ye'll be drinkin' hot rum.

SHENANDOAH

AMERIKANISCH: ANKERSHANTY,
das man sang, wenn man das Schiff näher an den Anker hievte.

Die Verse dieses Shantys sind dem Leser vielleicht schon in anderer Form bekannt, doch dies ist die Version, die von den Fahrensleuten der Windjammer auf den sieben Meeren gesungen wurde. Der Gesang entstand wahrscheinlich irgendwann um 1840 unter den amerikanischen Schiffern des Ohio, Missouri und Mississippi. Er war ebenfalls unter den Grenzbewohnern, den »Langmessern«, – das war die Kavallerie –, den Bergbewohnern und den Hinterwäldlern äußerst beliebt.

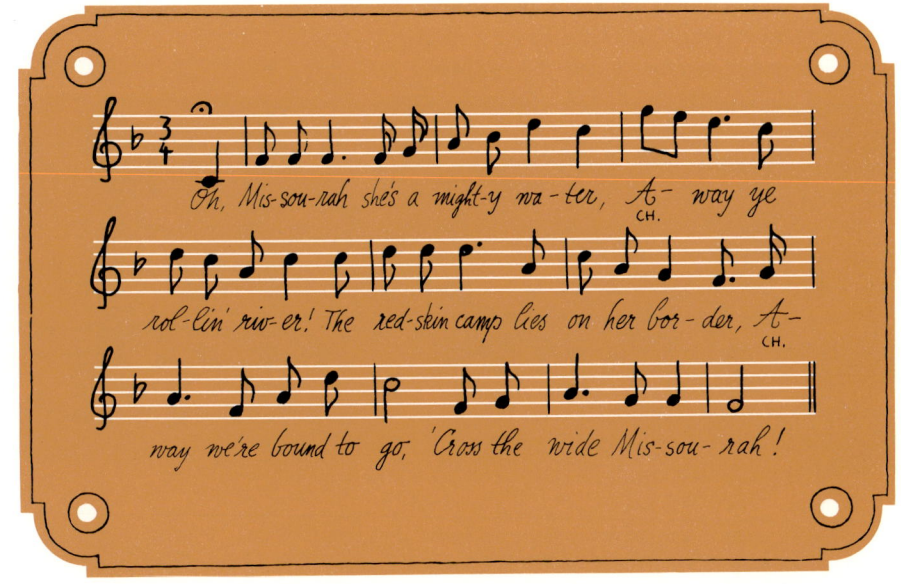

Oh, Mis-sou-rah she's a might-y wa-ter, A-way ye (CH.) rol-lin' riv-er! The red-skin camps lies on her bor-der, A-way we're bound to go, 'Cross the wide Mis-sou-rah!

1. Oh, der Missouri ist ein mächtiges Wasser,
   Ch.: Rolle weiter, du Fluß!
   Das Indianerlager liegt an seinem Ufer,
   Ch.: Weiterfahren müssen wir,
       über den weiten Missouri!

2. Oh, Shenandoah war ein Indianermädchen,
   und ein weißer Mann liebte dieses Indianer-
                                    [mädchen.

3. Oh, der Weiße Mann liebte das Indianermädchen,
   mit schönen Sachen war sein Kanu beladen.

4. Der Häuptling wies die Dollar des Händlers
                                    [zurück,
   meine Tochter wird niemals mit dir gehen.

5. Schließlich kam ein Yankee-Skipper,
   er blinkte mit dem Auge und winkte mit der Hand.

6. Dem Häuptling verkaufte er Feuerwasser,
   und das Mädchen entführte er über das Wasser.

7. Oh Shenandoah, ich liebe deine Tochter,
   ich nehme sie mit mir auf meinem Schiff, fort über
                                    [die rollenden Wogen.

2. Oh, Shenandoah was a redskin maiden,
   And a white man loved that redskin maiden.

3. Oh, the white man loved the Indian maiden,
   With trade-goods his canoe was laden.

4. The chief refused the trader's dollars,
   My daughter ye shall never follow.

5. At last there came a Yankee skipper,
   Who winked his eye and tipped his flipper.

6. He sold the chief some firewater,
   And stole the gal across the water.

7. O Shenandoah I love yer daughter,
   I'll take her sailin' cross yon rollin' water.

VI STYRDE UTÖVER ATLANTEN

SCHWEDISCH:
HALYARD SHANTY

Callao, Peru, wohin das Schiff in dem Song unterwegs ist, war für die Walfischfänger wie auch für die Salpeter- und Guanofrachter ein Begriff. Es hatte ein berüchtigtes Seemannsviertel mit Kneipen und Kaschemmen wie dem »Live and let live« (Leben und leben lassen), der »Liverpool Bar«, dem »Smokey Joe's« (Verräucherten Jupp), der »German Bar« und dem »Neptune«. Seine Seelenverkäufer und Dirnen waren zahlreich: Yellow Jake (Der Gelbe Jakob), Jimmy the Pig (Köbes, das Schwein), Serafina und Madame Gashee (beide kommen in Matrosenliedern vor), ferner Liverpool Annie, die Wirtin vom »Liverpool Ship«, und Alec Townsend, der Gasthausbesitzer.

Vi styr-te ut-öv-er At-lan-ten - pull home! Med ett
skepp som var hem-ma ej längt här-i-från. Ha-la hem
! Ha-la hem! Ha-la hem å be-lägg!

WIR FUHREN
ÜBER DEN ATLANTIK

2. *Ho va fin, ho va grann. Var eneste man - pull home! - Satte segel i topp, och på länsande lopp stack vi ut.*

3. *Calliä var vår hamn, dit vi gå - pull home! - Som en lus på en tjärad näver, å hå!*

4. *Provianten den tröt, men skepparn skröt - pull home! - Sa vi dreja till remmen å bäd svalt å frös.*

1. Wir fuhren über den Atlantik – heim geht's! mit einem Schiff, das nicht weit von hier daheim war. (Refrain) Bring sie heim! Bring sie heim! Bring sie heim und mach fest!

2. Ho! Mach's gut! Ho! Mach's prächtig! Jeder Mann – heim geht's! Setzten Segel bis in die Toppen; in freier Fahrt stachen wir in See.

3. Callao war unser Hafen, dahin fahren wir – heim geht's! Wie eine Laus auf einer geteerten Faust, o ho!

4. Der Proviant ging zu Ende; der Schiffer brüllte – heim geht's! So rissen wir uns am Riemen und darbten und froren.

SACRAMENTO

AMERIKANISCH/ENGLISCH:
CAPSTAN SHANTY

Dieses Ankershanty entstand an Bord der großen amerikanischen Schnellsegler – Sea Witch (Seehexe), Romance of the Seas, Flying Cloud (fliegende Wolke) und anderen – Schiffen, die um das Kap Horn zum neuen El Dorado des Sakramentoflusses nahe San Franzisko jagten. Der Goldrausch von Kalifornien von 1848–49 brachte viele Lieder über die Menschen und ihr Leben in dieser Zeit hervor.

Oh, a-round Cape Horn we are bound for to go, To me
Hoo-dah, to me Hoo-dah! A-round Cape Horn, thro' the
sleet an' the snow, To me Hoo-dah, Hoo-dah, day!
Blow, boys, blow, for Cal-i-forn-eye-o, There's
plen-ty o' gold, so I've bin told, On the banks of the Sa-cra-men-to!

2. Oh, around the Horn with a main-skys'l set,
Around Cape Horn an' we're all wringin' wet.

3. Oh, around Cape Horn in the month of May,
Oh, around Cape Horn is a very long way.

4. Them Dago gals we do adore,
They all drink vino an' ax for more.

5. Them Spanish gals ain't got no combs,
They comb their locks with tunny-fish bones.

6. To the Sacramento we're bound away,
To the Sacramento's a hell o' a way.

7. We're the buckos for to make her go,
All the way to the Sacramento.

8. We're the buckos for to kick her through,
Roll down the hill with a hullabaloo.

9. Round the Horn an' up to the Line,
We're the bullies for to make her shine.

10. Ninety days to Frisco Bay,
Ninety days is damn good pay.

1. Oh rund ums Kap Horn geht unsere Reise.
Ch.: Ist mein Festtag, ist mein Festtag!
Rund ums Kap Horn durch Hagel und Schnee.
Ch.: Ist mein Festtag, Festtag, Tag!
Haut rein Jungs, haut rein, nach Kalifornien,
dort gibt es viel Gold, hat man mir erzählt,
an den Ufern des Sakramento!

2. Rund ums Kap Horn mit dem Groß-Skysegel gesetzt,
rund ums Kap Horn, und wir sind alle klatschnaß.
Ch.: Ist mein Festtag, ist mein Festtag!

3. Rund ums Kap Horn im Monat Mai,
rund ums Kap Horn ist ein sehr langer Weg.

4. Diese Dago-Mädchen, die beten wir an,
sie alle trinken Wein und tun alles für mehr.

5. Diese spanischen Mädchen, die haben keine Kämme,
sie kämmen ihre Locken mit Tunfischknochen.

6. Fern zum Sakramento geht unsere Reise,
zum Sakramento ist's ein verteufelt langer Weg.

7. Wir Kerle sorgen dafür, daß das Schiff fährt,
den ganzen Weg bis zum Sakramento.

8. Wir Kerle jagen das Schiff durch die See,
die Wellenberge immer herauf und herunter.

9. Rund ums Kap Horn und weiter im Kurs,
wir sind die Kerle, die das Schiff in Form halten.

10. Neunzig Tage bis zur Bucht von Frisco,
neunzig Tage ist eine verdammt gute Leistung.

PADDY LAY BACK

ENGLISCH:
FOREBITTER UND CAPSTAN SHANTY

Dies ist ein recht altes Lied aus den Tagen der afrikanischen Sklaven, die in den Häfen am Golf von Mexiko Baumwolle in den Laderäumen der Schiffe verstauten. Und davor war es auf den Packetseglern des Atlantik gut bekannt. Unter den Packetratten wurde der Kehrreim so gesungen: »Holt die Taue durch, setzt die Fock und das Großsegel!« Den gegenwärtigen Kehrreim erhielt dieses Shanty, als es bei den Fahrensleuten an Bord der Kap-Horn-Segler in der Salpeterfahrt populär wurde. Er beschreibt sehr ausführlich den betrunkenen Seemann, wie er an Bord eines Schiffes erwacht, Kurs Gott-weiß-wohin mit einer bunt zusammengewürfelten Mannschaft, teils aus Seeleuten, teils aus Strandläufern, aus den vier Ecken der Hölle zusammengesucht. Manchmal wurden beim Ankerhieven neunzehn Verse gesungen.

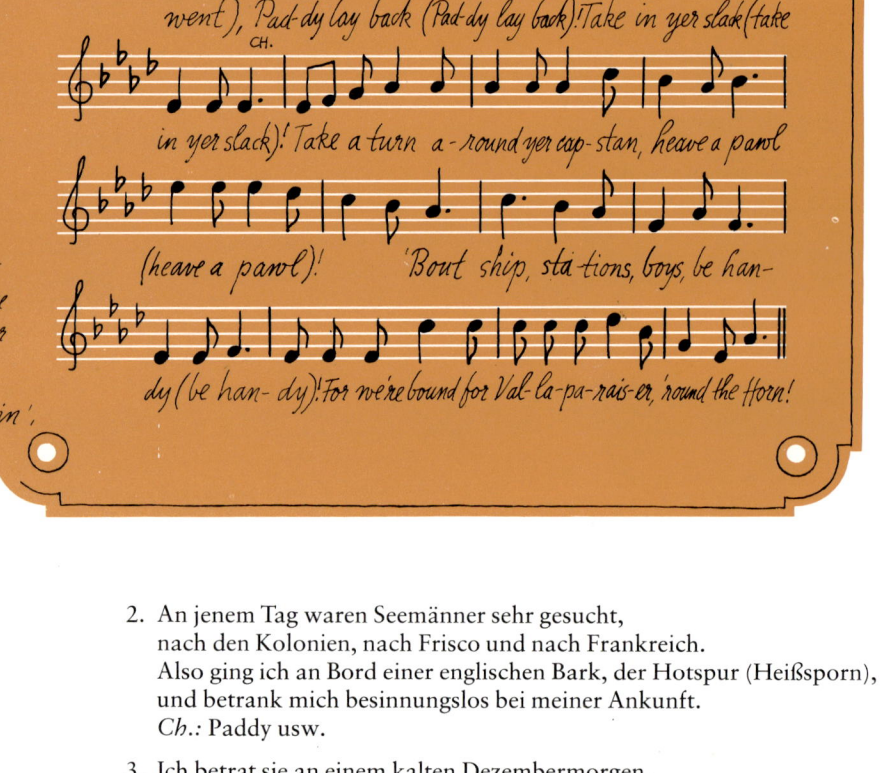

2. That day there wuz a great demand for sailors
   For the Colonies and for Frisco and for France
   So I shipped aboard a Limey barque the Hotspur
   An' got paralytic drunk on my advance

3. Now, I joined her on a cold December mornin'
   A-frappin o'me flippers to keep me warm,
   With the south cone a-hoisted as a warnin',
   To stand by the comin' o'a storm.

4. I woke up in the mornin' sick an' sore,
   An' I knew I wuz outward bound again;
   When I heard a voice a-bawlin' at the door,
   "Lay aft, men, an' answer to yer names!"

PADDY, LOS, RAN!

1. Es war ein kalter trüber Morgen im Dezember,
   und das ganze Geld war ausgegeben.
   Wo ich es ließ, mein Gott, daran erinnere ich mich nicht.
   Also ging ich hinunter zum Heuerbüro.
   Ch.: Paddy, los, ran!
   Reiß dich zusammen!
   Geh rund um das Spill, hier ein Pall!
   Klar zum Wenden, Jungs, und haltet euch ran!
   Denn unsere Reise geht nach Valparaiso, rund ums Horn!

2. An jenem Tag waren Seemänner sehr gesucht,
   nach den Kolonien, nach Frisco und nach Frankreich.
   Also ging ich an Bord einer englischen Bark, der Hotspur (Heißsporn),
   und betrank mich besinnungslos bei meiner Ankunft.
   Ch.: Paddy usw.

3. Ich betrat sie an einem kalten Dezembermorgen,
   schlug mir in die Hände, um mich warm zu halten.
   Der Sturmball für Südwest war zur Warnung geheißt,
   ein Sturm war zu erwarten.

4. Ich erwachte am Morgen, übel war mir und elend,
   und ich wußte, ich war wieder einmal auf der Reise;
   da hörte ich eine Stimme an der Tür grölen,
   »Kommt achteraus, Männer, und antwortet auf eure Namen!«

O DU GLADE SJÖMAN

Schwedisch: Capstan Song

Wie Kapitän Sternvall berichtet, wurde dieses Lied am Gangspill des schwedischen Schiffes *Zaritza* 1870 gesungen, als der Anker gelichtet wurde.

Das Schiff in diesem Lied war wohl eine der kleinen, hölzernen Barken, die mit Bauholz beladen aus den norwegischen Fjorden mit Ziel in alle Ecken und Enden der Welt ausliefen. Zum Abschied winkte dann der Seemann seinem Liebchen oder seiner Frau, deren Silhouetten sich von dem weißen Bauernhaus im Kreis grüner Kiefern deutlich abhoben, einen letzten Gruß zu. Dieses Genrebildchen eines Abreisetages war in Skandinavien und den baltischen Ländern gang und gäbe und unterschied sich deutlich von den Ausfahrten, wie man sie in den großen Häfen Hamburg, Rotterdam und Antwerpen beobachten konnte.

O du gla-de sjö-man, nu du läm-nar det-ta land
För att re-sa ik-ring värl-den på den vi-da o-ce-an.

O DU FRÖHLICHER SEEMANN

2. Du är glad och förnöjd och du sjunger med fröjd,
Och ditt hopp det står till Herran uti himmelens höjd.

3. Ankartåget hivas in, seglen brassa foglig vind,
Och en man tager rodret mens de andra klarar opp.

4. Alle man på däck vinkar så till de på strand,
Och ett ömt farväl vi sänder till vårt kära fosterland.

5. Nu är allting gott å klart, skeppet börjar göra fart,
Lilla stugan uppå näset ser oss sakta glida bort.

6. Där med tåren uppå kind och rätt sorgsen uti sind,
Står den mö jag fästat haver, well, vi ses nog inom kort.

7. Dagen lider mot sitt slut, natten ser förfärlig ut,
Å det stormar å det viner i varendaste klut.

8. Solen den har krupit ner, stjärnor synas icke mer,
Vredgad bölja jagar fram, söker oss att bryta ner.

9. Brott och bränningar på hav, skeppet lider därutav,
Mången stolt sjöman där funnit har och bäddat sin grav.

10. Men vi trösta oss därmed att vi lider ingen nöd,
Fast ett steg det kunde göra att vi låg i graven död.

1. O du fröhlicher Seemann, nun verläßt du dieses Land,
um auf dem weiten Ozean um die Welt zu reisen.
(wiederholt als Refrain)

2. Du bist froh und vergnügt und du singst voller Lust,
und deine Hoffnung ist auf den Herrn aus des Himmels Höhe
[gesetzt.

3. Die Ankertrosse wird gehievt, die Segel wölben sich gehorsam
[im Wind,
und ein Mann nimmt das Ruder, während die anderen auf-
[klaren.

4. Dann winken wir alle Mann an Deck denen am Strand zu;
und einen zärtlichen Abschiedsgruß senden wir unserer lieben
[Heimat.

5. Nun ist alles gut und erledigt, das Schiff kommt in Fahrt,
das kleine Häuschen dort oben am Strand sieht uns sacht ent-
[gleiten.

6. Dort – mit Tränen auf den Wangen und vor lauter Kummer
[außer sich –
steht die Maid, die ich so liebgewonnen; nun, wir sehen uns
[bald wieder.

7. Der Tag geht zu Ende, die Nacht sieht gefährlich aus,
und es stürmt und pfeift in allen Segeln.

8. Die Sonne, die ist untergegangen, Sterne sieht man keine mehr,
zornige Wellen jagen heran, suchen uns zu versenken.

9. Brecher und Sturzseen auf dem Meer, das Schiff leidet darunter;
mancher stolze Seemann hat dort sein Grab gefunden.

SANTIANA

AMERIKANISCH:
WINDLASS UND CAPSTAN SONG

Wie die meisten vierzeiligen Shanties wurde auch dieses hier zuerst am Ankerspill gesungen. Es ist ziemlich alt und war beliebt. Man nimmt an, daß es während des Mexikanischen Krieges entstanden ist; andere Fachleute jedoch glauben, daß es von einem Gebet an die Bretonische Sainte Anne abstammen könnte.

Antonio López de Santa Anna,
1794–1876, Präsident von Mexiko.

Im Mexikanischen Krieg hielten die britischen Seeleute zu den Mexikanern. Sie desertierten von ihren Schiffen, um sich Santianas bunt zusammengewürfelter Armee anzuschließen. Natürlich ist das Seemannsgarn um General Tailors »Fortlaufen« historisch falsch, denn es war General Santa Anna, der die Stadt Monterrey aufgab und Tailor überließ. Andere Versionen dieses Shantys haben überhaupt nichts mit dem Krieg zu tun. Eine Version singt vom Bau eines Schiffes von 1000 Tonnen, das die Besatzung mit Rum belädt. »Ich würde euch gern Whiskey und Gin geben und gern in dem Hafen bleiben, in dem wir waren«, ist eine der vielen Variationen.

1. Oh, Santiana siegte an diesem Tag,
   Ch.: Santiana in der Ferne!
   Santiana siegte an diesem Tag,
   Ch.: überall auf den Ebenen von
   [Mexiko.

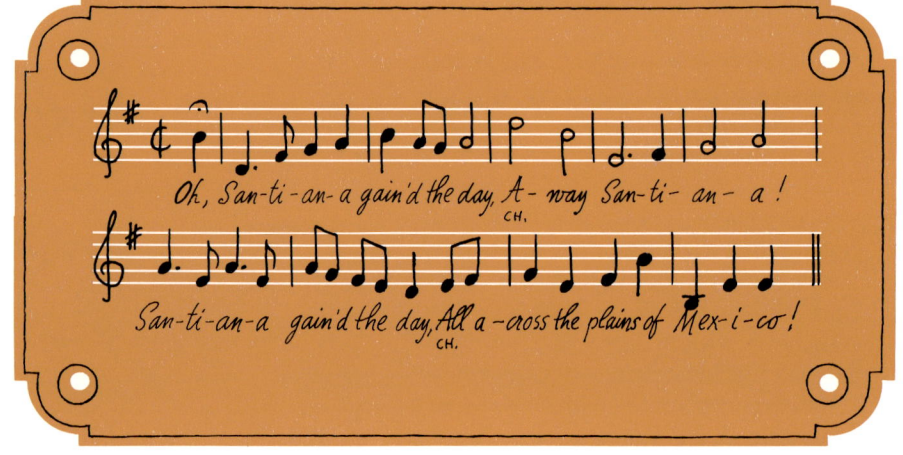

Oh, San-ti-an-a gain'd the day, A-way San-ti-an-a!
CH.
San-ti-an-a gain'd the day, All a-cross the plains of Mex-i-co!
CH.

2. He gained the day at Molley-del-rey,
   An' General Taylor ran away.

3. All of his men were brave an' true,
   Every soldier brave and true.

4. Oh, Santiana fought for fame,
   Oh, Santiana gained a name.

5. An' Zacharias Taylor ran away,
   He ran away at Molley-del-rey.

6. Santiana's men were brave,
   Many found a soldier's grave.

7. 'Twas a fierce an' bitter strife,
   Hand to hand they fought for life.

8. An' Santiana's name is known,
   What a man can do was shown.

9. 'Twas on the field of Molley-del-rey,
   Santiana lost a leg that day.

10. Oh, Santiana fought for his gold,
    What deeds he did have oft been told.

11. Oh, Santiana's day is o'er,
    Santiana will fight no more.

12. Oh, Santiana's gone away,
    Far from the field of Molley-del-rey.

2. Er siegte den Tag bei Monterrey,
   Ch.: Santiana in der Ferne!
   Und General Tailor lief fort.
   Ch.: überall auf den Ebenen von
   [Mexiko.

3. All seine Männer waren tapfer und
   [treu.
   jeder Soldat tapfer und treu.

4. Santiana kämpfte um Ruhm,
   Santiana erwarb einen Namen.

5. Und Zacharias Tailor lief fort,
   er lief fort bei Monterrey.

6. Santianas Männer waren tapfer,
   viele fanden den Heldentod.

7. Es war eine heftige und bittere
   [Schlacht,
   Mann gegen Mann fochten sie um
   [ihr Leben.

8. Und Santianas Name wurde
   [bekannt,
   er hat gezeigt, was ein Mann leisten
   [kann.

9. Auf dem Schlachtfeld von
   [Monterrey war es,
   wo Santiana an jenem Tag ein Bein
   [verlor.

10. Santiana kämpfte um sein Gold,
    von seinen Taten wurde oft
    [berichtet.

11. Oh, Santianas Tag ist vorüber,
    Santiana wird nie mehr kämpfen.

12. Santiana ist fortgegangen,
    weit weg vom Schlachtfeld von
    [Monterrey.

LEAVING OF LIVERPOOL

ENGLISCH: FOREBITTER

Die erste in Druck erschienene Version dieses hübschen alten Deckshantys sang Dick Maitland, ein alternder Matrose aus einem New Yorker Seemannsheim, W.M. Doerflinger vor. Maitland war Shantymann auf amerikanischen, kanadischen und englischen Rahseglern.

2. I'm bound to California,
   By way of ol' Cape Horn,
   An' I bet that I will curse the day
   An' the hour that I was born.

3. I've shipped in a Yankee clipper ship,
   Davy Crockett is her name.
   Captain Burgess he is tough, me lads,
   And the mate he's just the same.

4. 'Tis me second passage with ol' Burgess,
   An' I think I knows him well,
   If a man's a sailor, he can get along,
   But if not, he's sure in hell.

5. Fare-ye-well to Lower Frederick Street,
   Anson Place, and Parkee Lane,
   'Tis a long, long time, me bucko boys,
   Ere I see you again.

6. So, fare-ye-well my own true love;
   Goodbye, my love, goodbye.
   'Twill be a long, long time, my dear,
   But my darlin' don't ye cry,

ABSCHIED VON LIVERPOOL

1. Leb wohl, Princess-Landungsbrücke, leb wohl du Mersey-Fluß.
   Mein Schiff geht nach Kalifornien, das kenne ich recht gut.
   Ch.: So lebe also wohl, meine einzige wahre Liebe,
      Wenn ich zurückkehre, werden wir vereint sein.
      Nicht der Abschied von Liverpool schmerzt mich so sehr,
      sondern du mein Liebling, wenn ich an dich denke.

2. Mein Schiff geht nach Kalifornien, rund ums Kap Horn,
   und ich wette, ich werde noch den Tag und die Stunde meiner
      [Geburt verfluchen.
   Ch.: So lebe also wohl, meine einzige…

3. Ich habe mich auf einem Yankee-Klipper eingeschifft mit dem
      [Namen Davy Crockett.
   Käpt'n Burgess ist sehr streng, meine Freunde, und der
      [Steuermann ebenso.

4. Dies ist meine zweite Reise mit dem alten Burgess, und ich
      [glaube, ich kenne ihn gut.
   Ist man ein Seemann, kommt man mit ihm aus. Wenn aber
      [nicht, dann ist die Hölle los.

5. Leb wohl du Lower Frederick Street, du Anson Place, du Parkee
      [Lane,
   Es wird lange, lange dauern, bis ich euch Kameraden
      [wiedersehe.

6. Und lebe auch wohl, meine einzige wahre Liebe, goodbye,
      [meine Liebe, godbye.
   Es wird lange, lange dauern, aber mein Liebling, du mußt nicht
      [weinen.

GOODBYE FARE-YE-WELL

ENGLISCH/AMERIKANISCH:
WINDLASS UND CAPSTAN SONG

Dies ist wahrscheinlich das bekannteste aller Heimreise-Shantys, besonders an Bord der Schiffe, die von den Salpeterhäfen Chiles ausliefen. Es war auch an Bord französischer und norwegischer Schiffe gut bekannt.

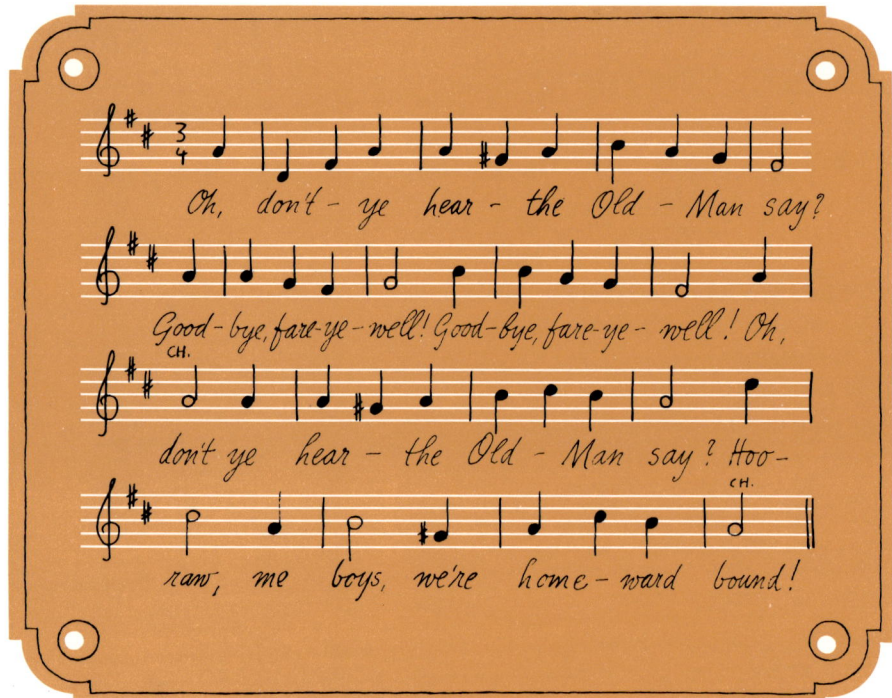

Oh, don't-ye hear-the Old-Man say?
Good-bye, fare-ye-well! Good-bye, fare-ye-well! Oh,
don't ye hear-the Old-Man say? Hoo-
raw, me boys, we're home-ward bound!

1. Hört ihr nicht, was der Alte sagt?
   Ch.: Good-bye, fare ye well! Good bye, fare ye well!
   Hört ihr nicht, was der Alte sagt?
   Ch.: Hurra, meine Jungs, wir sind auf der Heimreise.

2. Wir segeln heimwärts nach Liverpool,
   Ch.: Good-bye …
   Dort werden uns alle Mädchen entgegeneilen
   Ch.: Hurra …

3. Und wenn wir zu den Wallasey-Schleusen kommen,
   werden Sally und Polly auf ihre alten Flammen warten.

4. Und eine zur anderen hört ihr sie sagen,
   hier kommt Johnny mit seiner Vierzehnmonatsheuer!

5. Die Mädchen auf der Lime Street, bei denen wir hoffentlich bald sind,
   werden uns bald auf beiden Seiten der Straße entgegenlaufen.

6. Bald werden wir bei diesen flotten Mädchen sein, und eine
   [fröhliche Hölle wird los sein.
   Mit diesen tollen Puppen werden wir die alten Glocken läuten lassen.

7. Meiner alten Mama sage ich, wenn ich zu Haus bin,
   die Mädchen dort auf der Lime Street wollen mich nicht allein lassen.

8. Wir segeln heimwärts zu den Mädchen der Stadt,
   fest aufgetreten, Jungens, und das Spill gedreht.

9. Und wenn wir daheim sind, Jungens, wollen wir nicht herumlungern,
   wir wollen den Anker nach diesem schönen Gesang hieven.

10. Wir sind auf einem guten Segler, und wir stechen bald in See,
    mit den Mädchen an der Schlepptrosse können wir nicht nein sagen.

2. *We're homeward bound to Liverpool town,*
   Where all them Judies they will come down.

3. *An' when we gets to the Wallasey Gates,*
   Sally an' Polly for their flash men do wait.

4. *An' one to the other ye'll hear them say,*
   Here comes Johnny with his fourteen months' pay!

5. *Them gals there on Lime Street we soon hope to meet,*
   Soon we'll be rollin' both sides of the street.

6. *We'll meet those fly gals an' we'll raise merry hell,*
   With them flash Judies we'll ring the ol' bell.

7. *I'll tell me old mammy when I gets back home,*
   Them gals there on Lime Street won't leave me alone.

8. *We're homeward bound to the gals of the town,*
   Stamp up me bullies an' heave it around.

9. *An' when we gets home, boys, won't we fly around,*
   We'll heave up the anchor to this bully sound.

10. *We're a fine flashy packet an' bound for to go,*
    With the gals on the towrope we cannot say no!

OUTWARD AND HOMEWARD BOUND

ENGLISCH:
FOREBITTER- UND CAPSTAN-SONG

Dieses Shanty war ursprünglich entweder ein Lied der Kriegsmarine oder der Ostindienfahrer, denn Malabar war ein Hafen, der Kriegsschiffen oder Seglern der Honorable John Company am besten bekannt war. Der Grog verteilende Zahlmeister gehörte eher zur Kriegsmarine als zu den Kauffahrern. Im Gegensatz zu dem, was uns Schriftsteller nautischer Dichtung glauben machen, wurde Rum auf englischen Handelsschiffen nur nach einem Unwetter oder nach einer besonders schwierigen Aufgabe ausgegeben.

To the Liv-er-pool docks we'll bid a-dieu, To Sal an' Kate an' Bes-sie, too, The an-chor's a-weigh, an' our sails are un-furl'd, An' we're bound to plow the wat-ry world, Hur-rah, we're out-ward bound, Hur-rah, we're out-ward bound! CH.

2. Oh, the wind blows hard from the east nor'east,
The ship will sail ten knots at least;
The purser will our wants supply,
An' while we've grog we'll never say die.

3. An' if we touch at Malabar,
Or any other port as far,
The purser then will tip the chink,
An' just like fishes we will drink.

4. An' when our three years they are out,
'Tis jolly near time we went about,
An' when we are home and once more free,
Oh, won't we have a jolly spree.

5. An' when we gets to the Liverpool docks,
The pretty gals come down in flocks,
One to the other ye can hear them say,
Here comes Johnny with his three years' pay.

6. An' then we'll haul to the Bull an' the Bell,
Where good liquor they do sell.
In comes the landlord with a smile,
Sayin', "Drink up, lads, while it's worth yer while."

7. But when the money's all spent an' gone,
None to be borrowed, none to be lent,
In comes the landlord with a frown,
Sayin', "Get up, Jack, let John sit down!"

AUSREISE UND HEIMREISE

1. Den Liverpooler Docks werden wir adieu sagen,
und Sal und Kate und Bessie auch.
Der Anker ist gelichtet, die Segel gesetzt,
und unser Schiff pflügt durch die Wogen.
Ch.: Hurra, wir sind auf der Ausreise,
hurra, wir sind auf der Ausreise.

2. Oh, die Winde wehen stark von Ost-Nord-Ost,
und wir segeln mit mindestens 10 Knoten.
Der Zahlmeister wird unsere Wünsche erfüllen,
und solange wir Grog haben, wird sich keiner beklagen.

3. Und wenn wir in Malabar einlaufen,
oder in einem anderen fernen Hafen,
dann wird der Zahlmeister die Gläser klingen lassen,
und wir werden wie die Fische trinken.

4. Und wenn unsere drei Jahre um sind,
diese fröhliche Zeit, die wir hatten,
und wenn wir daheim sind und wieder frei,
oh, was werden wir für eine lustige Zecherei veranstalten.

5. Und wenn wir in Liverpool angelegt haben,
da kommen die schönen Mädchen in Scharen,
und man hört sie zueinander sagen,
hier kommt Johnny mit seiner Heuer von drei Jahren.

6. Dann werden wir im Gasthaus zum Ochsen und der Glocke anlegen,
dort, wo sie guten Schnaps verkaufen.
Lächelnd tritt der Gastwirt ein
und sagt, »Trinkt, Jungs, und laßt euch Zeit dabei.«

7. Doch wenn alles Geld fort ist und vertan,
nichts mehr zu borgen, nichts mehr zu leihen,
dann tritt der Wirt mit Stirnrunzeln ein,
und sagt: »Steh auf, Jack, laß John sich setzen!«

ADIEU MADRAS

FRANZÖSISCH: FOREBITTER

Dieses Lied soll aus der Zeit stammen, als Louis Philippe (1830–1848) Frankreich regierte. Ich glaube, daß es mindestens 100 Jahre älter ist und aus den Tagen stammt, als Frankreich weite Teile Indiens beherrschte. Das war, bevor die Gegend von Madras und Pondicherry von den Engländern erobert wurde, die einen den britischen Interessen gefügigen indischen Fürsten als Regenten einsetzten. Ein Eingeborenenmädchen versucht, die Abreise ihres *matelot* zu verhindern, aber es ist zu spät, die erforderliche Genehmigung zu erhalten. Das Luxusleben, das hier mit Anspielungen auf seidene Kleider, Halstücher und so weiter angedeutet wird, wird östlich von Suez normalerweise nur mit Herren von Stand in Verbindung gebracht und nicht mit Matrosen.

A-dieu Ma-dras, a-dieu fou-lards, A-dieu rob' soie, a-dieu col-lier, choux, Dou-dou à moin, li ka pa-ti, Hé-las, hé-las, cé pou tou-jou. Dou-dou à moin, li ka pa-ti, Hé-las, hé-las, cé pou tou-jou!

1. Adieu Madras, adieu Seidentücher,
adieu Seidenkleid, adieu Perlenschnur,
[Liebster,
mein Kleiner jetzt von hier fort,
leider, leider, es ist für immer;
mein Kleiner jetzt von hier fort,
leider, leider, es ist für immer!

2. Guten Tag, Herr Gouverneur,
ich kommen Eingabe zu machen,
um Erlaubnis oder Recht bekommen,
damit mein Kleiner hier bleiben.

3. Nein! nein! nein! nein! schon zu spät;
Schiff schon an der Boje;
nein! nein! nein! nein! schon zu spät;
gleich werden Segel geheißt.

4. Adieu Madras, adieu Seidentücher!
Adieu Goldkörnchen, adieu Perlenschnüre,
[Liebster!
Mein Kleiner jetzt von hier fort,
leider! leider! es ist für immer!

2. Bonjou Monsieur le Gouverneur,
Moin vini faire une pétition,
Pou mandé ou autorisation,
Afin laissé doudou ici.

3. Non! non! non! non! déjà trop tard,
Bâtiment a déjà sur la bouée,
Non! non! non! non! déjà trop tard,
Dans un instant, appareiller.

4. Adieu Madras, adieu foulards!
Adieu grains d'or, adieu colliers, choux!
Doudou à moin, li ka pati,
Hélas, hélas, cé pou toujou!

ROLLING HOME

ENGLISCH:
CAPSTAN SHANTY UND FOREBITTER

Als Decksgesang wurden zwei der Shantyverse zu einem verbunden. Wie »Goodbye Fare-ye-well« das allgemein übliche Heimreiselied der chilenischen Küste, so wurde »Rolling home« stets auf heimkehrenden Australienfahrern gesungen.

1. Ruft alle Mann her, das Gangspill zu
   [bemannen,
   achtet darauf, daß die Kette klar läuft!
   Hau Ruck und mit gutem Willen, Jungens,
   werden wir bald nach Old England steuern.
   Ch.: Segelt heim, Segelt heim,
   Segelt heim wohl übers Meer,
   Segelt heim zu dir, Old England,
   Segelt heim, Lieb Land, zu dir.

2. Nun verlassen wir Australien,
   stößt ein Hoch auf Old England aus,
   Lebt nun wohl, ihr dunkeläugigen Damen,
   ruft dreimal hoch auf das englische Bier.

3. Lebt wohl, ihr Molenköpfe, unsre Fahrt
   [führt von euch fort.
   Holt das Schlepptau nun binnenbords.
   Wir werden Australien mit dem Heck
   [zuerst verlassen.
   Setzt Segel, soviel wir tragen können.

4. Rund ums Kap Horn am Wintermorgen,
   zwischen Eis und Schneegestöber,
   wirst du uns Seebären singen hören,
   segelt heim, Jungs, mit voller Fahrt!

5. Achtzehn Monate fort von England,
   jetzt nur noch fünfzig Tage und nicht mehr,
   mit gesalzenem Fleisch und zerbröckeltem
   [Schiffszwieback, Jungs
   und dicken Bohnen, die uns zum Hals
   [heraushängen.

6. Nun leuchtet schon das Kap Lizard-Feuer
   und unser Kurs geht nach Norden.
   Alle Segel sind gesetzt und ziehen uns
   [weiter,
   Bald werden wir an Englands Küste sein.

2. Now Australia we are leavin',
   For Old England give a cheer,
   Fare-ye-well, ye dark-eyed damsels,
   Give three cheers for English beer.

3. Goodbye, Heads, we're bound to leave you,
   Haul the towrope all in-board.
   We will leave Old Aussie starnwards,
   Clap all sail we can afford.

4. Round Cape Horn on a winter's mornin',
   Now among the ice an' snow,
   Ye will hear our shellbacks singin'
   Sheet her home, boys, let her go!

5. Eighteen months away from England,
   Only fifty days, no more,
   On salt horse and cracker-hash, boys,
   Boston beans that make us sore.

6. Now the Lizard Light's a-shinin',
   An' we're bound up to the Nore,
   With the canvas full an' drawin',
   Soon we'll be on England's shore.

LEAVE HER, JOHNNY, LEAVE HER

Englisch/amerikanisch:
Capstan und Pumpen,
gewöhnlich am Ende der Reise
gesungen

Dieses Lied war als der »Auszahlungs-Shanty« bekannt. Es erklang entweder beim Warpen (Verholen) eines Schiffes durch die Schleusentore mittels des Gangspills oder beim letzten Bemannen der Lenzpumpen, bevor die Mannschaft ausgezahlt wurde. Während auf hoher See jede Befehlsverweigerung oder Widerrede, so leicht sie auch war, drakonisch bestraft wurde, bestand das ungeschriebene Gesetz, daß der Seemann seine Gefühle heraussingen konnte, und seien sie noch so aufrührerisch. Und dieses Shanty entspricht einer solchen Stimmung.

Oh, the times wuz hard, an' the wa-ges low,
Leave her, John-ny, leave her! But now once more a-
shore we'll go, An' its time for us to leave her!
Leave her, John-ny, leave her, O-oh, leave her, John-ny,
leave her! For the voyge is done, an' the winds don't
blo-ow, An' its time for us to leave her!

2. Oh, I thought I heard the Ol' Man say,
Tomorrow ye will get your pay.

3. The work wuz hard an' the voyage wuz long,
The sea wuz high an' the gales wuz strong.

4. The wind wuz foul an' the sea ran high,
She shipped it green an' none went by.

5. The grub wuz bad an' the wages low,
But now once more ashore we'll go.

6. Oh, our Ol' Man he don't set no sail,
We'd be better off in a nice clean jail.

7. We'd be better off in a nice clean jail,
With all night in an' plenty of ale.

8. She's poverty-stricken an' parish-rigged,
The bloomin' crowd is fever-stricked.

9. Oh, sing that we boys will never be
In a hungry bitch the likes o' she.

10. The mate wuz a bucko an' the Old Man a Turk,
The bosun wuz a beggar with the middle name of work.

11. The Ol' Man swears an' the mate swears too,
The crew all swear, an' so would you.

12. It's growl yer may, an' go yer must,
It matters not whether yer last or fust.

13. The ship won't steer, nor stay, nor wear,
An' so us shellbacks learnt to swear.

14. We'll leave her tight an' we'll leave her trim,
An' we'll heave the hungry bastard in,

HAU'AB, JOHNNY, HAU'AB

1. Die Zeit war hart, die Heuer klein.
   Ch.: Hau' ab, Johnny, hau' ab!
   Aber jetzt gehts wieder mal an Land,
   Ch.: Und für uns ist es Zeit fortzugehn!
   Voller Chor: Hau' ab, Johnny, hau' ab!
           Oh hau' ab, Johnny, hau' ab!
           Die Reise ist vollendet, die Winde ruhen jetzt,
           und für uns ist es Zeit fortzugehn!

2. Ich glaubte, ich hätte den Alten sagen gehört,
   Ch.: Hau' ab, Johnny, hau' ab!
   Morgen werdet ihr eure Heuer erhalten,
   Ch.: Und für uns ist es Zeit fortzugehn.
   Voller Chor: Hau' ab …

3. Die Arbeit war schwer und die Reise war lang,
   die See war hoch, und die Stürme waren stark.

4. Die Winde waren ungünstig, und die Wellen gingen hoch,
   Sturzseen gingen über uns hinweg und keine vorbei.

5. Der Fraß war mies und die Heuer gering,
   doch jetzt gehen wir wieder einmal an Land.

6. Oh, unser Alter setzt keine Segel,
   und uns ginge es besser in einem netten, sauberen Gefängnis.

7. Uns ginge es besser in einem netten, sauberen Gefängnis,
   mit Massen von Bier die ganze Nacht hindurch.

8. Das Schiff ist armselig und mit Lumpen getakelt,
   und die großartige Mannschaft vom Fieber erfaßt.

9. Oh, singt nur, wir Jungen wollen nie wieder sein
   auf einem elenden Seelenverkäufer wie diesem hier.

10. Der Steuermann war ein Brüller und der Alte ein Türke,
    der Bootsmann ein Bettler mit dem Beinamen Arbeit.

11. Der Alte flucht und der Steuermann flucht auch,
    die ganze Mannschaft flucht, und so fluchst auch du.

12. Rummaulen darfst du, doch mußt du trotzdem gehen,
    ganz gleich dabei, ob du trödelst oder eilst.

13. Das Schiff ließ sich nicht steuern, noch hielt es den Kurs,
    so lernten wir Seebären das Fluchen.

14. Wir werden es dicht und wir werden es sauber verlassen,
    und wir werden den ausgemergelten Seelenverkäufer
                                       [hereinholen.

LEBEN UND TOD AUF SEE

In den Köpfen vieler Landratten geistert die unklare Vorstellung, daß der Kapitän das Steuerrad packt und das Schiff fährt, und zwar während der ganzen, langen Reise. Natürlich stimmt es, daß in den Tagen der Windjammer der Kapitän alle Verantwortung an der Spitze einer ganz auf sich allein gestellten Kleinwelt zu tragen hatte, jedoch führte er überhaupt keine körperlichen Arbeiten aus. Er war der Chefnavigator (und oft der einzige), er beobachtete das Wetter und kontrollierte die Segel, die Offiziere und die Mannschaft, alles, was mit der Reise zu tun hatte. In den Tagen der Segelschiffahrt existierte eine ziemlich rauhe Redensart, die hier in etwas abgemilderter Form wiedergegeben wird. Darin wird die Macht eines Kapitäns folgendermaßen beschrieben: Er kann dich gebären, er kann dich taufen, er kann dich heiraten, er kann dich verhören, er kann dich hängen, er kann Verkehr mit dir haben, aber er kann nicht vertraulich mit dir werden. Er führte ein einsames Leben und sprach kaum mit einem anderen als dem Ersten Steuermann, und wenn er kein Hobby ausübte, war er oft ein heimlicher Trinker. Einige Schiffe waren »glückliche Schiffe«, auf denen die Kapitäne mit den Männern der Mannschaft beim Decksport zusammenkamen; doch

STRIKE THE BELL

das war äußerst selten. Und zwischen Offizieren und Mannschaft klaffte ein noch größerer Abgrund als zwischen den Offizieren und dem Schiffsherrn. Diese Verhältnisse herrschten hauptsächlich auf Schiffen der großen Fahrt. Auf Küstenfahrzeugen wie etwa in der Ostsee bestand oft mehr Vertraulichkeit.

Von dem Augenblick an, wo der Seemann auf einem Schiff in großer Fahrt anheuerte, war er daran gefesselt. Abgesehen von den normalen Aufgaben wie dem Steuern und dem Bedienen von Segeln und Tauwerk verlangte ein Segelschiff wie eine Damenuhr nach ständiger Reparatur. Deshalb gab es tagtäglich solche Arbeiten wie Segelflicken und Tauespleißen, dem Segelmacher helfen, Reparaturen hoch oben in der Takelage ausführen, das Messing und das andere Glanzwerk putzen und die Decks mit Sandsteinen scheuern. Natürlich schimpfte und grollte der Seemann, um seiner Wut Luft zu machen, indem er solche nutzlosen Sätze hervorstieß wie »Wer möchte eine Farm verkaufen und zur See fahren?« oder »Wenn ich von diesem Seelenverkäufer runter bin, werde ich mit einem Ruder über meiner Schulter durch die Lande marschieren. Und dort, wo man mich fragt, was das ist, was ich da trage, dort will ich ankern, dort will ich bleiben.« – eine Zeile direkt aus der Odyssee! oder »Der Mann, der aus Spaß zur See geht, würde zum Vergnügen auch in die Hölle gehen.« Aber dennoch fingen sie immer wieder mit diesem Leben von neuem an. In ihren wenigen Mußestunden sangen sie, spielten Instrumente, tanzten, bastelten Flaschenschiffe, Schiffsmodelle und Flechtmatten oder kratzten Elfenbeinschnitzereien in Walfischzähne. Die Unbeständigkeiten dieses rauhen Lebens brachten ihnen Rheumatismus, Knochenbrüche und Tod durch Ertrinken oder Stürze vom Mast.

ENGLISCH: PUMPING SHANTY

Die Melodie dieses Pumpenshantys ist in der Welt der Volkslieder gut bekannt. »Ring the Bell, Watchman – Läute die Glocke, Wache« ist ein schottisches Lied gleicher Stimmung, während in den Schafscherschuppen Australiens ein Lied »Click go the Shears – Klick machen die Scheren« erklang. Welcher Gesang das Ursprungsrecht für sich beanspruchen kann, ist schwer zu sagen, aber ich wage zu behaupten, daß unser Shanty eine der ältesten Versionen darstellt.

2. Down on the maindeck working at the pumps,
There is the larboard watch ready for their bunks;
Over to wind'ard they see a great swell,
They're wishing that the second mate would strike,
    strike the bell.

3. Aft at the wheel poor Anderson stands,
Grasping the spokes in his cold mitten'd hands,
Looking at the compass an' the course is clear as hell,
He's wishing that the second mate would strike,
    strike the bell.

4. For'ard on the fo'c'slehead keeping sharp lookout,
There is Johnny standing, ready for to shout,
"Lights burnin' bright, sir, an' everything is well!"
He's wishin' that the second mate would strike,
    strike the bell.

5. Aft on the quarterdeck our gallant captain stands,
Lookin' to wind'ard with his glasses in his hand,
What he is thinkin' of, we know very well,
He's thinking more of shortening sail, than strike,
    strike the bell.

Aft on the poop—deck, walk-in' a-bout,

There is the se-cond mate, so stead-y an' so stout.

What he is think-in' of, he on-ly knows him-sel', O, we

wish that he would hur-ry up an' strike, strike the bell.

Strike th' bell, se-cond mate, let us go be-low,

Look well to wind-ard, ye can see it's gonna blow,

Look at the glass, ye will see it has fell, An' we

wish that ye would hur-ry up an' strike, strike the bell!

LÄUTE DIE GLOCKE

1. Hinten auf dem Achterdeck, da läuft er herum,
   der zweite Steuermann, unbeugsam und kräftig,
   Was er denkt, das weiß nur er selbst,
   Oh, wir wünschen, er beeilte sich und schlüge
   [endlich die Glocke.
   Ch.: Schlag' acht Glas, zweiter Steuermann,
   [laß uns nach unten gehn.
   Schau nur nach Luv hinüber, dann siehst
   [du, wie es weht!
   Schau nur zum Glas, dann siehst du, wie
   [es gefallen ist.
   Und wir wünschen, du beeiltest dich und
   [schlägst,
   schlägst endlich acht Glas!

2. Unten auf dem Hauptdeck, an der Arbeit an
   [den Pumpen,
   ist die Backbordwache – und wartet auf ihre
   [Kojen;
   Auf der Luvseite sehen sie eine gewaltige See.
   Sie wünschen, daß der zweite Steuermann end-
   [lich die Glocke schlägt.
   Ch.: Schlag' acht Glas, zweiter Steuermann usw.

3. Achtern am Rad der arme Anderson steht,
   umklammert die Speichen mit klammen,
   [behandschuhten Händen.
   Blickt auf den Kompaß, der Kurs ist schnur-
   [gerade.
   Er wünscht, daß der zweite Steuermann end-
   [lich die Glocke schlägt.

4. Vorn auf der Back mit scharfen Augen am Aus-
   [guck,
   steht Johnny, bereit auszurufen
   »Lampen brennen, Sir, alles wohl!«
   Und er wünscht, daß der zweite Steuermann
   [die Glocke schlägt.

5. Hinten auf dem Quarterdeck steht unser netter
   [Kapitän,
   blickt nach Luv mit seinem Fernglas in der
   [Hand.
   Was er denkt, das wissen wir sehr gut.
   Er denkt mehr ans Segelreffen als an das Schla-
   [gen der Glocke.

AS-TU CONNU LE PÈR' LANC'LOT?

FRANZÖSISCH: HALYARD SHANTY

Dies ist offensichtlich eine französische Version des englischen Gangspill-Liedes »Goodbye fare-ye well«, aber »Jean Matelot« benützte es beim Holen eines Falles und nicht beim Hieven des Ankers. Es war bei den rauhen Männern der französischen Pottwalfänger sehr beliebt (cachalots), die den Südpazifik auf der Suche nach ihrer gigantischen Beute durchkreuzten. Diese Walfänger hatten Nuku Hiva, eine der Marquesas-Inseln, zu ihrem Hauptquartier gemacht; dieselbe Insel, auf der Herman Melville als Strandläufer lebte, nachdem er von einem Yankee-Walfänger desertiert war.

Es ist interessant festzuhalten, daß viele der Walfängerhäfen Neuenglands während des amerikanischen Unab-

As-tu con-nu le Pèr'Lanc'lot? Good-bye fa-re well, good bye fa-re-well! Qui fait la pêche aux cach-a-lots, Hour-ra! Oh Mex-i- co-o-o-o!

2. Il a trois filles qui font la peau,
   Il a trois filles qui font la peau.

3. L'une à Lorient, l'autre à Bordeaux,
   La troisième est à Colombo.

4. Il donne la goutte à ses mat'lots,
   A coups de barre et de guindeau.

5. Il mange la viande, nous laiss' les os,
   Il boit du vin et toi de l'eau.

6. A la manoeuvre le boscot
   Te dresse à coups de cabillot.

KANNTEST DU WOHL DEN PER' LANC'LOT?

1. Kanntest du wohl den Pèr' Lanc'lot?
   Ch.: Good-bye fa-re well, good bye, fa-re-well!
   Der auf den Pottwalfang geht.
   Ch.: Hurra! O Mex-i-co-o-o-o!

2. Er hat drei Töchter, die Nutten sind.
   Ch.: Goodbye, farewell, goodbye, farewell!
   Er hat drei Töchter, die Nutten sind.
   Ch.: Hurra! O Mexico!

3. Die eine in Lorient, die andere in Bordeaux,
   Die dritte ist in Colombo.

4. Er macht seine Matrosen zu Krüppeln
   Durch Schläge mit dem Stock und dem Tau.

5. Er ißt Fleisch, uns läßt er die Knochen,
   Er trinkt Wein, du aber Wasser.

6. Während der Manöver macht dir
   Dieser Bucklige Beine mit dem Tauende.

hängigkeitskrieges von 1775 von britischen Kriegsschiffen mit einer Blockade belegt und unter Feuer genommen wurden. Auch auf See machten Schiffe der Royal Navy Jagd auf amerikanische Walfänger, bis die meisten der Walfangreeder kaum noch Schiffe besaßen.

LES TROIS MARINS DE GROIX

FRANZÖSISCH: FOREBITTER

Die in diesem Lied geschilderte Begebenheit – das Fußperd einer Rah bricht, und ein Seemann fällt ins Meer – war in der großen Zeit der Segelschiffahrt keine ungewöhnliche Sache. In der Segelschiffahrt des späten neunzehnten Jahrhunderts waren die Fußperden aus Draht; man holte sie oft herunter und dehnte sie mit Hilfe des Gangspills, um sie auf Schwachstellen zu prüfen. Auf Schiffen früherer Zeiten waren sie natürlich aus Hanf und brachen weit häufiger, wenn man nicht ein Auge auf sie hielt. Wenn ein Seemann am Tag ins Meer fiel, bestand immer noch die Möglichkeit, ihn herauszufischen, wenn er aber aufs Deck fiel, waren seine Chancen gleich Null. Mitunter fiel er in die Ausbauchung eines Segels und hatte noch einmal Glück gehabt.

2. Embarqués sur le Saint-François,
Gagnant quarante-cinq francs par mois.

3. Gagnant quarante-cinq francs par mois,
Et du vin à tous les repas.

4. L'captaine donne un coup d'sifflet,
"Pare à serrer les perroquets."

5. "Pare à serrer les perroquets!"
Le marchepied z-il a cassé.

6. Le marchepied z-il a cassé,
Le matelot tomba z-à l'eau.

7. Le matelot tomba z-à l'eau,
Et l'on met la chaloupe à l'eau.

8. Et l'on met la chaloupe à l'eau,
On n'retrouva que son chapeau.

9. On n'retrouva que son chapeau,
Son garde-pipe et son couteau.

DREI MATROSEN AUS GROIX

1. Wir waren drei Matrosen aus Groix,
Wir waren drei Matrosen aus Groix,
Und segelten auf der »Saint
[François«.
Ch.: Mein tra-dé-ri, tra, la, la, la,
Mein tra-dé-ri, tra, la, lai-ré!

2. Wir segelten auf der Saint François,
Verdienten fünfundvierzig Francs im
[Monat.
Ch.: Mein traderi, tra, la, la, la!
Mein traderi, tra, la, la, lairé!

3. Verdienten fünfvierzig Francs im
[Monat
Und bekamen Wein zu allen
Mahlzeiten.

4. Der Kapitän lässt seine Pfeife hören:
»Geht rauf und macht die Bramsegel
[fest!«

5. »Geht rauf und macht die Bramsegel
[fest!«
Das Fußperd aber brach.

6. Das Fußperd aber brach.
Der Matrose fiel ins Wasser.

7. Der Matrose fiel ins Wasser,
Und man brachte ein Boot zu
[Wasser.

8. Und man brachte ein Boot zu
[Wasser,
Man fand nur seine Mütze wieder.

9. Man fand nur seine Mütze wieder,
Seinen Tabaksbeutel und sein
[Messer.

RETOUR DU MARIN

Französisch: Forebitter

Dieses Lied stammt aus der Zeit Ludwigs XIII. (1635–1640), als Frankreich sich mit Spanien und später auch mit den Niederlanden im Krieg befand. Die Geschichte des französischen *matelot* in diesem Lied ist in aller Welt viele Male erzählt worden – Jean Matelot, Jan Maat oder Jack Tar kommt von einer langen Fahrt oder aus dem Krieg zurück und entdeckt, daß seine Liebste einen anderen geheiratet hat; oder er muß zur Kenntnis nehmen, daß seine Frau ihn totgeglaubt und sich wieder verheiratet hat. Die klassische Version dieser Geschichte ist Tennysons Gedicht »Enoch Arden«.

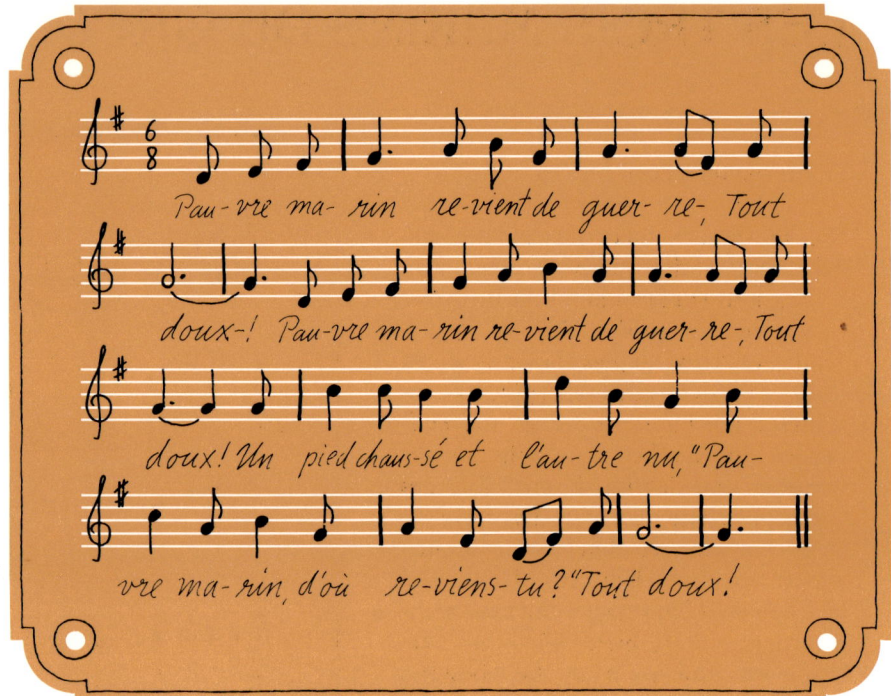

2. "Madame je reviens de guerre, Tout doux!
Qu'on apporte ici du vin blanc,
Que le marin boive en passant!" Tout doux!

3. Brave marin se mit à boire, Tout doux!
Se mit à boire et à chanter,
Et la belle hôtesse à pleurer, Tout doux!

4. "Qu'avez-vous donc la belle hôtesse, Tout doux!
Regrettez-vous votre vin blanc,
Que le marin boit en passant?" Tout doux!

5. "C'est pas mon vin que je regrette, Tout doux!
C'est la perte de mon mari,
Monsieur, vous ressemblez à lui." Tout doux!

6. "Ah! Dites-moi, la belle hôtesse, Tout doux!
Vous avez de lui deux enfants,
Vous en avez quatre à présent." Tout doux!

7. "Quand j'ai reçu de ses nouvelles, Tout doux!
Il était mort et enterré,
Et je me suis remariée." Tout doux!

8. Brave marin vida son verre, Tout doux!
Sans remercier, tout en pleurant,
Et regagna son bâtiment. Tout doux!

RÜCKKEHR DES MATROSEN

1. Armer Matrose kehrt vom Krieg zurück, leise-leis!
Armer Matrose kehrt vom Krieg zurück, leise-leis!
Den einen Fuß beschuht, den anderen nackt,
»Armer Matrose, von wo kommst du zurück?« Leise-leis!

2. »Meine Dame, ich komme vom Krieg zurück, leise-leis!
Bringt nun Weißwein her,
Damit ihn der Matrose im Vorbeimarsch trinkt!« Leise-leis!

3. Der brave Matrose fing zu trinken an, leise-leis!
Zu trinken und zu singen fing er an,
Und seine schöne Wirtin fing zu weinen an. Leise-leis!

4. »Was habt Ihr denn, schöne Wirtin, leise-leis!
Tut es Euch um Euren Weißwein leid,
Den der vorbeiziehende Matrose trinkt?« Leise-leis!

5. »Es ist nicht mein Wein, um den es mir leid tut, leise-leis!
Es ist der Verlust meines Mannes.
Ihr, mein Herr, seht ihm ähnlich.« Leise-leis!

6. »Ach! Sagt mir, schöne Wirtin, leise-leis!
Ihr habt von ihm zwei Kinder;
Jetzt aber habt Ihr vier.« Leise-leis!

7. »Als ich die Nachricht über ihn bekam, leise-leis!
War er schon tot und begraben,
Und da hab ich wieder geheiratet.« Leise-leis!

8. Der brave Matrose leerte sein Glas, leise-leis!
Ohne Dank, ganz in Tränen aufgelöst,
Und kehrte auf sein Schiff zurück. Leise-leis!

EJ BÖR VI SÖRJA, EJ BÖR VI KLAGA

SCHWEDISCH: HALYARDS

Die in diesem Song erwähnte Windmühlenpumpe war zu Ende des vergangenen Jahrhunderts auf allen kleineren Segelschiffen der Ostsee zu sehen. Die »Baltensegler« waren aus Holz gebaut und »leckten wie ein Korb«, um einen Seemannsausdruck zu gebrauchen. Seeleute, die an Bord eines solchen Schiffes kamen, pflegten einen Lukendeckel zu lüften und zu schnuppern, was für Gerüche aus dem Laderaum kamen. Stank es zum Himmel, war der Matrose zufrieden, roch es hingegen süßlich, dann wußte er, daß das Schiff leckte, und sorgte, daß er wieder an Land kam. Die Windmühlenpumpe ersparte viele Stunden aufreibender Arbeit, wie sie auf Schiffen gang und gäbe war, die nur Pumpen mit Handbetrieb hatten.

Ej bör vi sör-ja, ej bör vi kla-ga, Kon-
sta-peln, vår vän, han är all-tid oss när,
Han har oss lo-vat att hand om oss ta-ga,
Trots al-la mot-spjärk, vart vind-en än bär,
Han har oss lo-vat att hand om oss ta-ga,
Trots al-la mot-spjärk, vart vind-en än bär.

2 Ej bör vi sörja, ej bör vi klaga,
Den vindpump vi har går som trumpkvarnen lätt,
Om det gnisslar i pipen, konstapeln begriper'n,
Och revar dess segel, för nu slår hon läns.

3 Ej bör vi sörja, ej bör vi klaga,
Konstapeln han väger upp sill, bröd å fläsk,
Om skepparn beläten, han lirkar på tåten,
Vi får extra förplägning var eviga kväll.

WIR BRAUCHEN NICHT SORGEN, WIR BRAUCHEN NICHT KLAGEN

1. Wir brauchen nicht sorgen, wir brauchen nicht klagen,
   der Steuermann, unser Freund, der ist immer in unserer Nähe.
   Er hat uns in die Hand versprochen, uns zu helfen,
   trotz aller Widrigkeiten, wohin der Wind auch trägt.
   (Bei jedem Vers die letzten zwei Zeilen wiederholen.)

2. Wir brauchen nicht sorgen, wir brauchen nicht klagen,
   die Windmühlenpumpe, die wir haben, geht so leicht wie eine Tretmühle;
   wenn's quietscht im Rohr, weiß der Steuermann Bescheid
   und refft ihre Segel, denn nun läuft sie leer.

3. Wir brauchen nicht sorgen, wir brauchen nicht klagen,
   der Steuermann, der wiegt Hering, Brot und Speck ab;
   ist der Schiffer zufrieden, dann läßt er sich bereden;
   wir kriegen dann Extraverpflegung jeden Abend.

CANTU À TIMÙNI

SIZILIANISCH: FOREBITTER

Dieses »Steuermannslied« kommt aus
Trapani, einem Hafen, der ehemals bei
den Segelschiffen der großen Fahrt, die
mit Westsizilien Salzhandel trieben,
sehr beliebt war.

Vom sizilianischen Wort *timùni* – der
Steuermann – leiten sich verschiedene
Bezeichnungen für Ruderpinne, Steuer-
ruder und Steuermann her. Auf Italienisch heißt der Steuermann *timoniere*.
Ursprünglich bezeichnete das italie-
nische Wort *timone* einen Pflugbaum,
eine Wagendeichsel oder die an der
Deichsel angeschirrten Pferde im Gegensatz zu den Leitpferden. In Frankreich war ein *timonier* ein Steuermann,
und im England des 18. Jahrhunderts
wurde der Mann am Ruder als *timo-
neer* bezeichnet. Später nannte man auf
englischen Schiffen eine Art Laufbur-
sche, der den wachhabenden Offizier
über die Ruderlage unterrichtete, einen
timon-o'-guy; und das Wort *timenoguy*
wurde selbst noch in jüngerer Zeit für
jedes Stück Seil oder Tau, für das man
keinen bestimmten Namen hatte, verwendet.

A Sciac-ca bu-ca-ru--na e bu-ca-
red-di,-----, Maz-za-ra sa-la-nu-li
bed-di-sar-di-----, Er a Mar-sa-la
'o pied a-si-ned-di-----, Tra-pa-ni
pig-ghia li-rus-si cu-rad-di-----.

2. Er a lu Munti li picciotti beddi,
   'N Trapani deci'rana su 'un carrinu,
   'N Trapani deci'rana su 'un carrinu,
   A lu Munti se' picciuli un granu.

3. La Missa e la vici lu parrinu,
   E chiddu chi la servi sacristanu.
   Lu zuccu vivi acqua e nesci vinu.
   L'occhi juncinu prestu di luntanu.

Dies ist ein Lied des Steuermanns auf
hoher See. Während er Westsizilien
umfährt, denkt er über die Häfen nach,
die dort entlang der Küste liegen. Das
Lied wird in sizilianischem Dialekt
gesungen, enthält redensartliche Wen-
dungen und ist kaum übersetzbar. Sein
Inhalt lautet in etwa so:

STEUERMANNSLIED

1. In Sciacca gibt's große und kleine Schiffe,
   In Mazzara salzt man die schönen Sardinen,
   In Marsala keltert man Trauben,
   Und in Trapani fischt man die roten Korallen.

2. Und in Munit gibt's schöne Jungen,
   In Trapani gehen zehn »Grana« auf einen »Carrino«.
   In Munti machen sechs »Piccioli« einen »Grano«.

3. Die Messe wird vom Pfarrer gelesen,
   Und der ihm hilft, ist der Sakristan.
   Der Rebstock trinkt Wasser und bringt Wein hervor.
   Die Augen erreichen rasch das Weite.

HALARVISA

Schwedisch: Hauling-Song

En sjö-man seg-lar jor-dan runt - Kär-re vär-re
vitt, bom-bom! Hans hem-komst är an gläd-je stund -
Kär-re vär-re vitt, bom! Hur-ra så! Vik - to - ri - a! Vik-
to - ri - a! Kär-re vär-re vitt, bom! Hur-ra så! Vik-
to - ri - a! Vik to - ri - a! Kär-re vär-re vitt, bom-bom!

2. Vem älskar ej en ung sjöman!
   Han rusar jämt i faran fram.

3. Såväl i mödan som i strid,
   I flickans famn han vilar sig.

4. En skräddare är en daglig gäst,
   Han fordrar mig för byx och väst.

1. Ein Seemann segelt rund um die Erde –
   Refrain: Kärre värre vitt, bom-bom!
   Seine Heimkehr ist ein freudiger
   [Augenblick –
   Refrain: Kärre värre vitt, bom! Hurra
   [jawohl!
   Alle: Viktoria! Viktoria!
   Kärre, värre vitt, bom! Hurrah jawohl!
   Viktoria, Viktoria!
   Kärre värre vitt, bom-bom!

2. Wer liebte nicht einen jungen Seemann!
   Er berauscht sich immer wieder daran,
   [herumzufahren.

3. Ob es Mühsal war oder Kampf,
   in den Armen des Mädchens ruht er sich
   [aus.

4. Ein Schneider ist ein täglicher Gast,
   er will Geld von mir für Hose und Weste.

Dieser Song wird von seiner Quelle »Navigation Pelle« als ein »hauling song«, d.h. ein Hol-Song, bezeichnet, obwohl er manche Züge von einem Gangspill-Shanty hat. In Kapitän Sternvalls schöner Zusammenstellung von Seeliedern – Sång Under Segel – (Gesang unterm Segel) aus dem Jahre 1935 wird erwähnt, er stamme aus dem Jahre 1875.

Obwohl es ein recht lustiges Lied ist, sind seine Kehrreime musikalisch ziemlich von der Art, wie sie skandinavische Seeleute beim »singing-out« an einem Tau anzustimmen pflegten. Sie verstanden sich übrigens gut darauf, auf diese Weise den Takt zu halten, wenn sie Hand über Hand ein Tau »holten«. Die üblichen »sing-outs« solcher Seeleute hörten sich wie folgt an:

»Kärre, värre, vitt bom-bom!«
»Nicke, dicke, dickum, plutt!«

sowie

»Fantali, fantali, Viktoria-oria!«

Die Schneider in den schwedischen Häfen waren offenbar vom gleichen Schlag wie ihre Zunftgenossen anderwo, wenn sie verarmten Matrosen für das schäbige Seezeug, das sie ihnen verkauften, Wucherpreise abverlangten, ob es nun undichte Seestiefel und Ölzeug waren oder billiges Unterzeug und minderwertige Strickjacken.

BEN BACKSTAY

ENGLISCH: FOREBITTER

Im achtzehnten Jahrhundert schilderte Charles Dibdin in seinen Versen das Leben in der Kriegsmarine voller Romantik und Patriotismus, ohne die allgegenwärtigen Preßpatrouillen auch nur zu erwähnen. Da seine Lieder junge Bauernsöhne, Studenten, Bankangestellte und andere dazu veranlaßten, sich freiwillig bei der Navy zu melden, gewährten die Lords der Admiralität ihm eine Pension. Das Shanty, das hier vorgestellt wird, wurde nicht von Dibdin komponiert, ist jedoch seinem Stil nachempfunden und eine der wenigen sogenannten nautischen Balladen.

2. One day our gallant captain,
   A very jolly dog,
   Served out unto the whole ship's crew,
   A double whack of grog.

3. Which made Ben Backstay tipsy,
   All to his heart's content,
   An' while he was half-seas over,
   Right overboard he went.

4. A shark appeared on the starboard side,
   An' sharks no man can stand,
   For they just gobble up everything,
   Just like them sharks on land.

5. They threw him out some tuckling,
   Of saving him they'd hopes,
   But since the shark bit off his head,
   He could not see the rope.

6. And now his headless ghost appeared,
   All on the briny lake,
   An' calling all the hands right aft,
   Said, "By me a warning take."

7. "Through drinkin' grog I lost my life,
   An' lest my fate ye meet,
   Don't ever mix your rum me boys,
   But always take it neat."

1. Ben Backstay war ein Bootsman,
   er war ein fröhlicher Junge.
   Und keiner konnte so lustig wie er,
   alle Mann an Bord pfeifen.
   (Bei jeder Strophe die letzte Zeile
   zweimal wiederholen.)
   Ch.: Mit nem hick-hack Kirschenhack
   Falterstock und Rätselstrick,
   hick-hack Kirschenhack
   Falterrolle Strahl
   mit nem hick-hack Kirschenhack
   Falterstock und Rätselstrick,
   hick-hack Kirschenhack
   Falterrolle Strahl!

2. Eines Tages, unser netter Kapitän,
   ein wirklich lustiger Vogel,
   gab der ganzen Schiffsbesatzung
   nen doppelten Schlag Rum aus,
   Ch.: Mit nem hick-hack...

3. Davon wurde Ben Backstay blau,
   bis in sein Allerinnerstes.

   Und wie er halb über die Reling hing,
   gleich über Bord er ging.

4. Ein Hai erschien an Steuerbord,
   und Haien kann niemand widerstehen.
   Denn sie verschlingen so ziemlich alles,
   genau wie die Haie an Land.

5. Sie warfen ihm noch Tauwerk zu,
   sie hofften, ihn noch zu retten.
   Aber da der Hai ihm den Kopf
   [abgebissen hatte,
   konnte er die Taue nicht mehr sehen.

6. Und dann erschien sein kopfloser Geist,
   über dieser salzigen See.
   Er rief alle Männer nach achtern
   und sagte: »Hört meine Warnung an!«

7. »Durch Trinken verlor ich mein Leben;
   daß euch mein Schicksal nicht ereile,
   vermischt niemals euren Rum,
   [meine Jungens,
   sondern trinkt ihn immer unverdünnt.«

WHERE AM I TO GO, ME JOHNNIES?

AMERIKANISCH/ENGLISCH:
HALYARD SHANTY

Dieses Reffshanty stammt von den Westindischen Inseln. Es wurde von einem großartigen schwarzen Shantyman gesammelt, der den einmaligen Namen »Harding der Barbadoische Barbare« trug.

Where am I to go me John-nies? O, where am I to go? To me way, hay, hay, high, roll an' go! O, where am I to go me John-nies? O, where am I to go? For I'm a young-sail-or boy, an'where am I to go?

WO MUSS ICH HIN, JOHNNIES?

2. 'Way up on that t'gallant yard, that's where yer bound to go,
'Way up on that t'gallant yard, the gans'l for to stow.

3. 'Way up on that t'gallant yard and take that gans'l in,
'Way up aloft an' lay right out an' stow it neat an' trim.

4. Yer bound away around Cape Horn that's where yer bound to go,
Yer bound away around Cape Horn, all through the ice an' snow.

5. Ye'll be an able seaman, lad, when you have served yer time,
An' then ye'll ship as a sailorman aboard the Blackball line.

6. One day ye'll sit for a ticket, lad, this work will serve ye fine,
Ye'll finish up as a captain, lad, aboard some liner prime.

7. Oh, where am I to go, me Johnnies, where am I to go?
Oh, where am I to go, me Johnnies, where am I to go?

1. Wo muß ich hin, meine Johnnies? Oh, wo muß ich hin?
Ch.: Auf meinen Weg, hey hey, hoch oben dort, da muß ich hin!
Oh, wo muß ich hin, meine Johnnies? Oh, wo muß ich hin?
Ch.: Denn ich bin ein Schiffsjunge, und wo muß ich nur hin?

2. Hoch hinauf auf diese Bramrah, dorthin muß ich jetzt.
Ch.: Auf meinen Weg, hey hey, hoch oben dort, da muß ich hin!
Hoch hinauf auf diese Bramrah, und dieses Bramsegel reffen.
Ch.: Denn ich bin ein Schiffsjunge, und wo muß ich nur hin?

3. Hoch hinauf auf diese Bramrah und das Segel einholen,
weit hoch hinauf, mich richtig hinauslehnen,
[es bergen und richtig festzurren.

4. Dein Kurs führt ums Kap Horn herum, dorthin geht deine Reise.
Dein Kurs führt ums Kap Horn herum, mit all dem Schnee und Eise.

5. Bald bist du Vollmatrose, Junge, wenn du deine Zeit gedient hast,
dann wirst du dich als Vollmatrose an Bord der Blackball-Linie
[einschiffen.

6. Eines Tages wirst du dich hinsetzen und für dein Patent lernen,
[Junge, und das wird dir guttun.
Du wirst schließlich ein Kapitän sein an Bord eines erstklassigen
[Linienseglers.

7. Oh, wo muß ich hin, meine Johnnies, wo muß ich hin?
Oh, wo muß ich hin, meine Johnnies, wo muß ich hin?

METTONS LA CHALOUPE À L'EAU

FRANZÖSISCH: FOREBITTER

Dies war im Logis französischer Handelsschiffe der vierziger und fünfziger Jahre des vorigen Jahrhunderts ein recht populäres Lied. Das Thema dieses Liedes – ein alter Matrose spinnt sein Seemannsgarn – fand sich in zahlreichen Seemannsballaden. Die Bezeichnung des Rettungsboots, das von den Davits des in diesem Lied genannten Schiffs aus zu Wasser gelassen wird – »chaloupe« – ist eine in aller Welt übliche Bezeichnung für kleine Boote (deutsch: Schaluppe).

Ob das englische Wort für ein kleines Boot – shallop, shalloop – aus dem Französischen stammt oder umgekehrt, läßt sich kaum sagen, aber im englischen Mittelalter wurden kleine und leichte Fischerboote mit einem Fock- und einem Hauptmast, beide mit einem Luggersegel, »shallops« genannt, »shalloops« oder auch »sloops«. Kleine Schaluppen dienten als Begleitboote für englische Kriegsschiffe, und in der französischen Marine war eine »chaloupe« oft ein kleines Kanonenboot mit einem schweren Geschütz und vierzig Mann Besatzung. Andererseits kann eine Schaluppe auch ein kleines, von einem oder zwei Mann gerudertes Boot sein. In den Tagen der *Mayflower* und der ersten Quäker an der Küste Neuenglands waren alle kleinen Boote Schaluppen.

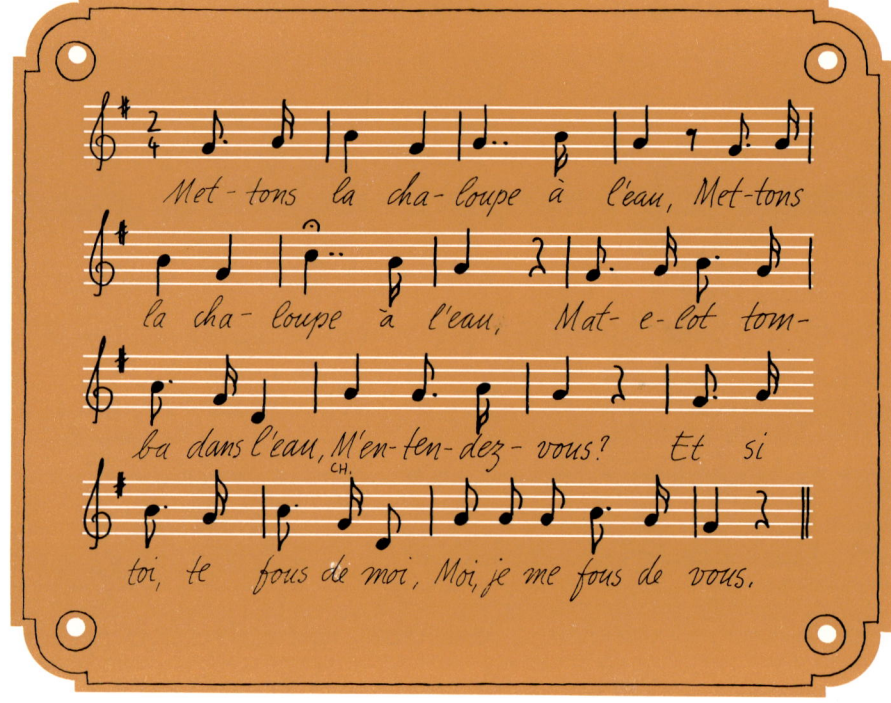

2. Matelot cassa son bras,
Chirurgien il était là...

3. Lui voulut qu'on lui coupât,
Matelot ne voulut pas...

4. Vers le port il s'en alla,
Et c'est là qu'il achète...

5. Une pipe et du tabac,
Et mon histoir' finit là...

LASSEN WIR DIE SCHALUPPE ZU WASSER

1. Lassen wir die Schaluppe zu Wasser,
Lassen wir die Schaluppe zu Wasser,
Der Matrose fiel ins Wasser...
Ch.: Hört ihr mich?
Und wenn du auf mich pfeifst,
Pfeife ich auf euch.

2. Der Matrose brach sich den Arm;
Ein Chirurg war auch da...

3. Er wollte, dass man ihn wegschneidet,
Der Matrose wollte nicht...

4. Weg zum Hafen ging er fort,
Und kauft dann dort...

5. Eine Pfeife und Tabak,
Und hier endet meine Geschichte...

THE SAILOR'S GRAVE

ENGLISCH: FOREBITTER

Das Original dieses Shantys wurde 1859 von Eliza Cook (Text) und John C. Baker (Melodie) komponiert. Im Laufe der Jahre widerfuhr ihm in den Händen der Seeleute das, was man als »Vervolkstümlichung« bezeichnen könnte, mit dem Ergebnis, daß der Gesang in seiner jetzigen Form sehr weit von seinem Ursprung entfernt ist.

Our bark was far, far from the land, When the bra-vest of our gal-lant band, Went dead-ly pale, an' pined a-way, Like the twi-light of an au-tumn day.

2. We watched him through long hours of pain,
Our hopes were great, our task in vain,
His end was near, we felt sad qualms,
But he smiled and died in his shipmates' arms.

3. He had no costly winding sheet,
We placed two round shot at his feet,
And we sewed him up, he was canvas-bound,
Like a king he lay in his hammock sound.

4. We proudly decked his broken chest,
With the "Blood 'n' Guts" * across his breast,
The flag we gave as a mark o' the grave,
And he was ready for a sailor's grave.

5. Our voices broke, our hearts were weak,
And wet was seen on the toughest cheek,
We lowered him down o'er the ship's dark side,
And he was received by the rollin' tide.

6. With a splash and a plunge and our task was o'er,
And the billows rolled as they rolled before,
And many a wild prayer hallowed the wave,
As he sank deep to a sailor's grave.

*Sailor name for the Red Ensign of Britain

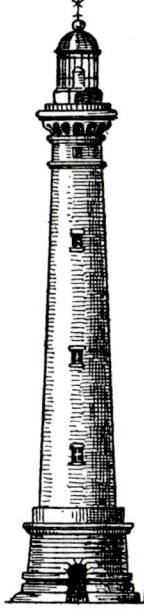

DAS SEEMANNSGRAB

1. Unser Schiff war weit weit ab von Land,
als der beste von unserer stattlichen Schar
totenbleich wurde und verging
wie das Zwielicht eines Herbsttages.

2. Wir wachten bei ihm durch lange Stunden des Schmerzes,
unsere Hoffnung war groß, unsere Taten umsonst,
sein Ende war nah, Traurigkeit überkam uns.
Aber er lächelte und starb in den Armen seiner Kameraden.

3. Er hatte kein kostbares Leichentuch;
wir banden zwei Kanonenkugeln an seine Füße,
und wir nähten ihn ein in festes Segeltuch.
Wie ein König lag er und schlief in seiner Hängematte.

4. Stolz schmückten wir seinen zerschundenen Leichnam
mit »Blut und Eingeweide« über seiner Brust
   [Blood'n Guts = Seemannsausdruck für die britische Flagge]
Diese Flagge gaben wir ihm als das Zeichen des Tapferen,
und er war bereit für sein Seemannsgrab.

5. Unsere Stimmen, sie brachen, unsere Herzen wurden schwach,
und feucht war bald auch die Wange des Rauhesten.
Wir ließen ihn herab an der Schattenseite des Schiffes,
und die rollende Dünung nahm ihn entgegen.

6. Ein Spritzen und Klatschen, und unsere Pflicht war getan.
Die Wogen rollten, wie sie vorher gerollt hatten.
Manch wildes Gebet hallte über die Wellen,
während er tiefer und tiefer ins Seemannsgrab sank.

BOLD MAC CARTENEY

ENGLISCH: FOREBITTER

Dieses Shanty war bei den Fahrensleuten der Western Ocean Packetlinien beliebt, bei jenen derben irischen Matrosen, die die Vorläufer der Cunard und anderer Atlantik-Dampferlinien bemannten. Die Blackball, Swallowtail, Red Cross, Black Diamond und andere Reedereien hatten nicht nur hartgesottene Kapitäne und Steuerleute, auch ihre Besatzungen bestanden aus Männern, die sich durch nichts erschüttern ließen. Diese Segler hielten als erste Schiffe der Welt einen monatlichen Fahrplan ein.

Come all ye bold sea-far-in' men, an' list-en to me tale, Con-cer-nin' bold Mac-Cart-en-ey, in Li-ver-pool town did dwell, Down by the Salt-house docks one day, as he did chance for to stray, On board a west-bound pack-et ship, he stow'd himself a-way.

2. As down the Mersey we set sail, to New York we wuz bound,
This poor young lad began to think of the friends he'd left behind,
This poor young lad began to think of his friends and his native shore,
And he cursed the day he'd stowed away on the City of Baltimore.

3. When he came out of his hiding place, the mate to him did say,
"What made ye stow aboard this ship, come tell to me, I pray,
Among these wild Irish packet rats, you'll have wished you'd
        have stayed ashore,
An' ye'll curse the day ye sailed away on the City of Baltimore."

4. 'Twas early every mornin' the mate he turned us to,
'Twas early every mornin' he tried to kick us through,
"Where is that Irish stowaway?" the mate, I heard him say,
"I'm here," sez Bold MacCarteney, "What do yer want of me?".

5. Now the mate he being a cowardly dog, for MacCarteney did go,
An' with an iron belayin' pin he tried to lay him low,
But MacCarteney being a smart young chap as he'd often
        proved ashore,
He laid the mate upon his back in the City of Baltimore.

6. The second mate and bosun came to the mate's relief,
But with a heavy ol' capstan bar he made 'em both retreat,
His Irish blood wuz boilin' now, an' then we heard him roar,
"Oh, skin and hair will fly this day on the City of Baltimore."

7. The cap'n, a Nova Scotiaman, MacDonnel wuz his name,
An' when he heard the fight, me buckos, right for'ard then he came,
Sez he, "Me bold MacCarteney, you're a regular son-o'-a-whore,
I'll make ye bosun of my ship, the City of Baltimore."

DER KÜHNE MAC CARTENEY

1. Kommt her, ihr kühnen Fahrensleut, und hört mir zu,
   wenn ich von dem kühnen Mac Carteney aus Liverpool erzähle, dort war er her.
   Unten bei den Salzhaus-Docks trieb er sich eines Tages herum
   und versteckte sich auf einem Packetschiff, das nach Westen ging, als blinder Passagier.

2. Als wir auf dem Merseyfluß die Segel setzten, wir waren nach New York bestimmt,
   dachte der arme Bursche an seine Freunde, die er verließ,
   dachte der arme Bursche an seine Freunde und seine heimatlichen Gefilde,
   Und er verfluchte den Tag, an dem er sich versteckte auf der City of Baltimore.

3. Als er aus seinem Versteck hervorkam, sagte der Steuermann zu ihm,
   »Was versteckst du dich auf diesem Schiff, das sage mir?
   Unter diesen wilden, irischen Packetratten wirst du noch wünschen,
                                        [du wärest an Land geblieben.
   Und du wirst den Tag verfluchen, an dem du fortgesegelt bist auf der City of Baltimore.«

4. Jeden Morgen in der Früh holt uns der Steuermann zur Arbeit;
   jeden Morgen in der Früh, da wollte er es uns geben.
   »Wo ist dieser blinde, irische Passagier?« hörte ich den Steuermann rufen.
   »Hier bin ich,« sagte der kühne Mac Carteney, »was wollen Sie von mir?«

5. Der Steuermann war ein feiger Hund und ging auf Mac Carteney los
   und versuchte, ihn mit 'nem eisernen Belegnagel niederzuschlagen.
   Aber Mac Carteney, ein geschickter Bursche, wie er oft an Land gezeigt hat,
   warf den Steuermann zu Boden auf der City of Baltimore.

6. Der zweite Steuermann und der Bootsmann eilten dem Ersten zu Hilfe,
   aber mit einer schweren Spillspeiche trieb er sie zurück.
   Sein irisches Blut kochte jetzt, und wir hörten ihn brüllen:
   »Haut und Haar werden an diesem Tag fliegen auf der City of Baltimore.«

7. Der Käpt'n, ein Neu Schottländer namens Mac Donnel,
   vernahm den wilden Kampfeslärm und kam, das kann ich dir sagen, eilends herbeigestürzt.
   Dann sagte er: »Mein kühner Mac Carteney, was bist du für ein Hurensohn,
   ich mache dich zum Bootsmann auf meinem Schiff, der City of Baltimore.«

HÄFEN UND PRESSPATROUILLEN

Der Fahrensmann John, Jan Maat, Jean Matelot, Johann Teer oder Skangast, jeder kannte die Häfen der Welt mit ihren Straßen wie die eigene Westentasche. Unter Kameraden in irgendeiner Seemannskneipe konnte er sie herunterschnurren wie ein Tourist, der aus dem Baedecker las: Antwerpens Schipperstraat, Rotterdams Schiedamschedijk, Cardiffs Oriental Parade, Londons Ratcliffe Highway, Marseilles Vieux Port, New Yorks South Street, Hongkongs Ship Street, Hamburgs Reeperbahn und la Boca von Buenos Aires. Hier war des Seemanns Heimat, hier war sein Zuhause. Die Namen der Seemannskneipen streute er wie Konfetti dazwischen: Die Last Chance in Antwerpen, die Annie Cunningham's in Liverpool, die Blue Post in London, den Irish Consul in Marseille, die Fore Royal Bar in Pensacola, die Bells of Shandon in San Francisco, und die German Bar in Callao. Und wenn schon Namen fielen, dann flossen die phantasievollen Namen schöner Frauen von seinen Lippen, wie die Liverpool Lizzie aus Portland, Mutter Brady

und die Bremer Mary von der chilenischen Küste, Nellie Norman aus Newcastle, N.S.W, Pigeon toed (taubenzehige) Sal aus Frisco, die Grosse Louise und die Marie Con Vache aus Bordeaux, und Mimi San aus Yokohama.

Während des letzten und anfangs dieses Jahrhunderts war das sogenannte Shanghaien eine der beliebtesten Methoden der Anwerbung. Das Wort entstand wahrscheinlich mit dem Goldrausch der 1848er Jahre, als es schwierig wurde, Besatzungen für nach China gehende Schiffe zusammenzubekommen, da jedermann es vorzog, auf Schiffen mit dem Ziel New York oder Europa anzuheuern. Es hatte schon immer irgendeine Art des Überlistens oder Kidnappens von Seeleuten gegeben, allgemein unter dem Namen »Crimping« (=anwerben) bekannt, doch mit diesem neuen Wort »Shanghaien« entwikkelten die Anwerber nun eine eigene Art der Steuerung von Angebot und Nachfrage. Sobald ein Schiff draußen vor dem Hafen auftauchte, machten sich die Anwerber der Seemannsunterkünfte zu ihm auf, gingen an Bord und boten der Besatzung »rot and gut« Whiskey an, halfen beim Segelbergen und Seesackpacken und schafften die Männer in Booten an Land, bevor das Schiff noch vertäut war. Hatten sie sie einmal in ihren Klauen, »vermittelten« sie sie später – oft genug an das gleiche Schiff – zu einer hohen Gebühr weiter. Dieses System verbreitete sich bald über alle Häfen der Welt.

Das eigentliche Anwerben durch Preßpartrouillen reicht zurück in die Tage der ersten Königin Elisabeth. Im Gegensatz zu der romantischen Ansicht, in jedem jungen Engländer stecke die Sehnsucht nach dem Meer, ist es vielmehr eine Tatsache, daß ohne Anwerber, Runner und Preßpatrouillen die Schiffe Ihrer Majestät und die Kauffahrer niemals hätten in See stechen können. Als der Mangel an Männern für die Navy in England zu groß wurde, schuf die Regierung den

Quota Akt, ein Gesetz, wonach alle Bürgermeister und Stadträte aus ihren Dörfern und Städten eine gewisse Anzahl Männer zur Verfügung zu stellen hatten, auch wenn das zur Folge hatte, daß sie ihre Gefängnisse leerten. Solche Männer waren zur See bekannt als »Newgate Vögel« oder »des Königs Billiger Kauf«, ein reichlich verkommenes und verdrecktes Gesindel.

CURAÇAO

HOLLÄNDISCH: FOREBITTER

Curaçao, heutzutage der große Öl-hafen der Niederländischen Antillen, war einst neben Aruba ein wohlbe-kannter Anlaufhafen für die Nieder-ländisch-Westindien-Schiffe. Kalkstein war schon seit langem ein Frachtgut, das auch Schiffe anderer Länder zu diesen abgelegenen Inseln zog. Wali-sische Schoner segelten so stetig dort-hin, daß man schon von einer weißen Spur über den Atlantik sprach, die bei den Seeleuten als »Die Milchstraße« bekannt war. Diese weiße Spur stamm-te von dem milchigen Kalksteinwasser, das aus dem Kielraum solcher Schiffe gepumpt wurde. Holländische Seeleute frequentierten seit eh und je die leich-ten Dämchen der einst verrufenen, »Heeren Straatje« genannten Gasse im Hafen von Willemstad auf Curaçao. Auch der Seemann in diesem Lied hat die raffinierten Tricks der dortigen Dir-nen kennengelernt, aber ihre gelegent-liche, zweifelhafte Gesellschaft ist ihm immerhin noch lieber als das Leben an

Bord mit den lästigen, einem dauernd in die Ohren brüllenden Steuerleuten. Ist aber – wie im letzten Vers – das Schiff beladen und fertig zum Auslau-fen, dann weiß er, es geht heim und er wird bald wieder in den Armen seiner Frau sein, deren Zärtlichkeiten er zu rühmen weiß.

2. 'k Kwam laatst, met haast, al door 't Heerenstraatje,
Men sprak: "Mijn lieve maatje, kom zet U hier wat neer,
En drink met ons een glaasje, en rook een pijp tabak,"
Dan met al die loze streken raakt 't geld uit de zak.

3. Een zoen, kan doen, de hele nacht te blyven,
Dan hoort men niet 't kyven van onze officier,
Zo raken wij aan't dwalen, zo dronken als een zwijn,
Het schip ligt voor de palen, aan boord moeten we zijn.

4. Maak los de tros, de voor-en-achter touwen,
En wilt 't maar aanschouwen, we gaan naar Holland toe,
Waar is't beter leven dan bij een echte vrouw,
'k Verzeg er al de vrouwtjes voor van 'teiland van Curaçao.

5. Maak los, de tros, de voor-en-achtertouwen,
Wij zijn niet meer te houwen, we gaan naar Holland toe,
Waar is beter leven, dan bij je eigen vrouw,
Vervloekt zijn al de hoeren van 't eiland Curaçao.

1. Curaçao, ich habe dich so manches Mal gesehen,
und alle deine üblen Streiche, die mißfallen mir,
und alle deine üblen Streiche, die mißfallen mir.
Darum werde ich wieder dorthin fahren, wo ich herkam.

2. Ich kam jüngst eilig durch das Herrensträßchen, da hieß es,
»Mein lieber Maat, kommt, setzt euch ein wenig her
und trinkt mit uns ein Gläschen und raucht eine Pfeife Tabak«.
Dann verschwand bei all den losen Streichen das Geld.

3. Ein Kuß kann bewirken, daß man die ganze Nacht bleibt;
dann hört man nicht das Keifen unseres Offiziers.
So laufen wir in die Irre, betrunken wie ein Schwein.
Das Schiff liegt wartend im Hafen, an Bord sollten wir sein.

4. Macht die Trossen los, die Vor- und Achterleinen,
und schaut nur, wenn Ihr wollt: Wir fahren nun nach Holland,
wo man dann besser lebt bei einer richtigen Frau.
Ich verzichte auf all die Weibchen des Landes Curaçao.

5. Macht die Trossen los, die Vor- und Achterleinen,
wir sind nicht mehr zu halten, wir fahren nun nach Holland,
wo man dann besser lebt bei seiner eigenen Frau.
Verflucht seien alle die Huren der Insel Curaçao.

LIVERPOOL JUDIES

Englisch/Amerikanisch:
Forebitter, oft am Gangspill gesungen

Diese Version eines bekannten Liverpooler Deckshantys berichtet von der
Kauffahrtei der Westlichen Meere und
vom Shanghaitwerden. Eine andere
Version basiert auf einer Heimreise
von Frisco (San Franzisko) zum Bram-
leymoor-Pier in Liverpool um das Kap
Horn. New York, wo unser Held von
einem Werber an Land gelockt wird,
war der übliche Absprungplatz für
Fahrensleute, die nach einer kalten
Winterüberfahrt über den Atlantik von
Liverpool nach New York oder Boston
die Lust verloren hatten.

2. For forty-two days we wuz hungry an' sore,
Oh, the winds were agin us, the gales they did roar,
Off Battery Point we did anchor at last,
Wid our jibboom hove in an' the canvas all fast.

3. De boardin'-house masters wuz off in a trice,
A-shoutin' an' promisin' all that wuz nice,
An' one fat ol' crimp he got cotton'd to me,
Sez he, "Yer a fool, lad, ter follow the sea."

4. Sez he, "There's a job as is waitin' for you,
Wid lashin's o' liquor an' beggar-all to do."
Sez he, "What d'yer say, lad, will you jump her too?"
Sez I, "Ye ol' barstard, I'm damned if I do."

5. But de best o'intentions dey niver gits far,
Arter forty-two days at the door of a bar,
I tossed off me liquor an' what d'yer think?
Why the lousy ol' barstard had drugs in me drink.

6. The next I remembers I woke in de morn,
On a three-skys'l yarder bound south round Cape Horn,
Wid an ol' suit of oilskins an' two pair of sox,
An' a bloomin' great head an' a dose of the pox.

7. Now all ye young sailors take a warnin' from me,
Keep a watch on yer drinks whin de liquor is free,
An' pay no attention to runner or whore,
Or yer head'll be thick an' yer throat'll be sore.

DIE PUPPEN VON LIVERPOOL

1. Als ich ein Jüngling war, fuhr ich mit den anderen
auf einem Liverpooler Schiff, das nach Westen ging.
Wir legten einen Tag im Hafen von Cork an,
dann stachen wir in See mit Kurs auf den Hafen von New York.
Ch.: Wir singen fahrt, fahrt, Kerle, fahrt;
die Puppen aus Liverpool haben uns im Schlepptau

2. Zweiundvierzig Tage lang waren wir hungrig und krank.
Oh, die Winde waren gegen uns, die Stürme brüllten;
vor Battery Point endlich ankerten wir,
unser Klüver eingeholt und die Segel festgemacht.
In Liverpool wird unser Matrose von einem
betrügerischen Heuerbaas betrunken gemacht
und erkennt erst in der sechsten Strophe sein Unglück:

6. Ich weiß erst wieder, wie ich am Morgen erwache,
auf einem alten himmelhohen Dreimaster Kurs Süden rund um's Kap
mit einem alten Ölzeug und zwei Paar Socken,   [Horn,
und einem gewaltigen Brummschädel und der Krätze.

7. Nun, all ihr jungen Fahrensleute, laßt euch von mir warnen,
paßt auf euren Schnaps auf, wenn er gratis ist,
und kümmert euch nicht um Makler und Huren,
oder sonst kriegt ihr einen dicken Schädel und einen kranken Hals.

DE RUNNER VON HAMBORG

Deutsch: Halyard shanty

Dies ist eine plattdeutsche Version von »Roll the Cotton Down«. Sie war jedem Janmaat aus den großen Tagen der Segelschiffahrt, als der Hamburger Segelschiffhafen ein Gewirr von Masten und Rahen war, geläufig. Ich selbst habe oft gehört, wie dieses Lied an Bord eines Bremer Kap-Horn-Seglers angestimmt wurde. Die Runner von Hamburg waren berüchtigte Leute. Ein Runner war gewöhnlich ein Mann, der ein Schiff aus dem Hafen steuerte, während die Crew noch ihren Kater pflegte. In Hamburg wurden sowohl Runner, die in der Stadt als Pensionsgäste lebten, wie auch Schiffsschneider mit dieser Bezeichnung belegt. (Snieder = plattdeutsch für Schneider.)

De see geiht hooch, de wind de blast,
CH. Kohm un Beer for mi! Jan-Maat, de fleit, is nie ver-baast, Oh, kohm un Beer for mi!
CH.

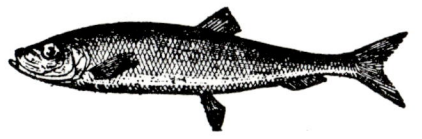

Solche Männer gingen an Bord einlaufender Schiffe, waren mit Kümmel oder Schnaps bewaffnet und boten den Heimkehrern einen »Ersatz« für Geld an, noch bevor sie ihre Heuer erhielten. Auslaufenden Seeleuten verhökerten sie billige Kleidung, und während des Aufenthalts im Hafen versorgten sie die Matrosen mit Schnaps und Frauen. Dafür verlangten sie als Lohn für die Mühe eine Vorauszahlung.

In Hamburg ist es nur selten vorgekommen, daß jemand »schanghait« wurde, aber es gab zahlreiche Seemannskneipen, von denen viele englische Namen trugen – »Falmouth for Orders«, »Channel for Orders«, und die »Liverpool Bar«. Daneben existierten viele Tanz- und Bierlokale wie das »Cosmopolitan«, »El Dorado«, »Leuchtturm«, »Grenzfaß« und das berühmte »Hippodrom«.

2. Reise aus Quartier un all' an Deck,
De Ool de fiert de Marssails weg.

3. Un wenn wi nu na Hamborg kaamt,
Denn süüt man all' de Snieders staan.

4. Elias röppt, dor büst du ja,
Ik see di nich tom eersten Mal.

5. Du bruukst gewiss een' neen Hoot,
Ik heff wek von'ne neeste Mood.

6. Un ok gewiss een Taschendook,
Un'n neen Slips, den bruukst du ok.

7. Un ook een beeten Seep un Tweern,
Un denn one pound to'n Amuseern.

8. Wat is dat for een lütjen Kööm,
Un een Zigarr, dat smeckt doch schöön.

9. Afmustert ward, dat is mol klor,
Wie gaat von Bord un schreet Hurroh.

HAMBURG, DU SCHÖNE STADT

DEUTSCH: FOREBITTER,
auch beim Holen und am Gangspill
gesungen

Dieses Arbeits- und Freizeitlied ist keines der normalen plattdeutschen Lieder; es war bei den Hamburger Matrosen gleichwohl sehr beliebt.

Daß ein Seemann von dem »Beschützer« einer Prostituierten auf offener Straße verprügelt und im Rinnstein liegengelassen wird, war natürlich auf der ganzen Welt ein alltägliches Vorkommnis. In diesem Lied ist wahrscheinlich von einer der Kaschemmen der Hamburger Reeperbahn die Rede. Seit den Tagen, als diese Straße noch

2. Ich faßt' sie sanft beim Arm,
   Sie aber schaut' mich an,
   "Glauben Sie, ich wär' so eine?
   Machen Sie sich schleunigst auf die Beine."

3. Doch ich war sehr galant,
   Drückt ihr Taler in die Hand,
   Die kleine süße Maus,
   Führt mich dann vor ihr Haus.

4. "Bleib' nur ein Weilchen steh'n,
   Darfst mit aufs Zimmer geh'n."
   Ich stand zwei volle Stund',
   War steif wie'n Pudelhund.

5. Ich sprang voll Wut ins Haus,
   Flog aber gleich heraus,
   Kamen vier Männer in der Nacht,
   Schleppten mich auf die Wach'!

6. Schlief dort in guter Ruh',
   Zahlt zweiundzwanzig Schilling dazu,
   So kann's dir in Hamburg gehn,
   Willst du zum Mädchen gehn.

7. Hamburg, du schöne Stadt,
   Dich hab' ich gründlich satt,
   Zwei Taler zweiundzwanzig Schilling
   bin ich los,
   Und wegen dem Mädel bloß.

tatsächlich eine Reeper-, also eine Seilerbahn war, wurden aus den kleinen Bordellen nach und nach große Freudenhäuser, bis schließlich ganz St. Pauli ein Viertel geworden war, in dem man es darauf anlegte, dem Seemann sein sauer verdientes Geld aus der Tasche zu ziehen. Viele Bordelle lagen in Sackgassen, in denen es oft vorkam, daß jemand überfallen wurde. Zum Beispiel in einer Querstraße der Davidstraße, die damals Heinrichstraße hieß und die durch Eisentore vor den Blicken Neugieriger geschützt wurde. Größere Bordelle gab es in der Kastanienallee.

A-ROVIN'

ENGLISCH:
CAPSTAN UND PUMPING SONG

Gewisse Sachverständige haben in der Vergangenheit behauptet, dieses Shanty wäre elisabethanischen Ursprungs, aber dem widerspreche ich völlig. Die Stelle, wo die Verführung beschrieben wird, erinnert zwar schwach an einen Gesang aus Thomas Heywoods »Schändung der Lucretia« (1640). Bei Volksliedern jedoch sind solche Stellen allgemein üblich und bieten keinen Maßstab für das Alter.

RUMTREIBEN

1. In Amsterdam lebte einst eine Maid.
   Ch.: Paßt gut auf, was ich sage!
   In Amsterdam lebte einst eine Maid;
   sie war eine Meisterin in ihrem Gewerbe.
   Ch.: Wir treiben uns nicht mehr herum mit dir,
   [du schöne Maid.
   Voller Chor: Rumtreiben, Rumtreiben,
   Denn Rumtreiben war mein Ruin,
   Wir treiben uns nicht mehr herum
   mit dir du schöne Maid.

2. Ich traf sie, die schöne Maid, einst abends in der Dunkelheit,
   Ch.: Paßt gut auf, was ich sage!
   Ich traf sie, die schöne Maid, einst abends in der Dunkelheit,
   da nahm sie mich mit zu ihrem Stammplatz im Park.
   Ch.: Wir treiben uns…
   Voller Chor: Rumtreiben, Rumtreiben
   Denn…

3. Ich legte meinen Arm um ihre Taille;
   sie sagte: » Junger Mann, du hast es sehr eilig!«

4. Ich legte meine Hand auf ihr Knie;
   sie sagte: » Junger Mann, du bist ziemlich frei!«

5. Ich legte meine Hand auf ihren Schenkel;
   sie sagte: » Junger Mann, du bist ziemlich hoch!«

6. Wir legten uns nieder ins weiche Gras,
   und ich fühlte einen prallen Arsch.

7. Nach drei Wochen war ich arg mitgenommen.
   Dann ging ich wieder traurig auf See.

8. Als ich jetzt wieder von der Fahrt heimkehrte,
   da saß sie bei einem Walfänger auf dem Schoß.

2. I met this fair maid after dark,
   She took me to her favorite park.

3. I put me arm around her waist,
   Sez she, "Young man, yer in great haste!"

4. I put me hand upon her knee,
   Sez she, "Young man, yer rather free!"

5. I put me hand upon her thigh,
   Sez she, "Young man, yer rather high!"

6. We laid down on a grassy patch,
   An' I felt such a ruddy ass.

7. In three weeks' time I wuz badly bent,
   Then off to sea I sadly went.

8. Now when I got back home from sea,
   A soger [whaler] had her on his knee.

ANE MADAM

NORWEGISCH: HALYARD SHANTY

Dieses Marsfall-Shanty war der populärste Hol-Song, den norwegische Seeleute an Bord norwegischer, schwedischer und dänischer Segelschiffe anzustimmen pflegten. Er verrät eigentlich das Schema des englischen »Blow the Man down« (Blas' den Mann 'runter). Keiner der skandinavischen Seehäfen hatte ausgesprochene Matrosenviertel, wie man sie in den Häfen Frankreichs, Deutschlands, Hollands, Belgiens und Englands findet. Aber in der Umgebung der Docks der größeren Seehäfen oder der Quais der kleineren Häfen gab es auch die ziemlich schäbigen Straßen, wo man Bordellwirtinnen und Dirnen finden konnte.

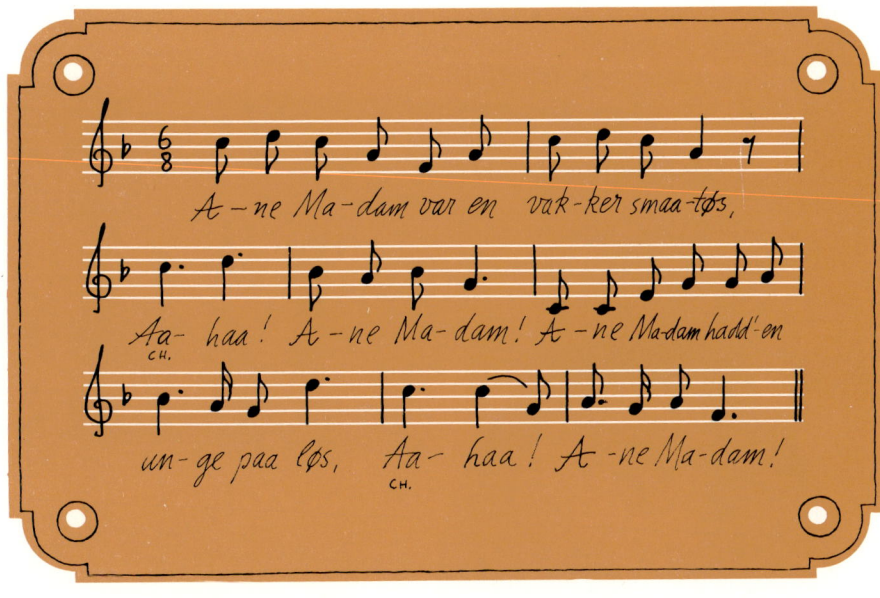

A-ne Ma-dam var en vak-ker smaa-tøs,
Aa-haa! A-ne Ma-dam! A-ne Madam hadd' en
un-ge paa løs, Aa-haa! A-ne Ma-dam!

2. Kom sjømand tag nu dit hvite seil!
   Kom heis nu dit bramseil ogsaa din røil.

3. Men først en tur i Sundvigen,
   For der at hilse farvel paa pigen.

4. Til Madam Felle underveis stak vi ind,
   For dersteds at opfriske litt vores sind.

5. Men madammen stængte døren med
                              stikker og straa,
   At ingen sjømander der skulde gaa.

6. Men saa sprang der op en nordvestlig vind,
   Saa doren sprang op og sjømanden fred ind.

1. Ane Madam war ein hübsches Dirnchen,
   Refrain: Aha! Ane Madam!
   Ane Madam hatte ein vaterloses Kind.
   Refrain: Aha! Ane Madam!

2. Komm, Seemann, nimm nun dein weißes Segel!
   Kehrreim: Aha! Ane Madam!
   Komm, heiß' nun dein Bramsegel, auch dein
                                        [Royal.

   Refrain: Aha! Ane Madam!

3. Aber erst eine Runde in der Sandbucht,
   um dort dem Mädchen Lebwohl zu sagen.

4. Unterwegs schauten wir zu Madam Felle rein,
   um unseren Sinn dort ein wenig aufzufrischen.

5. Aber die Madam verschloß die Tür mit Brennholz
                                        [und Stroh,
   damit kein Seemann dort herein käme.

6. Aber da kam ein Nordwestwind auf,
   so sprang die Türe auf und die Seeleute drangen
                                        [ein.

Ane Madam und Madam Felle könnten solche »Damen« gewesen sein. Leider wissen wir sehr wenig über sie. Der Übersetzer meinte, die beiden letzten Strophen enthielten Doppeldeutigkeiten, die – wie man sie auch verstehen will – ziemlich obszön sind.

MAGGIE MAY

ENGLISCH: FOREBITTER

In älteren Versionen dieses Deckshantys trägt die Heldin den Namen Nelly Ray. Zum ersten Mal schriftlich erwähnt wurde das Lied angeblich in einem Tagebuch des Charles Picknell. Er war Vollmatrose auf einem Gefangenenschiff, der »Kains«, das am 8. Juli 1890 von London nach der Strafkolonie Van Diemens-Land auslief.

Canning Place und Park Lane liegen beide im Südend von Liverpool und gehörten einst zu seinem verrufenen Hafenviertel. Auf dem Canning Place, am Denkmal des Mr. Huskisson (des ersten Menschen, der durch einen Eisenbahnzug zu Tode kam), flanierten scharenweise die Liverpooler Dirnen mit ihren schwarzen Wollschals. Wie Spinnen, die auf ihre Beute, den heimgekehrten, gerade ausgezahlten Langfahrtmatrosen warteten. Modernere Versionen dieses Gesanges nennen die Lime Street von Liverpool als Maggies Strich.

Come all ye sailors bold, an' when me tale is told, I know ye all will sadly pity me; For I was a god-dam fool in the port o' Liverpool, On the voyage when I first paid off from sea. Ooh, Maggie Maggie May, they have taken you away, For to slave upon Van Diemen's cruel shore, Oh, you robbed many a whaler an' many a drunken sailor, But ye'll never cruise down Paradise Street no more.

2. I paid off at the Home, after a voyage from Sierra Leone,
   Two pounds ten a month had been my pay;
   As I jingled in my tin, I was sadly taken in
   By a lady of the name of Maggie May.

3. When I ran into her I hadn't got a care,
   I was cruisin' up an' down ol' Canning Place.
   She was dressed in a gown so fine, like a frigate of the line,
   An' I being a sailorman gave chase.

4. She gave a saucy nod, an' I like a farmer's clod,
   Let here take me line abreast in tow;
   And under all plain sail, we ran before the gale,
   And to the Crow's Nest tavern we did go.

5. When I got full of beer, to her lodgings we did steer,
   She charged me fifteen shillings for the fight;
   I was so ruddy drunk when I landed in her bunk,
   I never knew what happened in the night.

6. Next mornin' when I woke, I found that I wuz broke,
   I hadn't got a penny to me name.
   So I had to pop me suit, me John L's, an' me boots,
   Down in the pawn shop, number nine, Park Lane.

7. Oh, you robbin' Maggie May, you robbed me of my pay,
   When I slept wid you last night ashore.
   Guilty the jury found her, for the robbin' of a homeward-bounder,
   An' she'll never cruise down Park Lane any more.

8. She wuz chained and sent away from Liverpool next day,
   The lads they cheered as she rolled down the Bay;
   And every sailor lad he only was too glad,
   They'd sent the ol' whore out to Botany Bay.

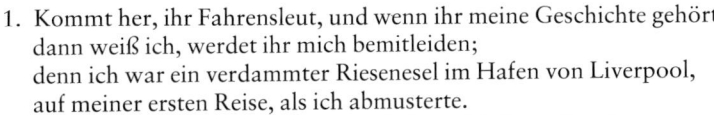

1. Kommt her, ihr Fahrensleut, und wenn ihr meine Geschichte gehört,
   dann weiß ich, werdet ihr mich bemitleiden;
   denn ich war ein verdammter Riesenesel im Hafen von Liverpool,
   auf meiner ersten Reise, als ich abmusterte.
   Ch.: Oh Maggie, Maggie May, sie haben dich fortgebracht
   zur Sklavenarbeit an Van Diemens schrecklicher Küste;
   oh, du beraubtest so manchen Walfänger und so manchen
   [betrunkenen Seemann;
   aber niemals wieder wirst du über die Paradise Street streichen.

2. Ich musterte ab in der Heimat nach einer Reise von Sierra Leone,
   zwei Pfund zehn im Monat war meine Heuer.
   Als das Geld fröhlich in meinen Taschen klimperte, wurde ich arg
   [vorgenommen
   von einer Dame mit dem Namen Maggie May.
   Ch.: Oh Maggie, Maggie May, sie haben dich fortgebracht
   zur Sklavenarbeit...

3. Als ich sie traf, da war ich glücklich und ohne Sorgen;
   ich bummelte den Canning Place entlang.
   Sie trug einen gar feinen Mantel, aufgetakelt wie eine Fregatte,
   und mich, da ich ein Seemann bin, mich ergriff das Jagdfieber.

4. Sie nickte mir keß zu, und ich, wie ein Bauerntölpel,
   ließ mich von ihr ins Schlepptau nehmen;
   und mit vollen Segeln fuhren wir vor dem Wind,
   direkten Kurs zur Krähennest Taverne.

5. Als ich voll war mit Bier, in ihr Zimmer steuerten wir.
   Fünfzehn Schilling verlangte sie für die Schlacht.
   So sternhagelvoll war ich, als ich in ihrem Bett landete,
   daß ich mich an nichts entsann, was in der Nacht geschah.

6. Am nächsten Morgen, als ich erwachte, fand ich, daß ich pleite war;
   ich besaß nicht einen Penny mehr, auf Ehre.
   Also mußte ich meinen Anzug, meinen Südwester und meine Stiefel
   unten im Pfandhaus versetzen, auf der Park Lane, Nummer neun.

7. Oh du diebische Maggie May, du klautest mir meine Heuer,
   als ich mit dir an Land in der letzten Nacht zusammen schlief.
   Schuldig fanden sie die Geschworenen, der Beraubung eines Heim-
   [gekehrten.
   Und sie soll nie wieder über die Park Lane streichen.

8. In Ketten gelegt wurde sie am nächsten Tag von Liverpool fort-
   [gebracht.
   Die Burschen freuten sich und klatschten, als sie die Bucht
   [herunterfuhr.
   Und jeder Fahrensmann war nur zu froh,
   daß die alte Hure fortgeschafft wurde zur Botany Bay.

69

WAT WI DOHT

PLATTDEUTSCH:
GANGSPILL SHANTY

Dies ist ein weiteres für St. Pauli typisches Lied, in dem der Seemann die Art von »Deerns« besingt, die er in der Davidstraße oder in der Großen Freiheit fand und die jeden Janmaaten mit offenen Armen aufnahmen, ob er nun von Chile oder von sonstwo nach Hause kam. Dem Lied zufolge gab es zwei Kategorien von Mädchen auf St. Pauli – diejenigen, die in bestimmten Häusern »arbeiteten« und diejenigen, die ihre Kunden auf der Straße an-

2. Un ok de lüttje Mary, dat is ne fixe Deern,
   Kriegst du de mol det Obends faat, denn kannst di nich
   besweern.

3. Un ok de dicke Anna, dat is ne feine Popp,
   Kummt Janmaat von lang' Reis' torück, denn passt se
   em glieks op.

4. Denn gaat wi no Sankt Pauli rop, dor geit dat lustig her,
   Wenn se di seet, denn schreet se all: Du, Fietje,
   kumm mol her!

5. Un op de Groote Freiheit, wat is di dor en Larm,
   Eer du di dat verseen deist, hest glieks ne Deern
   in'n Arm.

6. Un wenn de Hüer verjuchheit is, denn weet ik wat ik do,
   Ji köönt mi alltosom mol fix, ik go no See hento.

lockten. Die Mädchen auf dem Straßenstrich fand man an der Ecke der Davidstraße; sie verlangten »nur ein paar Groschen«.

Die Matrosen, die ein solches Lied sangen, waren die Männer auf den großen Vier- und Fünfmastern der Reedereien Laeisz, Wencke, Siemers und anderer Gesellschaften, die sich in der zweiten Hälfte des neunzehnten Jahrhunderts vor allem dem Salpetertransport widmeten, der ums Kap Horn ging. Das größte Schiff von allen war das Fünfmast-Vollschiff *Preußen*, einer der berühmten »Flying P-Liner«. Die *Preußen* erlitt 1910 an den Kreidefelsen von Dover Schiffbruch, nachdem sie von einem Dampfer gerammt worden war.

CAN'T YE DANCE THE POLKA?

AMERIKANISCH/ENGLISCH:
CAPSTAN SONG

Diese Lied entstammt wahrscheinlich den 1840-er Jahren, als die Polka sich aus Böhmen über Europa und Amerika auszubreiten begann. In seiner Urform ist dieses Shanty ziemlich unanständig wie die meisten jener Seemannslieder, die von einem Seemann berichten, der an Land kommt und sich ein sogenanntes »flash packet« = Flitterpaket (Wuchtbrumme würde man heute sagen) einfängt. New Yorks Hafenviertel erstreckte sich von der South Street bis hin zum Broadway.

KÖNNT IHR NICHT DIE POLKA TANZEN?

1. Wie ich den Broadway entlangschlendere, an
   [einem Juliabend,
   da traf ich ein Mädchen, das mich übers Ohr
   [haute, und einen Seemann John, das sage ich.
   Ch.: Fort mit dir, du Vernunft,
   Oh, meine liebe Annie.
   Oh, ihr New Yorker Mädchen,
   könnt ihr denn nicht die Polka tanzen?

2. Ich nahm sie mit zu Tiffany, nichts war mir teuer genug.
   Ich kaufte ihr zwei goldene Ohrringe; sie kosteten mich
   [fünfzehn Cents.

3. Sie sagt »Du englischer Matrose, du darfst mich jetzt nach Haus
   [begleiten.«
   Aber als wir vor ihrer Haustür standen, da sagte sie zu mir:

4. »Mein Freund ist ein Yankee, mit kurzgeschnittnem Haar.
   Mit einem Paar langer Seestiefel, und er ist Bootsmann bei der
   [Blackball Linie.

5. Er kehrt noch heute abend heim und wird dann bei mir sein.
   So hau nun ab, Matrosenjunge, scher dich fort und geh!«

6. Also küßte ich sie kräftig und richtig, bevor ihr Freund kam.
   So leb denn wohl, mein romantisches Mädchen, ich kenne dein
   [kleines Spiel.

7. Ich hüllte mich also in meinen Frack und steuerte zum Hafen.
   Ich mache keinem Mädchen mehr den Hof, bleibe lieber bei
   [Rum und Bier.

8. Ich heuerte an auf einem Yankee Blutschiff und lief am
   [nächsten Morgen aus.
   Laßt euch nicht mit Mädchen ein, es ist sicherer am Kap Horn!

2. To Tiffany's I took her, I did not mind expense,
   I bought her two gold earrings, an' they cost me fifteen cents.

3. Sez she, "You Limejuice sailor, now see me home you may,"
   But when we reached her cottage door, she unto me did say,

4. "My flash man he's a Yankee, wid his hair cut short behind,
   He wears a pair of long seaboots, an' he's bosun in the Blackball line."

5. "He's homeward bound this evenin', an' wid me he will stay,
   So git a move on, sailor-boy, git crackin' on yer way."

6. So I kissed her hard an' proper, afore her flash man came.
   An' fare-ye-well, me Bowery gal, I know yer little game.

7. I wrapped me glad rags round me, an' to the docks did steer.
   I'll never court another maid; I'll stick to rum an' beer.

8. I joined a Yankee bloodboat, an' sailed away next morn.
   Don't ever fool around wid gals, yer safer off Cape Horn!

GO TO SEA NO MORE

AMERIKANISCH/ENGLISCH: FOREBITTER

Wenn dieses Deckshanty als Anker-Shanty am Gangspill gesungen wurde, verwendete man folgenden Kehrreim:

»Nie mehr, nie mehr, wir fahren zur See nie mehr.
Man muß blind sein, wenn man wieder zur See fahren möchte.«

Wegen seines Themas war es ein Lieblingsshanty bei den Walfängern des Pazifik. Im Lied wird der Seemann an Bord eines der arktischen Nord- oder Pottwalfangschiffe gebracht, die sich von Frisco her bis zur Beringstraße hocharbeiteten. Shanghai Brown, einer der berüchtigsten Werber, shanghait ihn nicht auf die übliche Art – mit Opium im Bier betäubt – sondern schafft ihn stocknüchtern an Bord, alles höchst legal und korrekt.

Das Leben auf solchen Schiffen war die Hölle. Manchmal, nach Durchqueren der Beringstraße mit Kurs auf Point Barrow und die Beaufort See, fuhren sie sich im Packeis fest und konnten nicht mehr umkehren. Das geschah auch im Jahre 1872; da wurden aus einer Flotte von 40 Walfangschiffen 32 Schiffe im Eis vor Nordalaska gefangen. So unglaublich es klingt, alle Mann retteten sich, indem sie ihre schlanken Walboote über das Eis schleppten, bis sie die offene See erreichten und von den anderen acht Schiffen gerettet wurden, die die Eiswarnungen der Eskimos ernstgenommen hatten.

When first I lan-ded in Fris-- co--, I went up-on the spree, Me hard-earned cash-, I spent- it fast, got drunk as drunk could be, An' when me mon---ey was- all gone, 'twas then I want-ed more, But a man must be blind for to make up his mind, for to go-- to sea once more.

2. That night I slept wid Angeline, too drunk to roll in bed,
Me clothes wuz new an' me money wuz too, next morn wid them she'd fled,
An' as I rolled a-down the street the whores they all did roar,
There goes Jack Ratcliffe, poor sailor-boy, who must go to sea once more.

3. Now as I wuz rollin' down the street I met ol' Shanghai Brown,
I axed him for to take me in, he looked at me wid a frown,
Sez he: "Last time yiz was paid off wid me ye chalked no score,
But I'll take yer advance an' I'll give ye a chance an' I'll send ye to sea once more."

4. He shipped me aboard of a whaling ship bound for the Arctic Seas,
Where the cold winds blow, an' there's ice an' there's snow, an' Jamaicky rum do freeze,
I can't stay here, I have no gear, I've spent all me money ashore,
'Twas then that I said that I wished I wuz dead so I'd go to sea no more.

5. Sometimes we caught them Bowheads, boys, some days we did catch none,
Wid a twenty-foot oar stuck in yer paw, we pulled the whole day long,
An' when the night it came along an' ye dozed upon yer oar,
Yer back so weak, yiz never could seek a berth at sea no more.

6. Come all ye bold seafarin' men and listen to me song,
When yiz come off of them damn long trips I'll tell yiz what goes wrong,
Take my advice, don't drink strong drink, nor go sleepin' wid any ol' whore,
But get married lads, an' have all night in, an' go to sea no more!

FAHR NIE MEHR ZUR SEE

1. Als ich zum ersten Mal in Frisco landete, machte ich einen Kneipenbummel;
   mein schwerverdientes Geld gab ich schnell aus und trank mich sternhagelvoll.
   Und als mein Geld fort war, da wollte ich noch mehr;
   Aber man muß blind sein, wenn man wieder zur See fahren möchte.

2. In jener Nacht schlief ich mit Angeline, zu betrunken, mich ins Bett zu legen.
   Meine Kleider waren neu und mein Geld auch, und am nächsten Morgen hatte sie sich mit beidem davongemacht.
   Und als ich die Straße entlanggetaumelt kam, da riefen alle Dirnen:
   »Da geht der Jack Ratcliffe, der arme Matrosenjunge, der wieder zur See fahren muß.«

3. Wie ich nun die Straße heruntertaumelte, traf ich den alten Shanghai Brown,
   und ich drang in ihn, mich aufzunehmen, und er schaute mich stirnrunzelnd an
   und sagte: »Letztes Mal, als du deine Heuer bekamst, wolltest du nichts rausrücken.
   Aber ich werde deinen Vorschuß nehmen, und dir dafür noch eine Chance geben
   und werde dich wieder auf See schicken.«

4. Er schaffte mich an Bord eines Walfangschiffes, das in die Arktik auslief,
   wo die kalten Winde wehen, wo Eis ist und Schnee und Jamaika-Rum gefriert.
   Ich kann hier nicht bleiben, ich habe keine Ausrüstung, ich habe all mein Geld an Land ausgegeben.
   Und da sagte ich mir, ich wollte lieber tot sein, dann brauchte ich nicht mehr zur See.

5. Manchmal fingen wir Pottwale, Jungens, andere Tage fingen wir nichts.
   Mit einem zwanzig Fuß langen Ruder in der Faust pullten wir den ganzen Tag;
   und wenn der Abend kam, dann hingst du verschlafen über deinem Ruder,
   dein Rücken schmerzte, und nie wieder wolltest du dir eine Koje auf See suchen.

6. Kommt herbei, all ihr kühnen Fahrensleute und hört mein Lied.
   Wenn ihr von so einer verdammt langen Reise heimkehrt, sage ich euch, was falsch ist.
   Hört meinen Rat, trinkt keinen starken Schnaps und schlaft nicht mit alten Dirnen.
   Heiratet lieber, Burschen, bleibt die ganze Nacht drinnen und geht nie mehr auf See!

RATCLIFFE HIGHWAY

ENGLISCH: FOREBITTER

In der ersten Hälfte des letzten Jahrhunderts war der Ratcliffe Highway in
London mit seiner Umgebung das Zen-
trum des Lasters mit dem unrühm-
lichsten Hafenviertel der Welt. Ratcliffe Highway mit dem anschließen-
den Wellclose Square – den Seeleuten
als »Tiger Bay« bekannt – erhielt
seinen Ruf als die Londoner Häfen
wuchsen. Noch heute tragen einige
Seitenstraßen in dieser Gegend seemännische Namen wie North East
Passage (Nord-Ost Passage) und Ship
Alley (Schiffsgäßchen).

2. I fired me bow-chaser, the signal she knew,
   She backed her main tops'l an' for me hove to;
   I lowered down me jolly-boat an' rowed alongside,
   An' I found madam's gangway wuz open an' wide.

3. I entered her little cubby-hole, an' swore, "Damn yer eyes!"
   She wuz nothin' but a fireship rigged up in disguise;
   She had a foul bottom, from sternpost to fore,
   'Tween the wind and the water she ran me ashore.

4. She set fire to me riggin', as well as me hull,
   An' away to the lazaret I had to scull;
   Wid me helm hard-a-starboard as I rolled along,
   Me shipmates cried, "Hey, Jack, yer mainyard is sprung!"

5. Here's a health to the gal wid the black, curly locks;
   Here's a health to the gal who ran me on the rocks;
   Here's a health to the quack, boys, who eased me from pain.
   If I meet that flash packet I'll board her again.

RATCLIFFE HIGHWAY

1. Eines Morgens, als ich den Highway entlangging,
   erblickte ich ein Frollein aus Wapping town;
   kaum daß ich sie sah, feierte ich meine Großbrasse,
   setzte mein Leesegel und nahm die Verfolgung auf.
   Ch.: Oh, meine Takelage ist locker, meine klappernden
   [Glieder sind ausgeleiert.
   Ich habe meine Takelage durcheinandergeschüttelt unten
   [auf dem Ratcliffe Highway!

2. Ich feuerte mein Buggeschütz ab, das Signal kannte sie;
   sie braßte ihren Großtoppback und drehte bei.
   Ich ließ meine Jolle herunter und ruderte längsseit,
   und ich fand Madams Gangway weit offen.
   Ch.: Oh, meine Takelage …

3. Ich trat ein in ihr winziges Kämmerlein und fluchte » Verdammt sei
   [der Anblick!«
   Sie war nichts als ein mit Segeln maskierter Brander.
   Das Unterteil war verrottet vom Achtersteven bis zum Bug;
   und zwischen Wind und Wasser brachte sie mich an Land.

4. Sie verbrannte mir meine ganze Takelage und dazu den Leib;
   ich konnte nur noch zum Spital rudern,
   mit der Ruderpinne hart steuerbord. Und wie ich entlangwankte,
   riefen meine Bordkameraden »Hey Jack, deine Großrahe ist
   [zersprungen!«

5. Ein Hoch dem Mädchen mit dem schwarzen lockigen Haar,
   ein Hoch dem Mädchen, die mich auf die Felsen auflaufen ließ,
   ein Hoch dem Quacksalber, der mich von den Schmerzen befreite.
   Wenn ich die Mieze wiedertreffe, steige ich wieder bei ihr an Bord.

JEAN FRANÇOIS DE NANTES

FRANZÖSISCH: HALYARD SHANTY

Dieses französische Shanty ist eng mit dem englischen »Boney was a Warrior« verwandt. Der Satz: »Oh, mes boués!« (Oh, me boys!) sowie das Wort »oué« (way) sind offenkundig englischen Ursprungs.

C'est Jean François de Nantes, Oué! Oué! Oué!
Gabier de la Fringante, Oh! mes boués! Jean François!

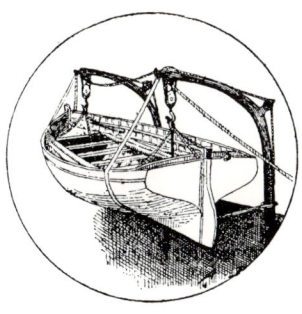

2. Débarqu'en fin d'campagne,
   Fier comm'un roi d'Espagne, Oh! mes boués!

3. En vrac dedans sa bourse,
   Il a vingt mois de course, Oh! mes boués!

4. Une montr', une chaîne,
   Valant une baleine! Oh! mes boués!

5. Branl'bas chez son hôtesse,
   Bitte et bosse et largesse, Oh! mes boués!

6. La plus belle servante,
   L'emmèn'dans sa soupente, Oh! mes boués!

7. De conserve avec elle,
   Navigue sur mer belle, Oh! mes boués!

8. Et vidant la bouteille,
   Tout son or appareille, Oh! mes boués!

9. Montr' et chaîne s'envolent,
   Mais il prend la vérole, Oh! mes boués!

10. A l'hôpital de Nantes,
    Jean François se lamente, Oh! mes boués!

11. Et les draps de sa couche,
    Déchire avec sa bouche! Oh! mes boués!

12. Pauv' Jean François de Nantes,
    Gabier de la Fringante! Oh! mes boués!

JEAN FRANÇOIS AUS NANTES

1. Das ist Jean François aus Nantes,
   Ch.: Oué! Oué! Oué!
   Matrose von der Fringante! O! mes boués!
   Ch.: Jean François!

2. Er geht an Land am Ende der Fahrt,
   Stolz wie der König von Spanien. O! mes boués!

3. Ganz lose in seinem Geldbeutel
   Hat er zwanzig Monate Heuer, O! mes boués!

4. Eine Uhr und eine Kette,
   Die einen Wal wohl wert sind! O! mes boués!

5. Bei seiner Gastgeberin geht es hoch her:
   Branntwein, Lachen, Geschenke. O! mes boués!

6. Die schönste Dienerin
   Führt ihn in ihr Kämmerchen. O! mes boués!

7. Als ihr Begleitschiff
   Segelt er auf dem schönen Meer. O! mes boués!

8. Und beim Leeren der Flasche
   Erscheint sein ganzes Gold. O! mes boués!

9. Uhr und Kette fliegen fort;
   Er aber kriegt die Syphilis. O! mes boués!

10. In dem Krankenhaus von Nantes
    Grämt sich nun Jean François. O! mes boués!

11. Und die Laken seines Lagers
    Zerreisst er mit seinem Mund. O! mes boués!

12. Armer Jean François aus Nantes,
    Matrose von der *Fringante*! O! mes boués!

BLOW THE MAN DOWN

Amerikanisch/Englisch:
Halyard Shanty

Das war der Hol-Shanty Nummer Eins auf den nordatlantischen Paketschiffen – dessen meiste Versionen mit Liverpool im Zusammenhang stehen, wenngleich auch eine Ratcliffe Highway Lesart vorhanden ist. Die hier genannte Paradise Street war für den Seemann in der Tat ein irdisches Paradies, wo er nach langer Fahrt, die Taschen voll Geld, an Land ging.

Oh, as I wuz a-rol-lin'down Pa-ra-dise Street, Tim-me way, hay, blow the man down! A sas-sy flash clip-per I chanct for to meet, Ooh! Give us some time to blow the man down!

2. This spankin' flash packet she said unto me,
"There's a dandy full-rigger [Blackballer] just ready for sea."

3. This dandy full-rigger to New York wuz bound,
She wuz very well rigged and very well found.

4. So I packed up me sea-chest and signed on that day,
An' with this flash packet I spent me half-pay.

5. 'Twas when this Blackballer wuz ready for sea,
'Tis then that you'll see such a hell of a spree.

6. There's tinkers an' tailors an' soldiers an' all,
All ship as prime seamen aboard this Blackball.

7. "Lay aft, here, ye lubbers, lay aft one an' all,
I'll have none o'yer dodges aboard this Blackball!"

8. An' now when she's clear over ol' Mersey Bar,
The mate knocks 'em down with a big capstan bar.

9. As soon as this packet is well out to sea,
There's cruel hard treatment o' every degree.

10. So we'll blow the man up, bullies, blow the man down,
Wid a crew o'hard cases from Liverpool town!

HAU IHN UM!

1. Einst ging ich die Great Howard Street entlang.
Ch.: Hey, Timmy, Hey, hau ihn um!
Ich war hinter einer hübschen, aufgedonnerten Biene her.
Ch.: Oh. Gib uns etwas Zeit, ihn umzuhauen!

2. Sagt die hübsche, dralle Deern zu mir:
»Da liegt ein hübsches Vollschiff fertig zum Auslaufen.«

3. Das hübsche Vollschiff war nach New York bestimmt,
es war gut getakelt und sah fein aus.

4. Also packte ich meine Seekiste und musterte am gleichen Tag an,
und mit dieser flotten Biene gab ich das halbe Handgeld aus.

5. Erst als dieser Blackballsegler fertig zum Auslaufen war,
da sah man das höllische Durcheinander.

6. Flickschuster, Schneider und Soldaten und so;
als erstklassige Seeleute geheuert auf diesem Blackballschiff.

7. »Alle Mann nach achtern, ihr Landratten, los, alle Mann nach [achtern,
ich dulde hier keine Faulenzereien an Bord!«

8. Kaum sind wir aus der Merseymündung raus,
da schlägt der Steuermann sie zusammen mit einer dicken [Spillspeiche.

9. Kaum ist dieses Packetschiff auf offener See,
fängt schon die entsetzlich rauhe Behandlung an in allen [Tönen.

10. Also werden wir den Kerl umhaun, Jungs, haun wir ihn um,
mit unsrer Besatzung von hartgesottenen Strolchen aus Liverpool!

HERE'S THE TENDER COMIN'

Englisch: Forebitter

Dieses Lied kommt aus dem kohlerei-
chen Tyne-Gebiet, einem der Küsten-
gebiete Englands, wo die Presspatrouillen ihren schändlichen Menschenraub
betrieben. Zur Zeit der Napoleonischen Kriege waren ihre Boote überall.
Die Presspatrouillen kämmten nicht
nur die Wirtshäuser und Pubs in den
Uferbezirken der Häfen durch, man
traf sie genauso im Hinterland an. An
Straßenkreuzungen und in der Nähe
von Dörfern lagen sie gewöhnlich auf
der Lauer und warteten auf ihre Opfer.
Wenn die »Königliche Marine« nicht
genügend Männer hatte, verdoppelten
sie ihre Anstrengungen. Der Ruf
»Press« genügte dann, um jedem Mann
zwischen 15 und 60 einen Schrecken
einzujagen.

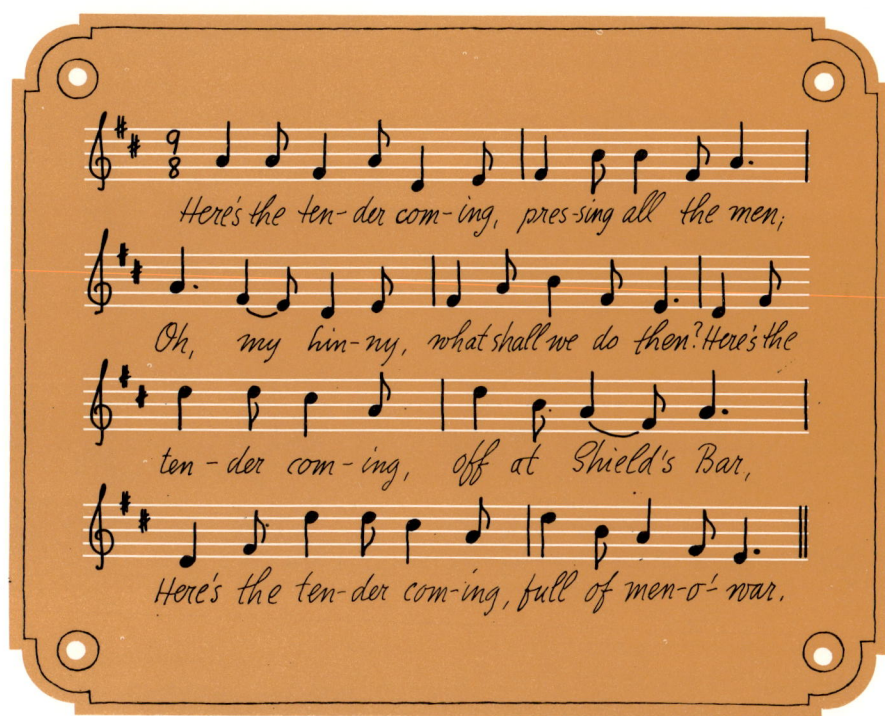

Here's the ten-der com-ing, pres-sing all the men;
Oh, my hin-ny, what shall we do then? Here's the
ten-der com-ing, off at Shield's Bar,
Here's the ten-der com-ing, full of men-o'-war.

2. Hide thee, canny Geordie, hide thyself away,
   Hide thee till the tender makes for Druid's Bay;
   If they catch thee, Geordie, who's to win our bread?
   Me an' little Jacky'd better off be dead.

3. Here's the tender comin', a-stealin' of me dear;
   Oh, my hinny, they'll press ye out o' here;
   They will send ye foreign, that is what this means;
   Here's the tender comin', full o' red marines.

4. Here's the tender comin', pressin' all the men,
   Oh, dear hinny, what shall we do then?
   Here's the tender comin', off at Shield's Bar,
   Here's the tender comin', full o' men-o'-war.

HIER KOMMT DER TENDER

1. Hier kommt der Tender, fängt alle Männer weg.
   Oh, mein Liebling, was sollen wir dann machen?
   Hier kommt der Tender, vor der Bar von Shield.
   Hier kommt der Tender, voller Kriegsleute.

2. Versteck dich, schlauer Mann aus Northumbrien, versteck dich;
   versteck dich, bis der Tender Kurs auf die Druid-Bai nimmt.
   Wenn sie dich fangen, wer soll unser Brot verdienen?
   Ich und der kleine Jacky wären besser dran, wenn wir tot wären.

3. Hier kommt der Tender, raubt mir meinen Liebsten;
   oh, mein Liebling, sie werden dich hier wegholen.
   Sie werden dich in die Fremde schicken, das bedeutet es.
   Hier kommt der Tender, voll roter Marinesoldaten.

4. Hier kommt der Tender, fängt alle Männer weg.
   Oh, mein Liebling, was sollen wir dann machen?
   Hier kommt der Tender, vor der Bar von Shield.
   Hier kommt der Tender, voller Kriegsleute.

FLASH GALS OF THE TOWN

ENGLISCH: FOREBITTER

Auf ihren Fahrten führten Segelschiffe oft Fässer mit Wein und Rum als Ladung mit. Die Besatzung versuchte nun, an den süßen Inhalt heranzukommen, indem sie ein Loch in das Faß bohrte, einen Federkiel einführte und die Flüssigkeit aussaugte. Das war das »Nelsonblut«.

Now come all you ladies gay, what robs sailors of their pay, And list'while I sing this tur-ry tune, When Jack Tar he comes a-shore, with his gold an'sil-ver store, There's no one can get rid o' it so soon.

DIE FLITTCHEN DER STADT

1. Kommt herbei, ihr lustigen Damen, die ihr
   [den Matrosen die Heuer klaut,
   und hört mir bei diesem schmierigen Lied zu.
   Wenn Janmaat an Land geht mit seinem
   [Schatz an Gold- und Silberstücken;
   da gibt es keinen, der ihn schneller loswerden kann.

2. Das erste, was er verlangt, ist ein Stehgeiger zur Hand,
   ne Flasche Nelsonblut schön dick und warm,
   und ein hübsches Mädchen mit dunklen, rollenden Augen im Arm.
   Hier will er dann seinen Anker werfen und nie wieder auf den
   [sieben Meeren fahren.

3. Dann tritt die Wirtin ein, mit ihrem neuen Reifrock fein,
   schaut aus wie ein heller glitzernder Stern,
   und sie wartet auf ihn gern, wenn seine Taschen voll Geld,
   und sie kreidet seine Zeche an auf der Tafel hinter der Theke.

4. Dann ruft sie herbei ne hübsche Maid, mit sanften Händen und
   [zarter Haut,
   und ohne viel Getue steigen die beiden nach oben.
   Sie streicht bald ihre Segel, um den Sturm abzuwettern,
   und bald liegen sie fest vertäut nebeneinander.

5. Dann dreht er sie auf den anderen Bug und sie kriegt den Wind
   [von vorn.
   Sie rollten von Luv nach Lee,
   und er legte sie dicht längsseits, und nun lag sie, oh, sehr hart am Wind.
   Und es war ein wilder Zickzackkurs durch verflucht stürmisches
   [Wetter.

6. Aber sein Geld war bald weg und sein Flittchen entfleucht.
   Sie ging über den Highwaystrich auf der Suche nach andern;
   Und die Wirtin schrie, zahl deine Zeche und schere dich fort,
   deine Ladung ist fort und dein Wetter wird schlecht.

7. Nun muß der arme Jack erfahren, daß Schiffe Männer brauchen.
   Und er ging hinunter zum Shadwell Hafenbecken,
   und er schipperte einsam davon, auf eine Reise rund ums
   [Kap Horn.
   Lebt wohl Ihr Jungens und ihr Flittchen aus der Stadt.

2. Now the first thing he demands is a fiddler to his hand,
   A bottle of Nelson's Blood so stout an'warm,
   And a pretty gal likewise with two dark an'rollin'eyes,
   An'he'll drop his anchor an'never more will roam.

3. Then the landlady she comes in with her brand new crinoline,
   She looks like some bright an'flashin' star,
   An'she's ready to wait on him, if his pockets are lined with tin,
   An'to chalk his score on the board behind the bar.

4. Then she calls a pretty maid, right-handed an'soft-laid,
   An'up aloft they climb without much bother,
   An'she shortens in her sail for a weatherin'of the gale,
   An'soon in the tiers they're moored quite close together.

5. Then he shifted her main tack an'he caught her flat aback,
   They rolled from the lee to the weather,
   An'he laid her close'longside, oh, closehauled as she would lie,
   'Twas tack an'tack through hell an'stormy weather.

6. But his money soon was gone, an'his flash gal soon had flown,
   She roamed along the Highway for another,
   An'the landlady cried, "Pay yer score an'git outside,
   Yer cargo's gone an'you've met stormy weather."

7. Then poor ol'Jack must understand that there's ships a-wantin'hand,
   And to the Shadwell Basin he went down,
   And he shipped away forelorn on a passage round the Horn,
   Goodbye to the boys an'the flash gals of the town.

78

SINGAPOR-SANG

DEUTSCH: CAPSTAN SONG

Auf vielen französischen, belgischen und deutschen Schulschiffen komponierten die Kadetten Shanties, die sich als Begleitung zur Arbeit an Bord eigneten – diese Shanties gingen nicht auf überlieferte Lieder zurück, sondern basierten auf wahren Begebenheiten. Der Kauf eines Bullen durch den Steward in diesem Lied ist eine Umschreibung für gewaltige Kopfschmerzen; der Vorfall ereignete sich auf einem deutschen Marineschulschiff.

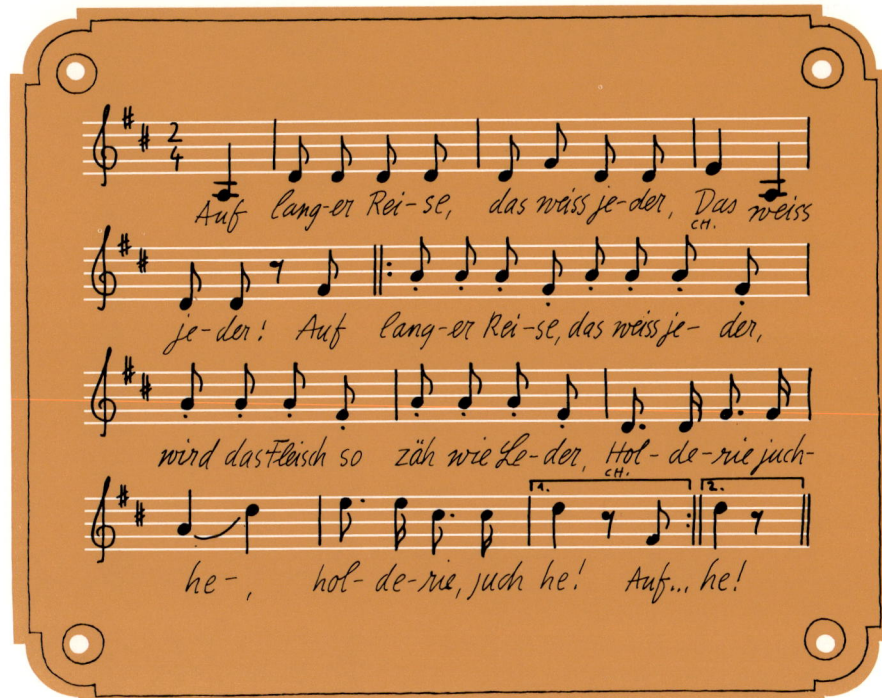

Auf lang-er Rei-se, das weiss je-der, Das weiss je-der! Auf lang-er Rei-se, das weiss je-der, wird das Fleisch so zäh wie Le-der, Hol-de-rie juch-he-, hol-de-rie, juch he! Auf... he!

In dem deutschen Shantybuch *Knurrhahn* werden einige dieser besonderen Schulschiff-Shanties wiedergegeben. Kommandeur Lemaître, der einstige Kapitän des belgischen Kadettenschiffs *L'Avenir*, hat ebenfalls eine hektographierte Sammlung von Shanties herausgegeben, die von Besatzungsmitgliedern seines und anderer Schulschiffe der Navire-Ecole Belge stammen.

2. Und kommen wir nach Singapor,
   Und kommen wir nach Singapor, dann geht der Bottler
   gleich on shore,

3. Der Bottler kauft dort einen Bull'n,
   Der Bottler kauft dort einen Bull'n, und macht auf
   dem Kommando Schuld'n.

4. An der Großraa wird er aufgeheißt,
   An der Großraa wird er aufgeheißt, und auf das
   Achterdeck geschmeißt.

5. Der Bottler holt ein großes Knife,
   Der Bottler holt ein großes Knife, und geht damit,
   dem Bull zu life.

6. Der Bulle reißt das Strippchen ab,
   Der Bulle reißt das Strippchen ab, der Bottler in
   das Want schapp, schapp,

7. Die Wache kommt nun angerannt,
   Die Wache kommt nun angerannt, Bullen an dat
   want.

8. Das End' vom Liede ist nun dies,
   Das End' vom Liede ist nun dies, der Bulle kommt
   in die Kombüs.

PADDY WEST

Paddy West war der bekannte Wirt eines Liverpooler Gasthauses im letzten Jahrhundert, das sich von allen anderen unterschied. In seinem Haus in der Great Howard Street garantierte er, aus einem Bankangestellten, einem Rinderhirten, einem Dockarbeiter oder einem Tölpel einen Vollmatrosen zu machen, und zwar innerhalb einer Woche. Wie es das Lied bestätigt, ließ er den Mann zum Schluß, nachdem er ihm beigebracht hatte wie man steuert und ein Segel zusammenrollt, den »Äquator (eine Leine) überqueren«, sowie »um das Horn segeln« (die Hörner eines Ochsen), so daß West mit gutem Gewissen dem Steuermann des Schiffes sagen konnte, er hätte einen guten Seemann für ihn. Der Ausdruck »Paddy Wester« wurde noch in jüngster Zeit gebraucht, um einen nutzlosen Seemann zu bezeichnen.

Oh, as I wuz a-rol-lin' down Great How-ard Street, I stroll'd in to Pad-dy West's house, He gave me a plate of A-mer-i-can hash, an' swore it wuz Eng-lish scouse, Sez he, "Look here, young fel-ler, yer ver-y just in time, To go a-way in a big clip-per ship, an' ver-y soon ye'll sign." Then it's put on yer dun-ga-ree jack-et,

CH.

An' give the boys a rest, An' think o' the cold-nor'-west-ers that blow, In the house o' Pad-dy West's!

2. When I got into ol' Paddy West's house the wind began to blow,
   He sent me up to the lumber-room the fore royal for to stow.
   When I climbed up to the attic, no fore royal could I find,
   So I took a tumble to meself an' I furled the window blind.

3. It's Paddy, me boy, he pipes all hands on deck, their stations for to man,
   His wife, Mary Ann, stood in the back yard, a bucket in her hand.
   His wife let go of the bucket, the water flew on its way,
   "Clew up yer fore t'gall'nt, me sons, she's taken in a sea!"

4. Now Paddy, sez he, "In imagination to the south'ard we are bound,"
   An' he took a long, long piece of string an' he tied it round an' round.
   I stepped across it an' back again, and Paddy sez, "That's fine,
   When the mate he axes 'have ye ever bin ter sea?'
   Yiz can say ye've crossed the Line."

5. "When he axes if you've ever bin ter sea, don't tell him not till this morn,
   For, be Jasus, "sez he, "A sailor ye'll be, from the hour that ye wuz born,
   Just go into the parlour, walk round the bullock's horn,
   An' tell the mate, that ye 'ave bin ten times round the Horn!"

1. Oh, als ich die Great Howard Street herunterkam, schlenderte ich in Paddy Wests Kneipe.
   Er gab mir eine Platte amerikanisches Haschee und schwor, es wäre englischer Labskaus.
   Er sagt: »Schau her, junger Bursche, Du kommst gerade recht,
   Um mit einem großen Klipper fortzufahren, und Du wirst sehr bald unterzeichnen.
   Chor: Dann wird es an deine Katunjacke gesteckt,
   und soll den Jungen Ruhe geben;
   und denk an die kalten Nordwestwinde, die wehen,
   in der Kneipe von Paddy West!

2. Als ich in die Kneipe des alten Paddy West kam, begann der Wind zu blasen.
   Es schickte mich hinauf in die Rumpelkammer, um das Vor-Royal festzumachen.
   Als ich zum Dachgeschoß hinaufkletterte, konnte ich kein Vor-Royalsegel finden,
   doch plötzlich ging mir ein Licht auf, und ich legte den Fenstervorhang zusammen.

3. Es ist Paddy, mein Junge, er pfeift alle Mann an Deck, damit sie ihre Station einnehmen.
   Seine Frau, Mary Ann, stand im Hinterhof, einen Eimer in der Hand;
   seine Frau ließ den Eimer fallen, das Wasser lief über den Boden.
   »Geit das Vorbramsegel auf, meine Kinder, das Schiff hat eine See übergenommen!«

4. Jetzt sagt Paddy: »Im Geist sind wir unterwegs in den Süden«,
   und er nahm eine lange, lange Leine und wickelte sie auf,
   ich machte einen Schritt hinüber und wieder zurück und Paddy sagt: »So ist's gut,
   wenn der Steuermann fragt, bist du jemals zur See gefahren? Kannst du sagen, du hast die Linie überschritten.«

5. »Wenn er fragt, ob du jemals zur See gefahren bist, sag ihm nicht: nicht bis zu diesem Morgen,
   Denn, bei Gott,« sagte Paddy, »Du bist ein Matrose von der Stunde an, wo du geboren wurdest,
   Geh gerade rüber in den Salon, um das Ochsenhorn herum,
   Und sag dem Steuermann, daß du zehn Mal ums Horn gelaufen bist!«

DIE LIEBE DER MATROSEN

Die romantische Vorstellung vom Seemann, der »eine Braut in jedem Hafen« hat, ist natürlich äußerst beschönigend und kommt der Wahrheit in keiner Weise nahe. Ersetzt man »Braut« durch »Dirne«, trifft man den Kern schon eher. Da er wenig Ausgang oder Geld hatte, wenn er in einem fremden Hafen war, und auch den örtlichen Dialekt kaum kannte, zog er es vor, im Hafenviertel zu bleiben und sämtliche Kneipen »durchzumachen.« Französische Seeleute von den Prämien-Schiffen durften in Chile überhaupt nicht an Land und die britischen Teerjacken (der Spitzname der englischen Seeleute) bekamen normalerweise nur einen Tag Landurlaub. In seinem Heimathafen hatte der junge Seemann wahrscheinlich eine Geliebte, jedoch geringe Heuer und langes Fernbleiben führte selten zum Altar. Wenn auch mehr in Liedern als in der Wirklichkeit, gab es doch tränenreiche Abschiedsszenen eines Matrosen von seiner wahren Liebe – und manchmal war das betreffende Mädchen nicht einmal ein »anständiges« Mädchen. Eine auf jedem Schiff bekannte Geschichte berichtet von dem Seemann, der sich in eine Hure aus San Francisco verliebt, von seinen Kameraden jedoch daran gehindert wird, sie zu heiraten. Auf

der Heimreise wird er täglich aus keinem anderen Grunde als gebrochenem Herzen kranker, er stirbt und wird auf See begraben, als sein Heimathafen schon in Sicht ist.

In den Weizenhäfen Südaustraliens desertierte mancher junge schwedische, finnische oder deutsche Matrose vom Schiff, heiratete die Tochter eines dort ansässigen Farmers und ließ sich nieder, um Bauer zu werden – und viele Generationen siedelte seine Familie an der Ostküste. »Anständige Mädchen« im Gegensatz zu den »Drachen« in den Hafenstädten fand man auf Tanzveranstaltungen und in Konzerten, die für die Seeleute von verschiedenen Seemanns-Missionen in den Häfen der ganzen Welt gegeben wurden. In Australien gehörten die

»hübschen kleinen Stockton« in Newcastle, in Neu-Süd-Wales, wo mancher junge Matrose sein Herz in den Armen eines rosenwangigen Missionsmädchens verlor. Weitere gutbekannte Missionen waren der »Fliegende Engel« in Buenos Aires, »Hardy's« in Valparaiso und die Mission in Kapstadt.

Damen der Harbour Lights Guild in diese Kategorie. Es waren zumeist die Kadetten und Schiffsjungen, die bei den Missionen aufkreuzten, weil sie knapp bei Kasse waren. Der hartgesottene Typ des älteren Seemanns suchte einen solchen Hafen nur auf, wenn er völlig abgebrannt war. Eine der berühmten Missionen war die »unechte« Mission im

Kapitäne von Segelschiffen nahmen, wenn sie verheiratet waren, ihre Ehefrauen mit auf See, und manches Kind wurde im 19. Jahrhundert an Bord eines Windjammers geboren. Auch einige Kapitänsfrauen neuenglischer Pottwaljäger segelten mit ihren Männern, aber die meisten mußten zu Hause drei Jahre auf die Rückkehr ihres Mannes aus dem

Süd-Pazifik warten. Bis zum heutigen Tage kann man in Nantucket, New Bedford, Sag Harbor und anderen ehemaligen Walfänger-Häfen den »Witwenausguck« auf den Dächern der Schindelhäuser sehen, wo die »Witwe« saß oder auf und ab ging und die Heimkehr des Ehemannes erwartete.

GANGSPILLIEDJE

HOLLÄNDISCH: CAPSTAN SONG

Dieses Seemannslied ist eines der wenigen überlebenden holländischen Shanties und stammt wie die meisten übrigen von Terschelling, der drittwestlichen der Westfriesischen Inseln. Heute findet man dort nur noch kleine Fischerboote, aber früher gingen viele Söhne dieser Insel auf große Fahrt.

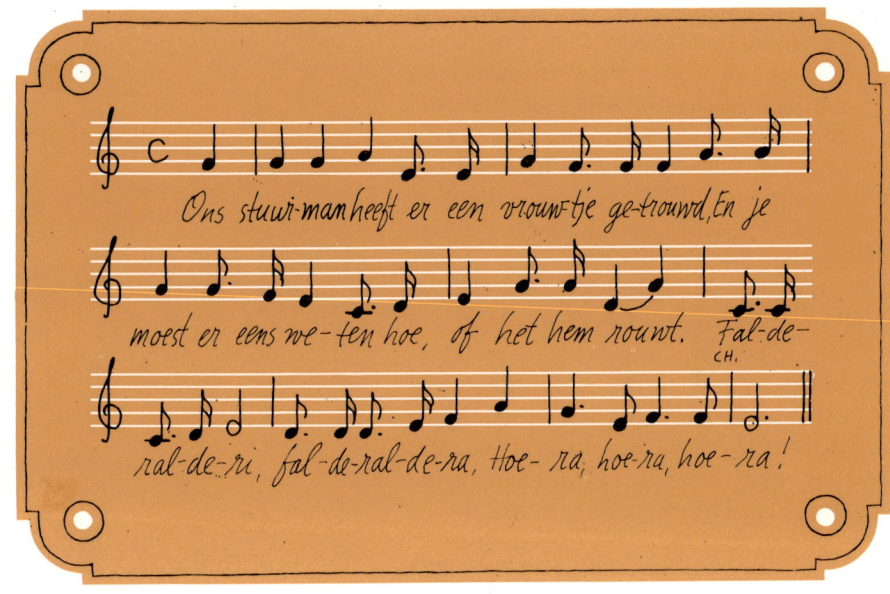

Ons stuur-man heeft er een vrouw-tje ge-trouwd, En je moest er eens we-ten hoe, of het hem rouwt. Fal-de-ral-de-ri, fal-de-ral-de-ra, Hoe-ra, hoe-ra, hoe-ra!

2. Want kousen stoppen dat kan ze niet,
   En eten koken een groot verdriet.

3. O, Stuurman, kom eens met de fles,
   En geef ons de man een borrel of zes.

4. Een borrel of zes is wel wat veel,
   Maar geef ons danmaar twee voor ons deel.

5. O, Stuurman, kom dan maar met de kruik,
   En geef ons maar één voor ons gebruik.

1. Unser Steuermann hat ein Frauchen geheiratet,
   und da sollt Ihr auch wissen, wie sehr ihn das reut.
   Refrain: Fal-de-ral-de-ri, fal-de-ral-de-ra,
   [hurra, hurra, hurra!

2. Denn Strümpfe stopfen, das kann sie nicht,
   und Essen kochen: ein großer Verdruß.

3. O Steuermann, komm doch mal mit der Buddel,
   und gib uns pro Mann ein Gläschen oder sechs.

4. Ein Gläschen oder sechs ist wohl etwas viel,
   dann gib halt nur zwei einem jeden von uns.

5. O Steuermann, komm doch mit dem Krug,
   und laß uns wenigstens einen kriegen.

Das nachstehende Lied ist insofern ein für die Schleppnetzfischer typisches Shanty, als es keine feste Reihenfolge der Strophen kennt. Alles und jedes kann ein guter Shantyman thematisch aufgreifen, wenn er Improvisationsgeschick hat, um daraus zusätzliche Strophen zu machen, die den Song verlängern, wenn das Einholen des Netzes besonders lang dauert.

THE HANDSOME CABIN BOY

Die Geschichte eines Mädchens, das als Mann verkleidet zur See fährt, kommt in den Seemannsberichten ziemlich häufig vor. Die erste Frau, die den Globus umschiffte, war eine Französin an Bord einer von Bougainvilles Fregatten bei seiner Reise um die Welt 1766. Es war Jeanne Baré. Andere Frauen, die sich als Matrosen verkleideten und zur See fuhren, entweder um ihren Geliebten oder Ehemännern zu folgen, oder nur um ihre Abenteuerlust zu befriedigen, waren Ann Mills, Anne Chamborlayne, ein englisches Mädchen, das sich Arthur Douglas nannte, und natürlich die Piratinnen Anne Bonny und Mary Read.

Now, 'tis of a handsome fe-e-male as you should un-der-stand, She had a mind for rov-ing un-to some fo-reign land, At-tired in sail-or's cloth-ing, she bold-ly did ap-pear, And en-gaged-with a cap-tain, to serve him for a year.

2. She engaged with a captain, a cabin boy to be.
   The wind it being in favor they proudly put to sea.
   The captain's lady being on board she seemed in great joy,
   To think the captain had engaged a handsome cabin boy.

3. So gentle was this pretty maid, she did her duty well;
   Then what followed next, me boys, the song itself will tell:
   The captain and this pretty maid did ofttimes kiss and toy,
   For he soon found out the secret of the handsome cabin boy.

4. Her cheeks were like the rosebuds and her sidelocks all in curl;
   The sailors often smiled and said he looks just like a girl.
   Through eating cabin biscuits her color did destroy,
   And the waist did swell of pretty Nell, the handsome cabin boy.

5. As through the Bay o' Biscay our gallant ship did plow;
   One night among the sailors there was an awful row;
   They tumbled from their hammocks, it did their rest destroy;
   They swore it was the groaning of the handsome cabin boy.

6. "Oh, doctor! Oh, doctor!" the cabin boy did cry;
   The sailors swore by all that's good the cabin boy would die.
   The doctor he came runnin'—a-smilin' at the fun,
   To think the sailor boy would have a daughter or a son.

7. Now when the sailors heard the joke, they all began to stare;
   "The child belongs to none of us," they solemnly did swear.
   The lady to the captain said, "My dear, I wish you joy,
   It's either you or I betrayed the handsome cabin boy!"

DER HÜBSCHE KAMMERSTEWARD

1. Es soll jetzt von einem hübschen Frauenzimmer die Rede sein, wie ihr hören werdet.
   Sie wollte hinausziehen in fremde Länder.
   Angetan mit Matrosenkleidern war sie ein schöner Anblick;
   und heuerte bei einem Kapitän an, um ihm für ein Jahr zu Diensten zu sein.

2. Sie heuerte bei einem Kapitän als Kammersteward an.
   Der Wind stand günstig und stolz stachen sie in See.
   Sie schien überglücklich, als Frau des Kapitäns an Bord zu sein,
   während der Kapitän dachte, einen hübschen Kammersteward angeheuert zu haben.

3. So liebenswürdig war das hübsche Mädchen, anständig tat sie ihre Pflicht;
   was dann folgt, Jungens, wird das Lied selbst berichten:
   Der Kapitän und das hübsche Kind küßten sich oft und tändelten,
   denn er fand bald das Geheimnis des hübschen Kammerstewards heraus.

4. Ihre Wangen waren wie Rosenknospen und ihre Haare voller Locken.
   Die Matrosen lächelten oft und sagten: sie sieht genau wie ein Mädchen aus.
   Da sie Schiffszwieback aß, verlor sie ihre Farbe,
   und die Taille der schönen Nell(y), des hübschen Kammerstewards wuchs.

5. Als unser schneidiges Schiff durch den Golf von Biscaya pflügte,
   gab es eines Nachts unter den Matrosen einen Riesenlärm.
   Sie stürzten aus ihren Hängematten und vorbei war es mit ihrer Nachtruhe;
   sie schworen, es wäre das Stöhnen des hübschen Kammerstewards.

6. »Oh Doktor, oh Doktor,« rief der Kammersteward;
   die Matrosen schworen bei allem, was ihnen lieb war,
   [daß der Kammersteward sterben werde.
   Der Doktor kam gelaufen – und lächelte über den Spaß,
   daß der junge Matrose eine Tochter oder einen Sohn bekommen werde.

7. Als die Seeleute nun von dem Scherz hörten, machten sie alle große Augen.
   »Das Kind ist von niemandem von uns,« schworen sie feierlich.
   Die Frau sagte zum Kapitän: »Mein Lieber, ich wünsche Dir viel Spaß,
   entweder hast Du oder ich den hübschen Kammersteward betrogen!«

DAAR WAS EENS EEN MEISJE LOOS

HOLLÄNDISCH:
BALLASTSTAUER-SHANTY

Dieser Song nach dem Muster eines englischen Schlepp-Shanties war auf holländischen Schiffen beliebt, wenn es galt, die Laderäume mit Ballast zu füllen. Es gibt noch eine Fassung mit einer anderen Melodie und ohne Refrain, die bei holländischen Schulkindern ziemlich verbreitet sein soll.

Ich kam an dieses Lied wie auch an die anderen holländischen Shanties im vorliegenden Band durch die liebenswürdige Vermittlung meiner Freunde K. Suyk und Kees Hos. Es ist natürlich nur eines von den vielen, die von Mädchen handeln, die zur See gehen, obwohl es in diesem Falle nicht klar ist, ob sie als gewöhnliches weibliches Bordpersonal oder als Mann verkleidet ging. Die Wieringer Fassung hat noch eine weitere Strophe:

»Sie sagte, ›Vater, sei zufrieden, ich gehe wieder zur wütenden See.‹«

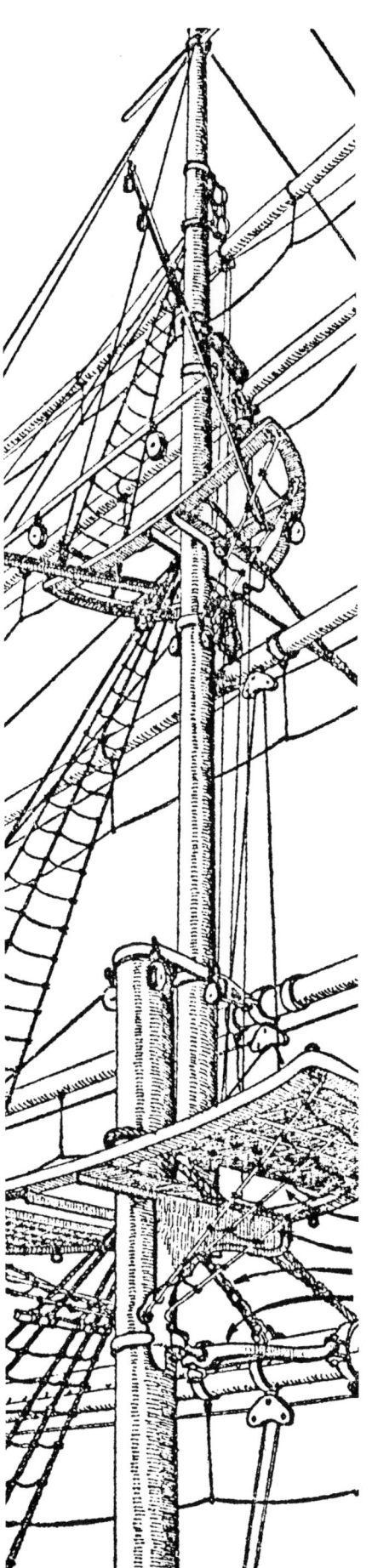

2. Zij nam dienst voor zeven jaar,
   Omdat zij vreesde voor geen gevaar.

3. Zij bracht haar kist en koffer aan boord,
   Gelijk een jonge matroos behoort.

4. Zij moest toen klimmen inde mast,
   Maken de zeilen met touwen vast.

5. Maar door zwaar storm en onweer,
   Sloegen de zeilen van boven neer.

6. Zij werd gebonden aan de mast,
   Al met haar handen en voeten vast.

7. Zij riep: "Kapteintje, sla mij niet,
   Ik ben uw liefje, zoals gij ziet."

8. En daad'lijk werd ze los gemaakt,
   Al met een kusje werd ze geraakt.

9. Zij moest toen komen in de kajuit,
   Trekken matrozenkleren uit.

10. En wat er in de kajuit is geschied,
    Dat weet de eerste stuurman niet.

11. Maar eer het scheepje was aan wal,
    Was er 't jonge matroosje al.

12. Toen zij nu weer kwam in de stad,
    Waar zij (nog) een moeder had.

13. Riep zij: "Moeder, word niet boos,
    Ik heb gevaren voor jong matroos."

14. "Bij een, die mij oprecht bemint,
    Heb ik dit klein(e) onnozel kind."

15. "Maar eer het tweede Pinkster is,
    Ben ik zijn vrouwtje, dat is gewis."

DA WAR EINMAL EINE FLINKE DERN

1. Da war einmal eine flinke Dern,
   Refrain: Hurra, my boy! Hurra, my boy!
   die wollte zur See gehen als Matrose.
   Refrain: Hurra, hurra, hurra, my boy!

2. Sie verpflichtete sich auf sieben Jahre,
   denn sie fürchtete sich vor keiner Gefahr,

3. Sie brachte ihre Kiste und ihren Koffer
                                    [an Bord,
   wie es einem jungen Matrosen geziemt.

4. Sie mußte dann klettern in den Mast,
   zu machen die Segel mit Tauen fest.

5. Aber durch schweren Sturm und Unwetter
   schlugen die Segel von oben herab.

6. Sie wurde gebunden an den Mast
   mit den Händen und Füßen fest.

7. Sie rief, »Käpten, schlagt mich nicht,
   ich bin Euer Liebchen, wie Ihr seht.«

8. Und allsogleich wurde sie losgemacht
   und wurde nur mit einem Küßchen berührt.

9. Dann mußte sie in die Kajüte kommen,
   die Matrosenkleider ausziehen.

10. Und was in der Kajüte geschah,
    das weiß der erste Steuermann nicht.

11. Aber ehe das Schiff wieder den Hafen
                                    [erreichte,
    war der kleine Matrose schon da.

12. Als sie nun wieder in die Stadt kam,
    wo sie noch eine Mutter hatte,

13. rief sie, »Mutter, werde nicht böse,
    ich habe als junger Matrose gefahren.

14. Von einem, der mich aufrichtig liebt,
    habe ich dieses kleine, unschuldige Kind.

15. Doch ehe es Pfingstmontag ist,
    bin ich seine Frau, das ist gewiß.«

CAWSAND BAY

ENGLISCH: FOREBITTER

Dies ist ein schon recht altes Lied und
hat, wie ich meine, seinen Ursprung in
der Seefahrt. Cawsand Bay war ein
bekannter Treffpunkt der britischen
Flotte. Ich sollte anfügen, daß es auf
das frühe 18. Jahrhundert zurückgeht,
wenn man der Kleidung nach urteilt, in

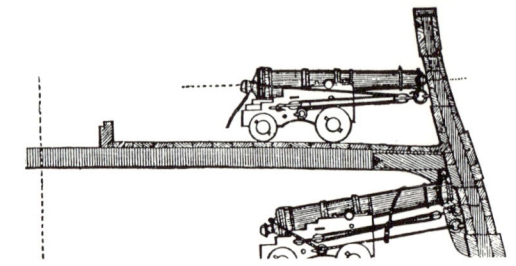

In Cawsand Bay lyin' the Blue Peter flyin'; The hands all turn'd up, oh, the anchor to weigh. There came off a lady, as fresh as a May-day, Who looking up modestly these words did say.

die Eleanor Ford ihren jungen Matrosen steckte.

Der Hinweis auf einen seefahrerischen
»Erstkläßler« beweist, daß das Lied
nicht sehr viel früheren Datums sein
kann. Gegen Ende des 17. Jahrhunderts wurde ein »Die Ausrüstung«
genannter Kode in der britischen
Marine eingeführt, der jedes Teil vorschrieb, das zum Bau des Schiffs-
rumpfes gebraucht wurde, wie auch
die Art der Takelage und die Auswahl
der Kanonen zur Bestückung des
Rumpfes. Seit Einführung dieser Vor-
schrift gebraucht man das Wort
»Klasse«, um die Kategorie eines
Schiffes zu kennzeichnen. Ein Erstkläßler trug 90–100 Kanonen, ein Zweit-
kläßler über 80 und ein Drittkläßler
mehr als 50. Alle diese Klassen
betrachtete man als »Schiffe der
Linie«, die fünfte und sechste Klasse
als »Fregatten.«

2. "Oh, aloft there an'a hand there, aye, I want a young man there,
So hoist me aboard or send him to me,
For his name's Harry Grady, an' I am a lady,
Just come off to save him from goin' to sea."

3. The captain his honor, when he looked upon her,
Swung down the ship's side to help her aboard,
Saying then, with emotion, "What son-o'-the-ocean,
Can thus be a-wanted by Elinor Ford?"

4. To this she made answer, "That there is me man, sir,
I'll make him as rich an' as grand as a lord."
"Look 'ere," sez the captain, "it can't very well 'appen,
We've got sailing orders. My man, git aboard!"

5. "Avast!" sez the lady, "don't mind him Hal Grady,
He once was your capen but now you're at large,
You shan't sail aboard her, in spite that chap's order."
An' out of her bosom she lugged his discharge.

6. Then the captain, says he, now, "I'm damned but he's free now."
Hal sings out, "Let Weatherface have all me clothes!"
For the shore then he steered her, the lads they all cheered her,
But the captain was jealous an' looked down his nose.

7. Then she got a shore tailor to rig her young sailor,
In tight nankeen britches an' a long, blue-tailed coat;
He looked like a squire for all to admire,
Wid a dimity handkerchief tied round his throat.

8. An' now she says, "Harry – the next thing we'll marry,"
An' she looked like a dove in his far manly face,
"That's good," says Hal Grady, "a parson stand ready,
An' after a long splice we'll splice the main brace."

9. An' they got a house, greater than e'er a first-rater,
Wid lackeys in uniform servin' the drinks;
Wid a garden to go in, wid flowers a-flowin':
The lily, the tulip, the lilac, an' pink.

10. Then he got eddication, quite fit for his station,
'Cos ye know we ain't never too old for to larn,
An' his shipmates soon found him, wid the young uns around him,
All chips off the old block, from stem to the starn.

1. Wir lagen in der Cawsand Bay, der Blaue Peter flatterte.
Alle Mann drehten die Winde, um den Anker zu lichten,
da erschien eine Frau, so frisch wie ein Maientag,
die bescheiden aufschaute und folgende Worte sprach.

2. »He, ihr da oben, kommt helft mir, ich will einen jungen
[Mann von euch.
So zieht mich hoch an Bord oder schickt ihn mir.
Sein Name ist Harry Grady, und ich bin eine Lady.
Haltet an und bewahrt ihn davor, in See zu stechen.«

3. Seine Ehren, der Kapitän, als er sie erblickte,
schwang sich über die Reling, um ihr an Bord zu helfen;
sprach dann bewegt: »Was, beim Sohn des Ozeans,
kann dir so fehlen, Elinor Ford?!«

4. Darauf gab sie zur Antwort: »Daß hier mein Mann ist, Sir.
Ich will ihn so reich und so groß machen wie einen Lord.«
»Schau her,« sagt der Kapitän, »daraus kann nichts werden,
wir haben Befehl zum Auslaufen, Alle Mann an Bord!«

5. »Halt!« sagt die Frau, »kümmere Dich nicht um ihn,
[Hal Grady.
Er war einmal dein Käpten, aber jetzt bist Du frei.
Du sollst nicht an Bord bleiben, trotz des Befehls von diesem
[Kerl.«
Und aus ihrem Hemd zog sie sein Freistellungspapier.

6. Da sagt der Kapitän: »Ich will verdammt sein, aber er ist
[jetzt frei,«
Hal schreit: »Weatherface soll alle meine Kleider haben!«
Dann steuerte er sie zum Ufer, die Männer jubelten ihr zu.
Aber der Kapitän war neidisch und rümpfte die Nase.

7. Dann holte sie einen guten Schneider, um ihren jungen
[Matrosen herrichten zu lassen;
in engen Nanking-Hosen und einem langen Rock mit
[blauen Schößen.
Er sah aus wie ein Kavalier, und alle bewunderten ihn
mit seinem Baumwolltuch, das um seinen Hals
[geschlungen war.

8. Und dann sagte sie: »Harry, als nächstes werden wir
[heiraten.«
Und sie sah ihm wie ein Täubchen in sein weites,
[männliches Gesicht.
»Das ist gut,« sagt Hal Grady, »ein Pastor soll sich
[bereithalten,
und nach einer langen Hochzeit wollen wir einen Trunk
[an die Mannschaft austeilen.«

9. Und sie bekamen ein Haus, größer als ein Erstkläßler,
mit Lakaien in Uniform, die Drinks brachten;
mit einem Garten, um darin zu wandeln, und Blumen
[in Überfülle:
Lilien, Tulpen, Flieder und Gartennelken.

10. Dann bekam er eine Ausbildung, passend zu seinem Stand.
»Weißt Du, weil wir nie zu alt sind zum Lernen.«
Und seine Kameraden vom Schiff sahen ihn bald, von
[Kindern umgeben,
alle aus dem gleichen Holz geschnitzt wie der Vater,
[vom Bug bis zum Heck.

PASSANT PAR PARIS

FRANZÖSISCH: CAPSTAN SHANTY

Dieses Gangspill-Lied zeigt den typisch französischen Refrain. Die Sänger singen eine Wiederholung des ersten Solos und benutzen dann das zweite Solo als erstes Solo der folgenden Strophe. In diesem Shanty ist die Übersetzung ein wenig gedämpfter als das Original. Viele dieser französischen Shanties – vor allem die, die am Gangspill gesungen wurden – sind in musikalischer Hinsicht den angelsächsischen weit überlegen; einige erreichen fast Konzertsaalreife.

2. Un de mes amis me dit à l'oreille,
Jean, prends garde à toi, l'on courtis'ta belle.

3. Jean, prends garde à toi, l'on courtis'ta belle,
Courtise qui voudra, je me fous bien d'elle!

4. Courtise qui voudra, je me fous bien d'elle,
J'ai eu de son coeur, la fleur la plus belle.

5. J'ai eu de son coeur, la fleur la plus belle,
Dans un grand lit blanc, gréé de dentelles.

6. Dans un grand lit blanc, gréé de dentelles,
J'ai eu trois garçons, tous trois capitaines.

7. J'ai eu trois garçons, tous trois capitaines,
L'un est à Bordeaux, l'autre à La Rochelle.

8. L'un est à Bordeaux, l'autre à La Rochelle,
Le plus jeune à Paris, courtisant les belles.

9. Le plus jeune à Paris, courtisant les belles,
Et le père est ici, qui hal' sur la ficelle.

DER GANG DURCH PARIS

1. Ich ging durch Paris und leerte meine Flasche.
   Ch.: Ich ging durch Paris und leerte meine Flasche,
   Ein Freund sagte mir ins Ohr,
   Ch.: Gut! Gut! Gut!
   Der gute Wein schläfert mich ein, die Liebe weckt mich
   [wieder!
   Ch.: Der gute Wein schläfert mich ein, die Liebe weckt
   [mich wieder!

2. Ein Freund sagte mir ins Ohr,
   Jean, paß auf, deiner Lieben macht man den Hof,

3. Jean, paß auf, deiner Lieben macht man den Hof,
   Soll es tun, wer will, ich pfeif auf sie!

4. Soll es tun, wer will, ich pfeif auf sie,
   Ich habe die schönste Blume ihres Herzens bekommen.

5. Ich habe die schönste Blume ihres Herzens bekommen,
   In einem großen Bett, mit Spitzen beflaggt.

6. In einem großen Bett, mit Spitzen beflaggt,
   Kamen meine drei Buben, alle drei Kapitäne.

7. Kamen meine drei Buben, alle drei Kapitäne,
   Der eine ist in Bordeaux, der andere in La Rochelle.

8. Der eine ist in Bordeaux, der andere in La Rochelle,
   Der Jüngste in Paris, wo er mit Mädchen schäkert.

9. Der Jüngste in Paris, wo er mit Mädchen schäkert,
   Und der Vater ist hier, ein Bindfaden dient ihm als
   [Schlepptau.

Å KOM TILL MIG PÅ LÖRDAGS KVÄLL

SCHWEDISCH:
ANKERSPILL- UND GANGSPILLSONG

Kapitän Sternvall, dem wir dieses Lied verdanken, bemerkt dazu, es sei ein alter Arbeitssong, der in schwedischen Häfen früher beim Be- und Entladen gesungen wurde. Er erwähnt noch, das Lied habe insgesamt 18 Strophen, doch eigneten sich die meisten nicht zur Veröffentlichung, da sie von den »achtzehn Empfindungspunkten im Körper« handeln. Unsere Fassung schrieb erstmalig Kapitän Olof Olsson auf Råå nieder.

O KOMM ZU MIR
AM SAMSTAG ABEND

2. Nej, jag törs inte gå till dig,
För far dins hundar biter mig.

3. Den svarta hunden den är död,
Den vita ger du en bit bröd.

4. Och när du kommer i kammaren in,
Där står en flaska brännevin.

5. Då tar du dig en duktig sup,
Så du kan stå bataljen ut.

1. O komm zu mir am Samstag abend,
Refrain: Victoria! Victoria!
dann sollst du haben, worum du mich
[batest,
Refrain: Kirre, virre vipp-bom, hurra
[jawohl!

2. Nein, ich wage es nicht, zu dir zu kommen,
wegen der Gefahr, daß deine Hunde mich
[beißen.

3. Der schwarze Hund, der ist tot;
dem weißen, dem gibst du ein Stück Brot.

4. Und wenn du in die Kammer kommst,
steht da eine Flasche Branntwein.

5. Da nimmst du einen tüchtigen Schluck,
damit du die Schlacht aushältst.

STORMY WINTER'S NIGHT

ENGLISCH: FOREBITTER

Mein Großvater, ein Schiffszimmermann, sang, wie meine Mutter erzählt, dieses herzzerreißende Liedchen gewöhnlich nach jedem Weihnachtsessen. Das Zuhause und die Lieben zu verlassen, war eine alltägliche Begebenheit in den Tagen der Seeschiffahrt. Kauf- und Seeleute waren gewöhnlich Monate fort, Walfänger manchmal Jahre und, wie im Lied, kamen viele nie mehr zurück. Tote an Bord von Handelsschiffen gab es hauptsächlich als Folge von Stürzen aus der Takelage oder von Skorbut. Auf Marineschiffen forderten in Friedenszeiten Schiffsfieber (Typhus), Ruhr (als Folge des Genusses von faulem Bier) und Skorbut ihren Zoll.

Ch.: Farewell, farewell, my own true love,
This parting gives me pain;
You'll be my own true guiding star,
Till I return again.
My thoughts will ever be of you,
When storms are raging high;
Farewell, farewell, remember me,
Your faithful sailor boy!

2. 'Twas in a gale, the ship set sail, his sweetheart standing by.
She watched the ship far out of sight, till tears had dimmed her eye;
She prayed to God in heaven above, to guide him on his way,
And then those parting words she heard, an echoing over the bay.

3. Sad to say the ship returned without the sailor boy;
He died while on the voyage home, the flag was half-mast high.
And when his shipmates came ashore, they told her he was dead,
And in a letter that he wrote, these last lines sadly said:

STÜRMISCHE WINTERNACHT

Chor: Lebwohl, lebwohl, meine einzige, wahre Liebe.
Dieser Abschied erfüllt mich mit Schmerz;
du wirst mein einziger Leitstern sein,
bis ich wiederkehre.
Meine Gedanken werden immer bei Dir sein,
wenn Stürme wütend toben;
lebwohl, lebwohl, denke an mich,
deinen treuen Matrosenschatz.

1. Es war eine stürmische Winternacht, der Schnee bedeckte den [Boden;
ein junger Matrose stand am Kai, sein Schiff war bereit zum [Auslaufen.
Seine Liebste stand an seiner Seite, und vergoß bittere Tränen;
und als er sie an seine Brust drückte, flüsterte er ihr ins Ohr.

2. Es ging eine Steife Brise, das Schiff setzte Segel, seine Liebste [stand dabei.
Sie sah dem Schiff nach, bis es ihren Augen entschwand und [Tränen ihren Blick verschleierten.
Sie betete zu Gott im Himmel, ihn auf seiner Fahrt zu beschützen;
und dann hörte sie diese Abschiedsworte, die über der Bucht [widerhallten.

3. Traurig, aber wahr, das Schiff kam ohne den Matrosen zurück;
er starb auf der Heimfahrt; die Flagge wurde auf Halbmast [gesetzt.
Und als seine Kameraden an Land kamen, berichteten sie ihr, [er wäre tot;
und in einem Brief, den er geschrieben hatte, standen diese [letzten, traurigen Zeilen.

HAUL AWAY, OLD FELLOW, AWAY

FRANZÖSISCH: HALYARD SHANTY

Dies ist ein weiteres bei »Jean Matelot«, dem französischen Matrosen,
sehr beliebtes Shanty. Es hat die Tatsache zum Gegenstand, daß »Damen
von Stand« weit höher stehen als die
»garces des quais«, die Seeleute aus
dem Mannschaftsstand.

Unser Held weiß genau, wo er im Leben steht – es würde ihm nicht ein-
fallen, sein Glück bei einer solchen
Dame zu versuchen; für ihn, den
gewöhnlichen Burschen, sind die
Huren der Hafengegend da. Dieses
Thema haben viele Seemannslieder
zum Gegenstand. Andererseits gibt es
auch Lieder, in denen Jack (oder Jean
oder Jan) es fertigbringt, die Art von
Galan auszustechen, der eine solche
Dame von Stand unter normalen Um-
ständen den Vorzug gibt – einen Mann
aus ihrer eigenen Klasse; der Matrose
schafft es dann mit List, die verwöhnte
Dame in die Arme zu bekommen.

2. Bien humblement j'l'ai saluée,
   D'un doux sourire ell'm'a remercié.

3. Mais j'ai bien vu qu'c'est charité,
   Car c'est une dame de qualité.

4. C'est la fille d'un cap'taine nantais,
   Un matelot ne s'ra jamais,

5. Pour nous sont les garces des quais,
   Qui vol'nt, qui ment'nt, qui font tuer!

6. J'n'étale plus, j'vas tout larguer,
   J'vas faire mon trou dans la salée.

7. Mat'lots, mon cœur est embrumé,
   Buvons quand même à sa beauté,

8. Encore un coup pour étarquer,
   Hisse le grand foc! Tout est payé!

HAUL AWAY,
OLD FELLOW, AWAY

1. Als ich über die Morlaixbrücke ging,
   Ch.: Haul a-way! Old fel-low, a-way!
   habe ich die schöne Helene getroffen,
   Ch.: Haul a-way! Old fel-low, a-way!

2. Recht demütig hab ich sie gegrüßt.
   Sie bedankte sich bei mir mit einem süßen
   [Lächeln.

3. Doch sah ich wohl, daß es nur Nachsicht war,
   weil sie eine Dame von hohem Stand ist.

4. Sie ist die Tochter eines Kapitäns aus Nantes;
   ein Matrose hat bei ihr nichts zu suchen.

5. Für uns sind die Huren am Hafendamm,
   die klauen, lügen, die töten lassen!

6. Ich prahle nicht mehr, ich laß alle Segel,
   ich will mir ein Loch in dem Dreck finden.

7. Matrosen, benebelt ist mein Herz;
   trotzdem trinken wir auf ihre Schönheit.

8. Noch einen Pull, um das Segel zu straffen!
   Setz' die große Fock! Alles ist bezahlt!

DE IJZERE MAN

Kapitän Spaandarman, schon über achtzig, gab dieses Shanty meinem Freund, K. Suyk. Dazu sagte er: »Der erste Dampfer der Niederländischen Dampfschiffahrtsgesellschaft – heute die Holland-Amerika-Linie – war als Brigg getakelt, mit zwei rahgetakelten Masten. Sie hatte noch ein altmodisches, von Hand bedientes Gangspill. Das Schiff lag in Hellevoetsluis auf der Reede, fertig zur ersten Überfahrt nach Amerika. Die noch vom Segler stammenden Matrosen lichteten den Anker zu diesem Shanty. Später kam ich auf die Bark Senior, auf der auch einige Leute von der Besatzung des schon erwähnten holländischen Dampfers fuhren, und als dieses Segelschiff in der False Bay, nicht weit vom Kap der Guten Hoffnung, vor Anker lag, riefen wir einen Schlepper herbei, um uns nach Kapstadt bringen zu lassen. Wir hatten 60 Faden (so an die 110 m) Kette draußen, und als wir uns dranmachten, den Anker zu lichten, da war das Shanty, das wir anstimmten, der »Eiserne Mann«. Das in dem Shanty erwähnte »Baggermans Haus« war eine Kneipe und ihr Wirt ein gewisser Herr Baggerman, der mehrere Töchter hatte. Damals, als der Kanal noch nicht durchgestochen war, fuhren die Schiffe nicht bis Rotterdam, sondern blieben in Hellevoetsluis auf der Reede. Die Heuerbaase brachten dann die Besatzungen in kleinen Booten von den Gasthäusern am Schiedamschedijk in Rotterdam hinaus zu den Schiffen. Dieses Shanty ist von anstößigen Stellen gereinigt worden.

In Hel-le-voets-luis daar staat een huis, Hoe-
ra die ij-ze-re man! Daar zijn de da-mes-van
Bag-ger-man thuis, Hoe-ra die ij-ze-re man! Dan
zin-gen wij vro-lijk fal-de-ral-de-ra, wie
gaat er met ons mee? Wij va-ren naar A-
me-ri-ka, het schip ligt op de ree, Wij
va-ren naar A-me-ri-ka, het schip ligt op de ree!

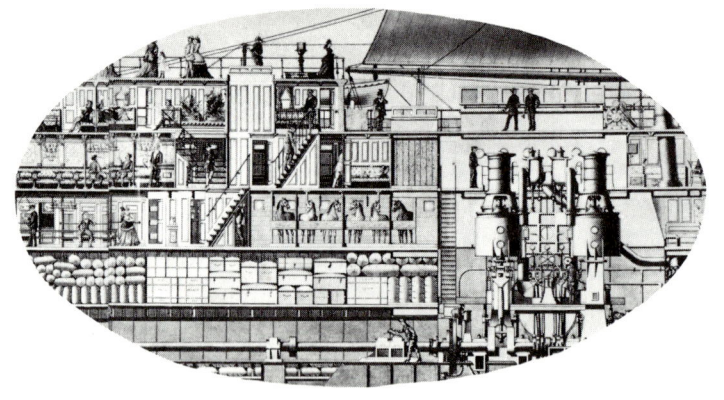

DER EISERNE MANN

2. En in dat huis daar staat een stok,
   Daar krijgen de dames mee op hun kop.

3. Een juffrouw die naar de kerk wou gaan,
   Die liet haar hoofd met goud beslaan.

4. Aan ieder haar had zij een bel,
   Het was gelijk een klokkespel.

5. En toen zij dan de kerk in gang,
   Toen gingen die bellen van ring ting ting.

6. De Dominee die op zijn preekstoel zat,
   Die dacht O wee wat een wijf is dat.

7. De koster die dit werk bezag,
   Die was van streek de hele dag.

8. De dienstmeid die dit werk bekeek,
   Die was jaloers de hele week.

9. En die dit lied al heeft gedicht,
   Die kan er rijmen zonder licht.

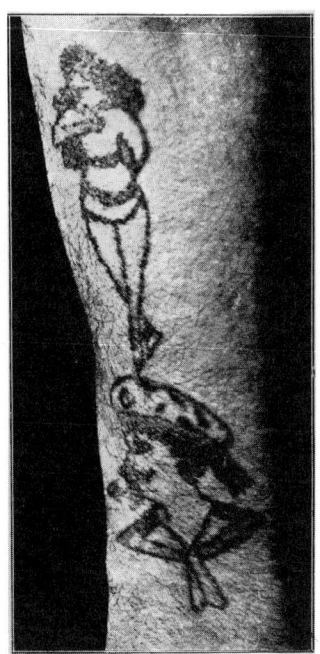

1. An der Hellevoetsluis, da steht ein Haus,
   Refrain: Hurra, der Eiserne Mann!
   da sind die Baggerman-Fräuleins daheim.
   Refrain: Hurra, der Eiserne Mann!
   Dann singen wir vergnügt – falderaldera –:
   Wer kommt nun mit uns mit?
   Wir fahren nach Amerika, das Schiff
   [liegt auf der Reede,
   Wir fahren nach Amerika, das Schiff
   [liegt auf der Reede!

2. Und in dem Haus, da steht ein Stock,
   damit kriegen die Damen eins auf den Kopf.

3. Ein Fräulein, das zur Kirche gehen wollte,
   das ließ sich den Kopf mit Gold beschlagen.

4. An jedem Haar hatte sie eine Schelle;
   es war wie ein Glockenspiel.

5. Und als sie dann in die Kirche hineinging,
   da machten die Schellen ring-ting-ting.

6. Der Pfarrer, der auf seinem Predigtstuhl saß,
   der dachte, o weh, was für ein Weib ist das?

7. Der Küster, der dies Werk besah,
   der war fassungslos den ganzen Tag.

8. Die Dienstmagd, die dies Werk betrachtete,
   die war die ganze Woche lang eifersüchtig.

9. Und wer dieses Lied gedichtet hat,
   der kann ohne Licht reimen.

DET BLÅSER KALLT, KALLT VÄDER IFRÅN SJÖN

SCHWEDISCH: PUMPING SONG

Dieses Liedchen wurde an den Pumpen gesungen und datiert vom Ende des 19. Jahrhunderts. Nach dem Text zu schließen, wurde es wohl an Bord der kleinen Holzbarken von 300 bis 600 Tonnen gesungen, die in der Ostseefahrt eingesetzt waren.

Kalmar ist ein kleiner Hafen an der Westseite des gleichnamigen Sunds; gegenüber liegt die Insel Öland. Früher war es ein berühmter Segelschiffhafen, einer von vielen kleinen Plätzen, als da sind Gävle, Norrkö, Märnöstrand, Söderhamn, Malmö usw., von wo die Ostseebarken ihre Ladung, vielfach Bauholz, zu allen möglichen nordeuropäischen Häfen transportierten. Viele dieser kleinen Holzschiffe wurden in Schweden und Norwegen an Ort und Stelle gebaut.

Å när som jag var på mitt fjor-ton de år,
Det blå-ser kallt vä-der i-från sjön! Då
bör-ja jag att seg-la på böl-jor-na de blå, Det
blå-ser kallt, kallt vä-der i-från sjön!

2. Å när som jag seglat en månad eller två,
Så var jag lika aktad som kaptenens egen son.

3. Å när som vi kom intill Kalmare hamn,
Vi bärga våra segel och hala oss i land.

4. Å när som jag kom upp till Kalmare torg,
Då stod där samma flicka med en grönmålad korg.

5. Å när som jag kom ut till Kalmare tull,
Så stod där samma flicka så om och kärleksfull.

6. Å då sade jag till flickan som så,
"Säg, vill du mig giva en kyss eller två?"

7. "Nej tack, min gunstig herre, jag kysser inte er,
Ty om ni fått en så vill ni ha fler."

8. Men se då tog jag den flickan allt uti min famn,
Och bar henne ned till Kalmare hamn.

9. Å nu så är vi gifta, å nu så är hon min,
Ty jag fick taga min, när de andra tagit sin.

10. Å hade jag makten och denna vore min,
Så skulle alla flickor i burar låsas in.

11. Å hade jag makten och denna vore min,
Så skulle alla gossarna ha nycklarna dit in.

12. Å den som sjunger visan och inte lägger till,
Han plikte fem riksdaler och miste flickan sin.

1. Und als ich vierzehn Jahre alt war,
Refrain: Es bläst kalter Wind von See!
da begann ich zu segeln auf den Wogen, den blauen.
Refrain: Es bläst kalter, kalter Wind von See!

2. Und als ich so einen oder zwei Monate gesegelt hatte,
da war ich schon so angesehen, als sei ich des Kapitäns
[eigener Sohn.

3. Und als wir in den Hafen von Kalmar kamen,
bargen wir die Segel und verholten uns an Land.

4. Und als ich zum Marktplatz von Kalmar kam,
da stand da auch ein Mädchen mit einem grün
[gestrichenen Korb.

5. Und als ich zum Kalmarer Zoll hinaus kam,
da stand das gleiche Mädchen wieder und so liebreich da.

6. Und da sprach ich zu dem Mädchen wie folgt:
»Sag, willst du mir geben einen Kuß oder zwei?«

7. »Nein danke, mein Lieber, ich küsse Euch nicht,
denn wenn Ihr einen bekommt, dann wollt Ihr noch mehr.«

8. Aber da nahm ich das Mädchen in die Arme
und trug sie hinunter zum Hafen von Kalmar.

9. Und nun sind wir verheiratet, und nun ist sie mein,
dann durfte ich mir das meine nehmen, nachdem die
[anderen das ihre genommen hatten.

10. Und hätte ich die Macht und wäre sie mein,
dann sollten alle Mädchen in Käfige gesperrt werden.

11. Und hätte ich die Macht und wäre sie mein,
dann sollten alle Burschen Schlüssel dazu bekommen.

12. Und der, der dieses Lied singt und nichts hinzufügt,
der zahlt als Buße fünf Reichstaler und wird sein Mädchen los.

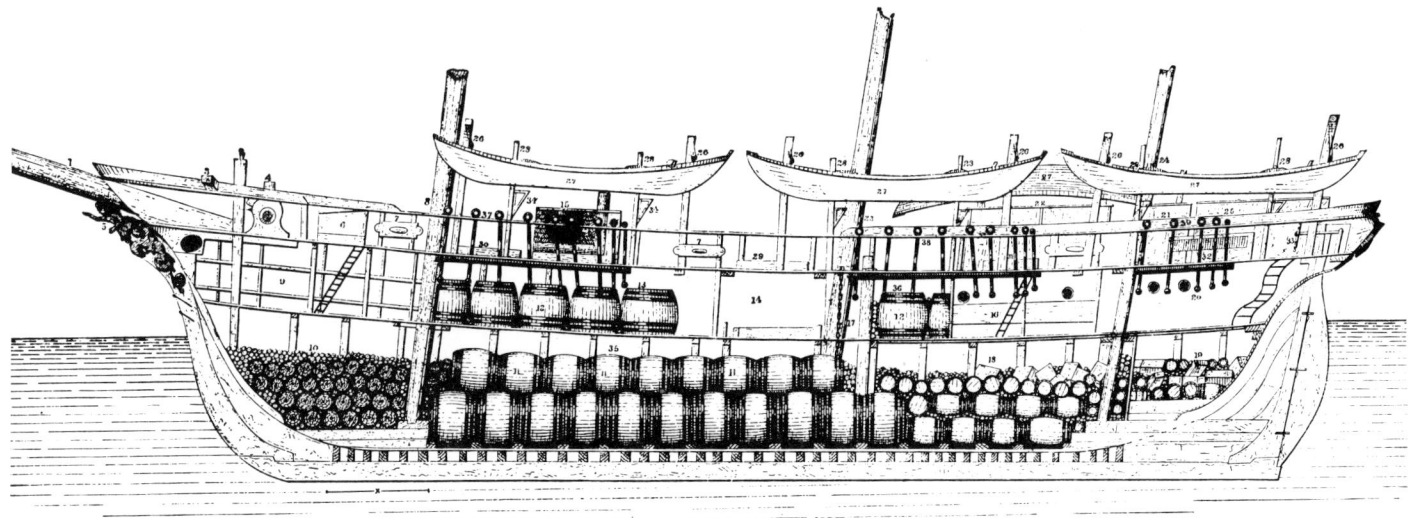

SKÖN JUNGFRUN
HON GÅNGAR SIG TILL HÖGSTA BERG

SCHWEDISCH: PUMPING SONG

Als Refrain werden in diesem Lied die beiden ersten Zeilen wiederholt. Kapitän Sternwall schreibt darüber: »Trotz seiner einfachen Melodie ist das Shanty wegen der Art der Skandierung nicht leicht zu singen. Die Ballade ist auch etwas lang geraten. In einigen Versionen kämmt sich die Braut die Haare, entsprechend wird der Junge dann bleich und schließlich erleidet das Mädchen sein schreckliches Schicksal.«

Beschrieben wird, wie der Matrose ein Pfand – hier sind es goldene Ringe – bei seinem geliebten Mädchen zurücklässt, zum Zeichen, daß er bald heimkehren wird. Dieses Motiv ist aus Volksliedern bekannt und das Thema ähnelt auch dem französischen Shanty »Retour du Marin«, mit der Ausnahme, daß dort der Seemann auf sein Schiff zurückgeht, während er hier freiwillig aus dem Leben scheidet.

Skön jung-frun hon gån-gar sig till hög-sta berg,
för att skå-da det brun-san-de hav,
hav, Där fick hon se ett gun-gan-de skepp.
Som up- på ha- -vet gick.

DAS HÜBSCHE MÄDCHEN WAR AUF DEN HÖCHSTEN BERG GEKLETTERT

2. Den yngsta, den minstaste gossen,
Som uppå det skeppet var.
Han ville med junfrun trolova sig,
Så ung som han ännu var.

3. När gossen skulle bortsegla,
Till en främmande strand,
Så tog han upp gullringar fem,
Och satte på jungfruns hand.

4. När gossen var bortrester,
Tog jungfrun en annan vän,
Den gossen som hon lovat tro,
Den älskade hon ej mer.

5. När tre år voro förgångna,
Kom gossen hem igen.
Då han kommer till sin faders gård,
Han frågar hur kärestan mår.

6. "Du har varit borta så länge,
I dag står din käresta brud.
Ty vi hava båd hört och sport,
Att du skulle vara död."

7. Så gångar han sig i kammaren in,
Han kammar och krusar sitt hår,
Gångar så hän till bröllopsgård,
Ser bruden framfor sig stå.

8. "Säg, hava de nu för dig ljugit,
Och sagt att jag var död.
Så skall det ej vara en timme till,
Förrn du ser min djupa nöd."

9. Gossen han gångar i kammaren in,
Slår dörren i lås efter sig,
Så sätter han sig ned att skriva,
Ett rörande avskedsbrev.

10. När brevet det nu var skrivet,
Och timmen var runnen förbi,
Då drager han fram sin förgyllande kniv,
Och stöter den i sitt liv.

11. "Gud nåde mig, armaste flicka, nu,
För den gärning som jag gjort,
Den ena är jag nu vigder vid,
Den andra simmar i blod."

1. Das hübsche Mädchen war auf den höchsten
   [Berg geklettert,
   um über die schäumende See zu blicken.
   Da konnte es das schaukelnde Schiff sehen,
   das übers Meer segelte.

2. Der jüngste und allerkleinste Schiffsjunge,
   der an Bord war;
   er war mit dem Mädchen verlobt,
   so jung er auch noch war.

3. Als es hieß, daß er fortsegeln müsse
   zu einem weit entfernten Ufer,
   nahm er fünf goldene Ringe
   und legte sie dem Mädchen in die Hand.

4. Als er davongesegelt war,
   nahm sich das Mädchen einen anderen Freund.
   Und den Jungen, dem sie sich anverlobt hatte,
   sie liebte ihn nicht mehr.

5. Als drei lange Jahre verflossen waren,
   kam der Junge wieder heim.
   Und als er zum Hof seines Vaters kam,
   fragte er nach seinem Herzensschatz.

6. »Ah, du warst so viele Jahre fort,
   dein Herzensschatz ist heute Braut.
   Wir haben beide gehört und geglaubt,
   daß du längst tot seist.«

7. Da ging er in seine Schlafkammer,
   kämmte und glättete seine Haare,
   ging dann hinüber zu der Hochzeit
   und sah die Braut vor sich stehen.

8. »Sie haben dich angelogen
   und gesagt, ich sei tot;
   aber meinen tiefen Kummer darüber,
   wirst du nur noch eine Stunde sehen können.«

9. Der Junge ging in seine Kammer zurück
   und schloß die Türe hinter sich.
   Dann setzte er sich und schrieb
   einen rührenden Abschiedsbrief.

10. Als der Brief dann fertig
    und die Stunde um war,
    da nahm der Jüngling sein goldenes Messerchen
    und stieß es sich in den Leib.

11. »Gott vergib mir«, sagte das arme Mädchen
    »Was ich angerichtet habe.«
    Den einen Mann habe ich geheiratet,
    der andere schwimmt in seinem Blut.«

MADELEINE

BELGISCH/FRANZÖSISCH:
CAPSTAN SONG

Wir haben schon an anderer Stelle erwähnt, wie die Matrosen französischer, deutscher und anderer Schulschiffe von den eigenen Crews komponierte Shanties sangen. Dies ist ein solches Shanty, das wir Commandant Lemaître zu verdanken haben, dem einstigen Kapitän der belgischen Viermastbark *L'Avenir,* eines schönen weißgestrichenen Schiffs, das noch in den dreißiger Jahren seinen Dienst

versah und 1938 als Schulschiff der Hamburg-Amerika-Linie unter dem Namen *Admiral Karpfanger* verschollen ist.

»Madeleine« war das Gangspill-Shanty der *Comte de Smet de Neyer,* eines Schiffs der Navire-École Belge.

2. *Je lui demand' son nom,*
   Je m'appelle Madeleine,

3. *Je lui lève son jupon,*
   J'aperçois une fontaine,

4. *J'y fais boire mon pinson,*
   Trente-six fois sans perdre haleine,

5. *Quand vous irez à Beaumont,*
   N'oubliez pas Madeleine.

1. Als von Beaumont ich zurückkehrte,
   Ch.: La digue, digue, daine,
       la di-gue, di-gue, don, don!
   traf ich eine holde Jungfrau,
   Ch.: Digue don, digue don, daine!
   traf ich eine holde Jungfrau,
   Ch.: O Vöglein, o Vöglein!

2. Ich frage nach ihrem Namen.
   Ich heisse Madeleine.

3. Ich hebe hoch ihr Röckchen,
   sehe da einen Brunnen.

4. Meinen Buchfink lass ich da trinken,
   sechsunddreissig Mal ohne den Atem
   [zu verlieren.

5. Wenn Ihr nach Beaumont geht,
   vergesst nicht Madeleine.

SALLY BROWN

AMERIKANISCH/ENGLISCH:
CAPSTAN SONG

Man glaubt, daß die Wiege dieses Liedes auf den Westindischen Inseln
stand. Wahrscheinlich wurde es auf
britischen Schiffen eingeführt, die den
Zucker- und Rumhandel mit Jamaica,
Barbados und anderen Inseln in der
Karibischen See betrieben. Sie brachten
ihre Ladungen meistens nach Bristol
oder den anderen Häfen am Bristol-
Kanal, nach Liverpool und Glasgow.

Ooh! Sal-ly Brown, she's a bright mu-lat-ter,
Way-ay----, roll an' go! She drinks rum an'
chaws ter-back-er, Spend my mo-ney on Sal-ly Brown!

2. Sally lives on the old plantation,
   She is a daughter of the Wild Goose Nation.

3. Seven long years I courted Sally,
   But all she did was dilly-dally.

4. Sally Brown, what is the matter?
   Pretty gal, but can't git at her.

5. I call her my ol' Queen o' Faces,
   Bought her coral beads and laces.

6. Sally Brown I took a notion,
   To sail across the flamin' ocean.

7. I shipped away in a New Bedford whaler,
   When I got back she wuz courtin' a tailor.

8. Now me troubles they are over,
   Sally's married to a big, black soger.

1. Oh, Sally Brown, sie ist eine hübsche Mulattin.
   Chor: Way-ay-roll an' go!
   Sie trinkt Rum und kaut Tabak.
   Chor: Ich gebe mein Geld aus für Sally Brown!

2. Sally lebte auf einer alten Plantage;
   sie ist eine Tochter der Wildgans-Nation.

3. Sieben lange Jahre machte ich Sally den Hof,
   aber sie zauderte nur.

4. Sally Brown, was ist der Grund?
   Ein hübsches Kind, aber ich kann nicht an sie
   [herankommen.

5. Ich nenne sie die Schönste von allen;
   kaufe ihr Korallenketten und Spitzen.

6. Sally Brown, ich bekam Lust,
   über den zornigen Ozean zu fahren.

7. Ich segelte fort auf einem Walfänger aus New
   [Bedford.
   Als ich zurückkam, buhlte sie um einen Schneider.

8. Jetzt ist mein Kummer vorüber;
   Sally ist mit einem großen, schwarzen Soldaten
   [verheiratet.

ROSABELLA FREDOLIN

Schwedisch: Capstan Song

Der Text dieses Liedes wurde oft zu der Melodie des Hol-Songs »Ane Madam« gesungen. Der Verfasser von »Sång under Segel« schreibt über dieses Shanty: »Dies ist ein recht ungewöhnliches Lied; es läßt sich in seinen verschiedenen Varianten fast hundert Jahre zurückverfolgen. Unsere Fassung stammt aus dem von 1844 datierten Liederbuch Lars Erik Sandins…« Man erkennt sofort, daß die dritte Strophe von den unglücklichen Briefen handelt, die Rosabella als Lockenwickler benutzt. Diesen Text findet man häufig in Rallar (=Eisenbahn)-Arbeitsliedern. Wie in Amerika, so wurden auch viele der von den schwedischen Eisenbahnbautrupps in den letzten Jahrzehnten des neunzehnten Jahrhunderts gesungenen Lieder von Seeleuten aufgegriffen und zu Shanties umfunktioniert.

En sjö-mans stör-sta nö-je är, Fre-do-lin, CH.
Att äl-ska en flick-ka skön-ha, ha, Fre-do-lin, CH.
Men om hon fals-kar be-vi-sar sig, Hon in-gen
ro skall ha för mig, Ro-sa-bel-la Fre-do-lin!

2. Jag reste bort och avsked tog,
Och snarligen hon mig bedrog,
Det synes väl vad hon mig gav,
Som kunde en annans hjärta ta.

3. Dom breven jag till henne skrev,
Hon alla dem i stycken rev,
Hon vecklade dem uti sitt hår,
Och detta haver gett mitt hjärta sår.

4. En repslagardotter är det som,
Jag denna visa sjunger om,
Hon håller dans och det förmår,
Hon jämt på golvet med flaskan går.

5. Och henne är det skickat till,
Att man må komma när man vill,
Hon har all ting tillagade,
Tobak och pipa får man där.

6. Nu sjunger jag min avskedssång,
Och flickor tack för denna gång,
Kom sjöman, håll dig munter och käck,
Och drick sedan flickornas griller väck.

1. Eines Seemanns größtes Vergnügen ist,
Refrain: Fridolin,
ein schönes Mädchen zu lieben, ha!
Refrain: Fridolin,
Erweist sie sich jedoch als falsch,
dann wird sie keine Ruhe vor mir haben,
Refrain: Rosabella Fridolin!

2. Ich verreiste und nahm Abschied,
und schon bald betrog sie mich;
da sieht man schon, was sie mir gab,
die eines andern Herz erobern konnte.

3. Die Briefe, die ich ihr geschrieben,
die hat sie alle in Stücke gerissen;
sie wickelte sie sich ins Haar,
und das hat mir das Herz verwundet.

4. Eine Seilerstochter ist es, die
ich mit diesem Lied besinge;
sie liebt den Tanz und das führt dazu,
sie endet noch mit der Buddel am Boden.

5. Und an sie ist dies gerichtet,
damit man kommen kann, wenn man will;
sie hat alles schon parat,
Tabak und Pfeife bekommt man dort.

6. Nun singe ich mein Abschiedslied;
habt Dank, ihr Mädchen, für dieses Mal!
Komm Seemann, halte dich munter und keck
und trinkt dann der Mädchen Grillen weg.

JULIA

NORWEGISCH: BUGLEINEN-SHANTY

Laura Smith, die 1888 als erste dieses kurze Shanty in ihre Sammlung aufnahm, nennt es ein »bowline shanty«, aber die Quelle, aus der ich es habe, hält es für wahrscheinlicher, daß es an der Ankerwinde oder den Pumpen angestimmt wurde. Die Melodie hat eine deutliche Ähnlichkeit mit dem deutschen Shanty »Jupheidi, jupheida«. Wäre es als Bugleinen-Shanty gesungen worden, dann wäre wahrscheinlich ein Zug auf jeden Kehrreim entfallen, wobei jede zweite Zeile ein Kehrreim war. Andererseits könnte auch – wie in »Haul the Bowline« oder »Haul away, Joe!« – nur ein Zug auf das letzte Wort, Julia, entfallen sein.

Eines Seemanns größte Freude ist,
Refrain: Julia, Julia, hoprasa!
von einem reizenden Mädchen geliebt
[zu werden,
Refrain: Julia, hoprasa!
Alle: Julia, Julia, Julia, Julia, hoprasa!
　　Julia, Julia, süße Julia!

MIN MAND HAN VAR EN SJÖMAND

DÄNISCH: HALYARD SHANTY

Die Quelle dieses Songs behauptet, es handele sich hier um ein Fall-Shanty, aber dieses Lied enthält nicht einmal die Spur eines Refrains. Vielleicht wurde es von allen Matrosen als Hand-über-Hand-Shanty gesungen. Der

schwermütige Charakter dieses Songs paßt jedoch kaum zu dem lebhaften Holen eines Taues. Er drückt den ganzen Kummer einer mit fünf kleinen Kindern zurückbleibenden Seemanns-witwe aus und enthält die Warnung: »Heirate niemals und auf keinen Fall einen Seemann!« Aber trotz solcher Warnungen haben sich junge Mädchen nie davon abhalten lassen, sich so romantische Typen wie die braunge-brannten, salzig schmeckenden Blau-jacken zu »angeln« und ihnen unbe-denklich zum Altar zu folgen.

2. Det vaerste som mig grunde,
   När börnene var smaa,
   De ropte: "Kjaere moder,
   Hvor er vaar fader daa?"

3. Han viler ner i graven,
   I graven blot for mig,
   Han kommer ej tilbage,
   Forr än vi smales did.

4. Ja hör nu, piger alle,
   I som vil gifte ger,
   Tag aldrig nogen sjömand,
   Thi sorgen rammer jer.

5. Har nogen lyst at vide,
   Vein visen diktet har?
   Det har en sjömands enke,
   Med sine fem smaa barn.

MEIN MANN, DER WAR EIN SEEMANN

1. Mein Mann, der war ein Seemann,
   ein Seemann war mein Mann;
   er pflügte des Meeres Wogen,
   kommt nimmer mehr an Land.

2. Das Schlimmste, wenn ich es
   [bedenke;
   als die Kinder klein waren,
   riefen sie, »liebe Mutter,
   wo ist denn unser Vater?«

3. Er liegt drunten im Grabe,
   im Grabe schon vor mir.
   Er kommt nicht zurück.
   Früher haben wir das belächelt.

4. Ja, hört nur, all Ihr Mädchen,
   wenn eine heiraten will:
   Nehmt niemals einen Seemann,
   denn Sorgen brechen über euch
   [herein.

5. Hat jemand Lust, zu wissen,
   wer das Lied gedichtet hat?
   Das war eines Seemanns Witwe
   mit ihren fünf kleinen Kindern.

DERRIÈRE CHEZ NOUS

FRANZÖSISCH: HALYARD SHANTY

Die Wörter und Sätze dieses bei den französischen *matelots* verbreiteten Hol-Liedes mögen ein wenig seltsam erscheinen – der Grund dafür ist natürlich, daß dies eine von Kapitän Hayet »entschärfte« Version ist. Das ursprüngliche Lied ergibt einen weit deutlicheren Sinn.

Die beiden französischen Bücher, in denen man das von »Jean Matelot« gesungene Original findet, sind: »Chansons de la Voile ›Sans Voiles‹« und »Cahier de Chansons de Jean Louis Postollec et de Jean La Pipe«. Es gibt auch ein franko-kanadisches Volkslied, in dem eine ähnliche Geschichte erzählt wird, und ein französisches Volkslied, das mit den Wor-

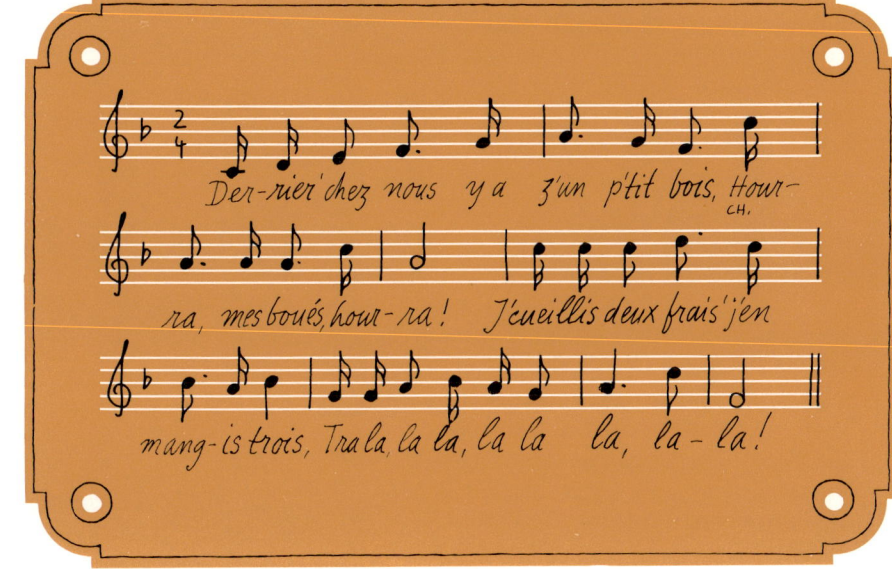

Der-rier' chez nous y a z'un p'tit bois, Hour-ra, mes boués, hour-ra! J'cueillis deux frais' j'en mang-is trois, Tra la, la la, la la la, la-la!

2. *Avec une fillett' de quinze ans,*
   Sa mère arrive au même instant.

3. *Que faites-vous à mon enfant?*
   J'suis en train d'lui compter les dents.

4. *Il lui en manqu'une sur le d'vant.*

5. *Que je lui pose bellement.*

6. *Il m'en manqu' une également!*

7. *Donnez-moi z'en, marin galant.*

8. *J'les pose qu'à celles de quinze ans.*

9. *Les vieilles pour le commandant!*

ten beginnt: »Derrière chez nous…« Dies zeigt, daß »Jean Matelot« ebenso wie Seeleute anderer Länder eine Vorliebe dafür hatte, Volkslieder seiner Heimat zu Shanties zu machen.

BEI UNS GIBT ES HINTEN EIN WÄLDCHEN

1. Bei uns da gibt es hinten ein Wäldchen,
   Ch.: Hurra, mes boués, hurra!
   dort pflückte ich zwei Erdbeeren, aß aber drei.
   Ch.: Tra la, la la, la la la, la la!

2. Mit einem Mädchen von fünfzehn Jahren;
   seine Mutter kommt im selben Augenblick.

3. Was stellen Sie mit meinem Kind an?
   Bin gerade dabei, ihre Zähne zu zählen.

4. Ganz vorne fehlt ihr einer.
   Ganz vorne fehlt ihr einer.

5. Den setz ich ihr schön ein.
   Den setz ich ihr schön ein.

6. Mir aber fehlt auch einer!
   Mir aber fehlt auch einer!

7. Geben Sie ihn mir, lieber Matrose.
   Geben Sie ihn mir, lieber Matrose.

8. Ich setz sie nur den Fünfzehnjährigen ein.
   Ich setz sie nur den Fünfzehnjährigen ein.

9. Die Alten sollen für den Kommandanten sein.
   Die Alten sollen für den Kommandanten sein.

EN SJÖMAN ÄLSKAR HAVETS VÅG

Schwedisch: Capstan Song

Dieses Shanty stammt wahrscheinlich von den Seeleuten in Gävle, Schweden, und irgendwann aus den Siebzigern des vorigen Jahrhunderts. »Gesungen und aufgezeichnet« wurde unsere Fassung »an Bord der Bark CHILI aus Gävle im Jahre 1888 durch einen einfachen Matrosen namens Harold Sundholm«, wie A. B. Södergren in SÅNG UNDER SEGEL berichtet. Ein Korrespondent des SVENSKA DAGBLADET schrieb am 20. Mai 1934, komponiert habe dieses Lied um 1870 Ossian Limburg, ein junger Kapitän zur See. Wie ich erfahren konnte, wurde es noch um 1930, wenn auch nicht als Arbeitslied, auf den Großseglern der Rederei Gustaf Erikson gesungen, die auf den finnischen Åland-Inseln beheimatet waren.

2. Jag avsked tar av vännen kär, vid vågornas brus,
   Den hulda då mig trohet svär, i stormarnas sus.

3. Hon trycker då så ömt min hand, vid vågornas brus,
   Då känns det tungt att gå från land, till stormarnas sus.

4. Hon viskar ömt och ljuvt mitt namn, vid vågornas brus,
   "Kom snart tillbaka i min famn, från stormarnas sus!"

5. Min trogna flickas varma kyss – hör vågornas brus,
   För sista gången fick jag nyss, vid stormarnas sus,

6. Där står hon än på stranden grön, vid vågornas brus,
   Och ber till Gud för mig en bön, ur stormarnas sus.

EIN SEEMANN LIEBT DES MEERES WELLEN

1. Ein Seemann liebt des Meeres Wellen, ja, der Wogen Brausen,
   wenn der Sturm Mast und Trosse schüttelt, hör nur das Sausen!
   Refrain: Lebwohl, lebwohl, bezaubernde Maid, wir kommen sehr
   [bald wieder!

2. Ich nehme Abschied von der teuren Freundin bei der Wogen Brausen,
   da schwört die Holde mir Treue bei des Sturmes Sausen.

3. Sie drückt da so zärtlich meine Hand bei der Wogen Brausen,
   da fällt es schwer von Land zu gehen bei des Sturmes Sausen!

4. Sie flüstert süß und zärtlich meinen Namen bei der Wogen Brausen:
   »Komm bald zurück in meine Arme aus des Sturmes Sausen«!

5. Meines treuen Mädchens warmen Kuß – hör nur der Wogen
   [Brausen –
   bekam ich zum letzten Mal soeben bei des Sturmes Sausen.

6. Da steht sie nun am grünen Strand bei der Wogen Brausen
   und schickt zu Gott für mich ein Gebet bei des Sturmes Sausen.

BALLASTLIEDJE

HOLLÄNDISCH:
BALLASTSTAUER SHANTY

Dieses Lied hatte früher viel mehr Strophen, die jetzt verloren gegangen sind. Besonders beliebt war es bei der Fischereibevölkerung auf Terschelling, und zwar gleichermaßen bei den Schiffern wie bei den Ballastarbeitern. Der Ballast wurde bei Ebbe mit Körben vom Watt geholt. Mit einer Talje an der Rahnock hievte man die Körbe an Bord des Schiffes, wo die anderen Arbeiter den Ballast im Laderaum verstauten.

West-zuid-west van A-me-land, daar ligt een kolk-je diep. Daar vangt men schol en schel-le-vis, maar mooi-e meis-jes niet.

2. Oost zuid oost van Ameland, de ballast die ligt droog,
Maar onder op de grond ja grond, is hij zo nat als stront.

3. Hoog is de zolder, laag is de vloer,
Mooi is 't meisje, maar lelijk is d'r moer.

4. Toen 'k laatst van Suriname kwam, zag ik van ver een schip,
Ik dacht, dat 't aan de wolken hing, maar het zat op een klip.

5. En op die klip daar zat een koe, een wonderbare koe,
Die alle maanden kalven moest, ze was er naar aan toe.

BALLAST-LIEDCHEN

1. West-Süd-West von Ameland, da liegt ein tiefer Kolk.
Dort fängt man Schollen und Schellfisch, aber keine hübschen [Mädchen.

2. Ost-Süd-Ost von Ameland liegt der Ballast hoch und trocken;
aber drunten auf dem Grund, ja Grund, ist er so naß wie [Scheiße.

3. Hoch ist die Decke, nieder der Boden,
hübsch ist das Mädchen, doch häßlich die Mutter.

4. Als ich letztens von Surinam kam, sah ich von fern ein Schiff;
ich dachte, es hinge an den Wolken, aber es saß auf einem Riff.

5. Und auf dem Riff, da saß eine Kuh, eine wunderbare Kuh,
die jeden Monat kalben mußte und sie war gerade wieder so [weit.

Surinam, von wo der Seemann heimkehrt, liegt in Niederländisch-Guayana an der Küste von Südamerika. Es war früher neben Curaçao und Aruba ein wichtiger Anlaufhafen für holländische Westindienfahrer. Bauholz wie der Guajakbaum (lignum vitae) und der Grünharzbaum bildete die übliche Hartholzfracht von Guayana. Aus dem Guajak- oder Pockholz machte man die Blöcke der Taljen.

QUAND LA BOITEUSE VA-T-AU MARCHÉ

FRANZÖSISCH: CAPSTAN SHANTY

Die Übersetzung dieses Shantys ist nicht so kühn wie das französische Original. Hier finden wir wiederum die typisch gallischen Wiederholungen der Solos, die als Refrains gesungen werden. »Mousse« ist ein Decks- oder Schiffsjunge. Variationen dieses Worts finden wir überall in den Logisräumen kontinentaleuropäischer Schiffe. Auf deutschen Schiffen heißt der Schiffsjunge »Moses«; Norweger benutzen gleichfalls das Wort »Moses«, obwohl man einen Schiffsjungen auf seiner ersten Fahrt ironischerweise auch »båsen« nennt (Boss). Auf französischen Hochseeschiffen hieß ein Schiffsjunge auf seiner ersten großen Fahrt »mousse de chambre«. Er mußte achtern schlafen und seine Mahlzeiten in der Pantry einnehmen. Wenn er sechzehn wurde, nannte man ihn einen »Novizen«; dann durfte er in das Logis umziehen.

2. Elle emmène aussi son gabier,
C'est lui qui fait manoeuvrier.

3. Sur fond de plumes la fait mouiller,
Lui prend trois ris dans son tablier.

4. Et sa cotte lui fait carguer,
Sa chemise lui fait serrer.

5. Puis à courir le beau gabier,
Il lui guinde un mât de hunier.

6. Quand la boiteuse vient du marché,
Qu'apporte-t-elle dans son panier?

7. Un petit mousse sur chantier,
Avant dix mois sera lancé.

WENN DIE LAHME ZUM MARKT GEHT

1. Wenn die Lahme zum Markt geht,
Ch.: Wenn die Lahme zum Markt geht!
mit ihrem hübschen kleinen Korb,
Ch.: Mit ihrem hübschen kleinen Korb,
da watschelt sie so hin und her.
Ach, liebe Mutter, weine nicht so
sehr!

Voller Chor: Ach, meine Liebe, welch
[ein Schatz,
geheiratet zu haben.
Ach, meine Liebe, welch
[ein Schatz,
geheiratet zu haben
ein reingoldenes Herz!

2. Ihren Gast nimmt sie auch mit,
er übernimmt die Manöver.

3. In einer Daunenbilge lässt er sie vor
[Anker gehn,
holt ihre Schürze dreimal hoch.

4. Hievt dann auch ihren Unterrock,
raubt ihr als letztes dann das Hemd.

5. Dann beeilt sich der schöne Matrose,
und rammt ihr die Marsstenge ein.

6. Wenn die Lahme vom Markt kommt,
was bringt sie da in ihrem Korb?

7. Einen kleinen Schiffsjungen auf Lager,
der in zehn Monaten vom Stapel laufen
[wird.

FISCHER, SCHMUGGLER UND PIRATEN

Die verwegenen Burschen, die auf den Walfängern die Mannschaft bildeten, waren von normalen Hochseematrosen völlig verschieden. Wegen der Art dieser speziellen Arbeit waren die eigentlichen Seeleute – Männer, die das Schiff steuerten, die Segel bedienten und die Ausrüstung in Ordnung hielten – in der Minderzahl. Dagegen waren Männer, die kleine Boote fuhren (was die meisten Hochseematrosen nicht taten), auf Walfängern immer gesucht. Auch Küfer wurden gebraucht; ihre Aufgabe war es, die aufgestapelten Dauben zu Fässern zu verarbeiten, sobald die Walfanggebiete erreicht waren. Die Harpuniere waren ebenfalls eine von den normalen Seeleuten verschiedene Klasse. Ihr Anführer wurde »Specksioneer« genannt, ein aus dem Holländischen kommender Ausdruck. Dann gab es die gemeine Mannschaft, die den Speck flenste (abzog), die Kessel am Kochen hielt, usw., dann die Köche und Stewards – und schließlich die »Schiffshalter«, die an Bord des Hauptschiffes blieben, wenn alle anderen auf der Jagd waren. Obgleich der Wal ein

Säugetier ist, haben die Walfänger ihn immer »Fisch« genannt und ihre Arbeit »Fischfang«.

Vom echten Fischfang muß die Jagd auf den Kabeljau am härtesten gewesen sein. Sie war so aufreibend, daß in den französischen Strafbestimmungen die »Terre Neuvas« der bretonischen Kabeljauflotte, die auf den Bänken vor Neufundland fischte, als Alternative zur Teufelsinsel vorgesehen war. Die Spektakulärste aller Fangarten aber ist, wie ich mir vorstelle, die der Thunfischer von Sizilien. Zu bestimmten Jahreszeiten werden die Thunfische gegen lange, korridorartig gespannte Netze getrieben, die an ihrem Ende zu einem großen rechteckigen Netz führen – der »Todeskammer«. Um den oberen Rand dieser »Kammer« scharen sich Hunderte von kleinen Booten. Sobald die große »Todeskammer« unter dem wilden Geschrei und den Liedern der erregten Fischer hochgezogen wird, finden sich die Thunfische in immer weniger Wasser und fangen an, sich wild herumzuwerfen. Wenn das Netz fast ganz aus dem Wasser gezogen ist, beginnt die »Matanza« oder das »Morden«, wobei die großen, in der Falle sitzenden Thunfische um sich schlagen, wenn ihnen die Fischer einzeln den Todesstoß versetzen.

Schmuggeln und das Irreleiten von Schiffen gingen in frühen Zeiten Hand in Hand. Das Schmuggeln bedarf hier kaum einer Erklärung, aber es ist Wert, etwas zum erbarmungslosen, wenn auch romantischen Spiel des In-die-Irre-Führens von Schiffen anzumerken. An der Küste von Cornwall befestigten die Strandräuber, wenn ein Schiff irregeführt werden sollte, eine Laterne zwischen den Hörnern einer an den Vorderbeinen gefesselten Kuh – man nannte das »jibber the kibber«. Eine solche Laterne ließ die Mannschaft des ahnungslosen Schiffes annehmen, sie markiere die Einfahrt zum Hafen. Sobald das Schiff die

Felsen rammte, erschienen die Strandräuber auf der Bildfläche, mordend und plündernd.

Piraten gehörten selbstverständlich keinem Land an, kamen aber aus aller Herren Länder. Die Bukaniere der Westindischen Inseln, von Hause französische Viehtreiber, bekamen ihren Namen von der karibischen Art Fleisch zu kochen, nämlich auf einem »boucan«. Aber erst als die Spanier ihnen auf Haiti das Leben schwermachten, gingen diese Männer zur Seeräuberei über, und die Ausgestoßenen aller Nationen schlossen sich ihnen an. Hier einige der bekannten Piraten, deren Namen die Vergangenheit überdauert haben: die Franzosen Pierre le Grand, Misson und l'Olonnois; die Holländer Mansveld, Rock Brasiliano und Esquemelimg; die Waliser Morgan und Howell Davies; der Portugiese Bartolomeu; die Engländer Kidd, Teach (Schwarzbart), Bonnet und Avery, und der größte unter den Berber-Korsaren – Barbarossa.

In Deutschland ist Klaus Störtebeker, der in Hamburg hingerichtet wurde, der bekannteste.

BRINDISI DI MARINAI

SIZILIANISCH UND ITALIENISCH:
Arbeitslied beim Netzeinholen

Hier ein Arbeitslied, das die Fischer der Provinz Trapani auf Sizilien beim Thunfischfang zu singen pflegten. Einige wenige dieser Thunfischerlieder sind uns durch die Anstrengungen des amerikanischen Volksliedsammlers Alan Lomax und des italienischen Experten Diego Carpitella erhalten geblieben. Obwohl sich die Shanties alle Holgesang nennen, wurden sie dort auch in vielen Fällen an der Ankerwinde angestimmt. Auf größeren Booten werden die Leinen der Netze nämlich nicht mit der Hand eingeholt, sondern mit Hilfe der Ankerwinde. Die Fischer sangen dann, wenn sie die Winde drehten.

Löscht die Lampe, Boys!
Hier gehen wir nicht mehr weg!
Die Lampe muß verlöschen!
Jetzt wollen wir trinken.
Jetzt machen wir uns etwas zu trinken,
                                    [Boys!
Denn wir bleiben hier.
Hier bewegen wir uns nicht mehr weg!
Löscht die Lampe, Boys!
Wir trinken ordentlich auf den,
der uns Arbeit gibt.
Und wir müssen alle trinken,
bis unser Schiffszwieback durchweicht ist.

Alle: Bacchus, Bacchus!

ALLEN DIE WILLEN NAAR ISLAND GAAN

Holländisch: Forebitter

Dies ist ein Song der Island-Kabeljau-
fischer. Kees Hos, meine Quelle für
dieses Lied, sagte mir, er habe die darin
erwähnten Ortsnamen auf einer alten
holländischen Seekarte gefunden. Es
sind folgende: *Lezart:* Kap Lizard
(südlichster Punkt Englands); *Sorlines:*
die Scilly-Inseln, und *Kaap Clara:* Kap
Clear. Dem *Rokol* des Liedes ent-
sprach der Rockall-Felsen auf der
Karte. Sowohl die holländischen wie
auch die bretonischen Kabeljaufischer
waren früher viel in den Gewässern um
Island tätig.

Al-len, die wil-len naar Is-land gaan, Om
ka-bel-jauw te van-gen, En te vis-sen met ver-
lan-gen, Naar I-se-land, naar I-se-land, naar
Ise-land toe, Tot drie en der-tig
rei-zen zijn wij nog niet moe.

2. Komt ons de tijd van de fooie aan,
Wij dansen met behagen,
En wij weten van geen klagen,
Maar komt de tijd, maar komt de tijd, naar zee te gaan,
Dan is er wel ons hoofd van zorgen zwaar belaan.

3. Als er de wind van het Noorden waait,
Wij gaan naar de herberge,
En wij drinken zonder erge;
Wij drinken daar, wij drinken daar, op ons gemak,
Tordat de leste stuiver is uit onze zak.

4. Als er de wind van 't Oosten waait,
De schipper blij van herte,
Zegt: "Die wind, die speelt ons perten,
'T zal beter zijn, 't zal beter zijn, 't zal beter zijn,
Te lopen voor de wind recht het Kanaal maar in."

5. "Langs de Lezaars, de Schorels voorbij,
Van daar al naar Kaap Claire,
Die niet weet hij zal 't wel leren."
Toen komt er bij, toen komt er bij, ons stureman,
En hij geeft ons de koerse recht naar Iseland.

6. Wij lopen 't eiland Rokol voorbij,
Al naar de vogelscharen,
Dat zal ieder openbaren,
En dan vandaar, en dan vandaar, naar Bredefjord,
En daar dan smijten wij de kollen buiten boord.

7. Eind'lijk dan komen w'op Iseland aan,
Om kabeljauw te vangen,
En te vissen met verlangen,
Naar Iseland, naar Iseland, naar Iseland toe,
Tot drie en dertig reizen zijn wij nog niet moe.

116

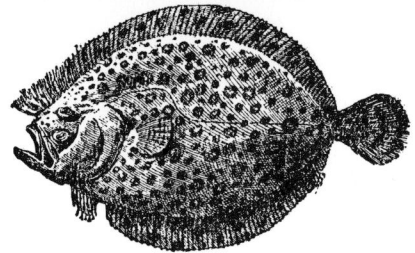

ALLE, DIE NACH ISLAND WOLLEN

1. Alle, die nach Island wollen,
   um Kabeljau zu fangen
   und zu fischen mit Verlangen,
   nach Island, nach Island, nach Island,
   bei dreiunddreißig Reisen sind wir noch nicht
                             [müde.

2. Kommt der Tag der Heuerzahlung,
   tanzen wir vor Vergnügen
   und denken nicht daran, zu klagen.
   Doch kommt die Zeit, doch kommt die Zeit,
                       [in See zu gehen,
   dann ist uns wohl der Kopf von Sorgen
                           [schwer.

3. Wenn der Wind von Norden weht,
   gehen wir in die Schenke,
   und wir trinken ohne Arg,
   wir trinken dort, wir trinken dort, so recht
                         [gemütlich,
   bis der letzte Groschen aus unserer Tasche
                          ['raus ist.

4. Wenn der Wind von Osten weht,
   der Schiffer frohen Herzens
   sagt: Der Wind, der spielt uns Possen.
   Da wird's besser sein, da wird's besser sein,
                   [da wird's besser sein,
   vorm Wind zu laufen direkt in den Kanal
                           [hinein.

5. Kap Lizard entlang, an den Scilly-Inseln
                         [vorbei,
   von dort dann nach Kap Clear,
   wer sich nicht auskennt, wird's schon lernen.
   Dann kommt er 'ran, dann kommt er 'ran,
                   [unser Steuermann,
   und er gibt uns den Kurs genau nach Island.

6. Wir laufen an der Insel Rockall vorbei,
   immer den Vogelschwärmen nach,
   daran wird sich jeder orientieren.
   Und von dort dann, und von dort dann zum
                     [Bredefjord,
   und dort werfen wir dann die Angelschnüre
                       [über Bord.

7. Dann endlich kommen wir nach Island,
   um Kabeljau zu fangen
   und zu fischen mit Verlangen,
   nach Island, nach Island, nach Island,
   bei dreiunddreißig Reisen sind wir noch nicht
                             [müde.

E AMÒLA

SIZILIANISCH: ARBEITSLIED DER FISCHER

Dies ist ein Arbeitslied, wie es die Thunfischfänger Westsiziliens zu singen pflegen. Die Anrufung der Schutzheiligen – der Jungfrau Maria und St. Josefs – um Hilfe für den Fischer bei seiner schweren Arbeit findet sich rund um Siziliens und Italiens Küsten im allgemeinen. Und nicht nur um Hilfe bei der Arbeit geht es, wenn die Fischer ihre Schutzpatrone angehen, sondern auch um Abwehr allen Übels und Errettung aus den Gefahren des

Meeres und den Schwierigkeiten im Leben.

Genuesische Fischer bauen auf die Madonna della Coronata, die von der Riviera di Levante auf die Madonna di Montellegro in Rapallo. Die neapolitanischen Fischer hingegen schwören, daß ihnen die Madonna di Piedigrotta helfe. Toskanische Fischer und Matrosen (sogar Dampfschiffheizer) haben stets die Madonna di Montenero verehrt, während die Seeleute von Ancona und Rimini fest an die Kräfte von Unserer lieben Frau von Morato glauben.

2. E lu tunnu è veru beddu!
Carricamu 'stu vasceddu!

3. E di Genuva a Portufinu,
E Livurnu signurinu.

4. E assummamu 'sta safina!
E sparamu 'sta tunnina!

All hands: Assummä!
Assumma!

UND FANGE SIE!

1. Beginnen wir es mit Maria!
Refrain: Und fange sie und fange sie!
Heiliger Josef, sei mit von der Partie!
Refrain: Und fange sie und fange sie!

2. Und die Thunfische sind wirklich reichlich da!
Laden wir unser Schiff damit voll!

3. Und von Genua bis Portofino
und Livorno, Herr!

4. Und holen wir sie ein, diese Pracht,
und weiden wir diese Thunfische aus!

Voller Chor: Hol' ein! Hol' ein!

FISCHERLIED

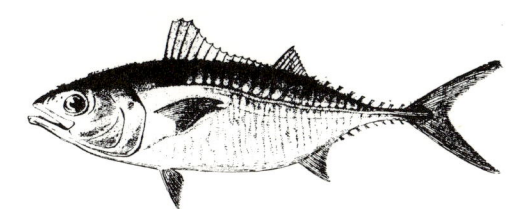

DEUTSCH: FOREBITTER

Dieses Fischerlied von der Küste Pommerns läßt die Gedanken eines jungen Fischers ahnen, der auf der Ostsee seine Netze einholt – Gedanken an seinen Schatz und an die baldige Hochzeit.

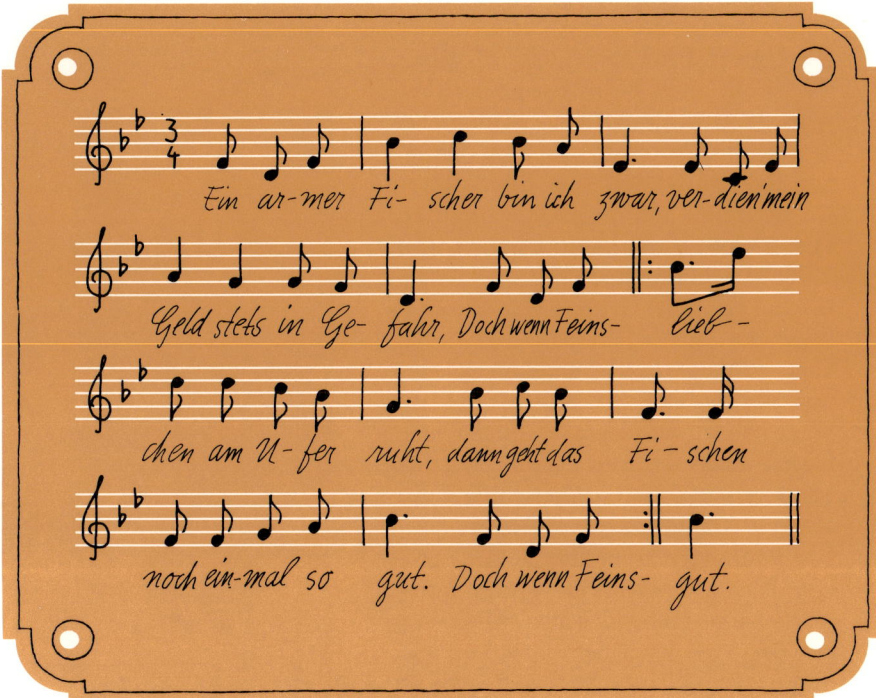

Ein ar-mer Fi-scher bin ich zwar, ver-dien' mein Geld stets in Ge-fahr, Doch wenn Feins-lieb-chen am U-fer ruht, dann geht das Fi-schen noch ein-mal so gut. Doch wenn Feins- gut.

2. Und fahren wir zur See hinaus, und werfen
   uns're Netze aus.
   Dann kommen Fischlein groß und klein, ein jedes
   will einmal gefangen sein.

3. Und ist vorbei der Monat Mai, vorbei ist dann
   die Fischerei.
   Dann geht Feinsliebchen zum Traualtar, es lebe
   hoch das Fischerpaar.

ROLLING DOWN TO OLD MAUI

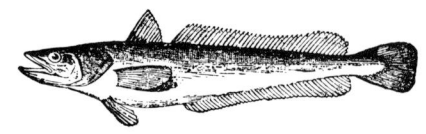

AMERIKANISCH/ENGLISCH: FOREBITTER

Die Hawaii-Insel Maui, oder Mowhee, wie sie in alten Berichten geschrieben wird, war vom frühen Beginn des 19. Jahrhunderts an beliebtes Hauptquartier und Hafen zum Überwintern für die Pott- und Grönlandwalfänger. Der kleine Hafen von Lahaina war 1820 die Hauptstadt der Sandwich-Inseln, wie die Gruppe der Hawaii-Inseln zu jener Zeit hieß. So wie sie liegt, mit der Insel Lanai im Westen und Kahoolawe im Süden, hat die Stadt eine wunderbare Bucht und besitzt einen sicheren Hafen. Im Jahre 1846 gingen 395 Segelschiffe, vor allem Walfänger, dort vor Anker.

Die Walfänger arbeiteten in der »großen Saison«, wenn die Flotte nordwärts zum Ochotskischen Meer zog auf der Jagd nach dem Grönlandwal, und in der »kleinen Saison«, wenn sie auf der Jagd nach dem kalifornischen Grauwal vor der Küste von Niederkalifornien kreuzte. Wenn sie im eisigen Ochotskischen Meer gewesen waren, eine Zeit harter Arbeit – Eis, kein Schnaps, keine Frauen – kamen die Walfänger gewöhnlich nach Lahaina zurück, bereit, die Stadt auseinanderzunehmen. Es dauerte nicht lange, bis Seeleute hier »ausstiegen«, und viele machten Kneipen auf, die Treffpunkte der Walfänger am Ort. Die sogenannten »Schiffsmädchen«, eingeborene Frauen, pflegten der einlaufenden Walflotte entgegenzuschwimmen, obwohl es Frauen verboten war, ein Schiff zu betreten. Sie kletterten behende an den Püttings und am Wasserstag hoch, und im Nu kam es auf jedem Schiff zu wilden Zechgelagen und Orgien. In späteren Jahren übernahm Honolulu von Lahaina die Rolle als wichtigster Hafen, und die Walfänger gingen nicht mehr »auf Fahrt nach old Maui«.

[Notenblatt mit Liedtext:]

Tis a rough, tough life of toil an' strife, we whale-men under go, We don't give a damn when the gale is done, how hard the winds do blow; We're home-ward bound, 'tis a damn fine sound, with a good ship taut an' free---, We don't give a damn when we drink our rum, with the girls of old Mau-ee. Roll-ing down to old Mau-ee, me boys, Roll-ing down to old Mau-ee---ee, We're home-ward bound from the Arc-tic ground Rolling down to old Mau-ee!

2. Once more we sail with a northerly gale through the ice an' sleet an' rain,
   And them coconut fronds in them tropic lands, oh, we soon shall see again,
   Six hellish months have passed away in the cold Kamchatka Sea,
   But now we're bound from the Arctic ground, rolling down to old Maui!

3. We'll heave the lead where old Diamond Head looms up on ol' Wahoo,
   Our masts and yards are sheathed with ice, an' our decks are hid from view,
   The horrid ice of the sea-cut isles that deck the Arctic Sea,
   Are miles behind in the frozen wind since we steered for old Maui.

4. How soft the breeze of the tropic seas now the ice is far astern,
   And them native maids in them island glades are awaiting our return,
   An' their big black eyes even now look out, hoping some fine day to see,
   Our baggy sails running 'fore the gales, rolling down to old Maui.

5. An' now we sail with a favorable gale toward our island home,
   Our mainyard sprung, all whaling done, an' we ain't got far to roam;
   Our stuns'l booms are carried away, what care we for that sound?
   A livin' gale is arter us, thank God we're homeward bound.

6. And now we're anchored in the Bay with the Kanakas all around,
   With chants and soft aloha oes they greet us homeward bound;
   An' now ashore we'll have good fun, we'll paint them beaches red,
   Awakin' in the arms of an island maid, with a big, fat, achin' head.

AUF DER FAHRT NACH OLD MAUI

1. Es ist ein rauhes, hartes Leben voll Plackerei und Kampf, das wir Walfänger führen.
   Es ist uns völlig schnuppe, wenn der Sturm nachläßt, wie stark die Winde wehen;
   heimwärts bestimmt, ist ein verdammt schöner Klang, mit einem guten Schiff, geputzt und gut im Wind.
   Es ist uns völlig schnuppe, wenn wir unseren Rum mit den Mädchen von old Maui trinken.
   Chor: Segeln heim nach old Maui, Jungens, segeln heim nach old Maui.
       Heimwärts bestimmt, von den arktischen Gründen;
       segeln heim nach old Maui!

2. Und wieder segeln wir mit einem Sturm aus Nord durch Eis und Hagel und Regen;
   Und die Kokosnußwedel in den warmen Ländern, oh, wir werden sie bald wiedersehen.
   Sechs höllische Monate sind vergangen in der Kamtschatka-See,
   aber jetzt sind wir auf der Fahrt von den arktischen Gründen, segeln nach old Maui!

3. Wir loten die Tiefe, wo Diamond Head drohend aufragt.
   Unsere Masten und Rahen sind von Eis überzogen, und unsere Decks nicht mehr zu sehen.
   Das furchtbare Eis der zerklüfteten Schollen, die das Nordpolarmeer bedecken,
   liegt Meilen zurück im eisigen Wind, seit wir auf old Maui zusteuern.

4. Wie sanft die Brise der tropischen Gewässer nun ist, da das Eis weit achteraus liegt;
   und die heimischen Mädchen unter den Palmen erwarten unsere Rückkehr,
   und ihre großen, schwarzen Augen halten sogar jetzt Ausschau, und hoffen, eines schönen Tages
   unsere aufgebauschten Segel vor dem Wind, auf der Fahrt nach old Maui.   [zu sehen

5. Und jetzt segeln wir heim mit stürmischem Wind, unserer Insel entgegen.
   Unsere Großrah brach, als der Fang beendet, nicht weit mehr haben wir zu fahren.
   Unsere Leesegelspieren gingen verloren, was kümmert uns das?
   Ein stürmischer Wind treibt uns voran, dankt Gott wir fahren heim.

6. Und nun liegen wir in der Bucht vor Anker und überall Kanaken um uns herum.
   Mit Gesang und süßem »aloa ohe« begrüßen sie uns auf unserer Heimreise;
   und jetzt an Land werden wir unseren Spaß haben, wir werden auf die Pauke hauen,
   in den Armen eines Inselmädchens erwachen, mit dickem, brummendem Schädel.

THE FEMALE SMUGGLER

Englisch: Forebitter

Schmuggeln gehörte im sechzehnten, siebzehnten und achtzehnten Jahrhundert an der Kanalküste Englands zum täglichen Leben, und wurde von Bürgern jeder Art, vom Verbrecher bis zum Geistlichen betrieben. Der Schmuggel und sein Gegenstück, das In-die-Irre-Führen und Ausrauben von Schiffen, bildeten den natürlichen Lebensunterhalt der Bauern und Fischer vor allem in Cornwall. Französischer Cognac, Seide und Brokat, Tabak und gar nicht zu reden von menschlichen Wesen in Form von Spionen und Eindringlingen, überquerten den Kanal stündlich. Der Zoll oder Küstenschutzoffiziere werden in diesem Lied als die »Blockade« besungen. Wie hier beschrieben, lagen sich Schmuggler und Piraten oft in den Haaren. Wie Kapitän Whall betont, wurde diese Art Seemannslied mit einem »d« vor betonten »l« und »n« gesungen, wie z.B.: a-whidle (awhile), rodling (rolling), shadll (shall), adnd (and) und soodn (soon).

O come, list a-while, and ye soon shall hear,
By the roll-in' sea lived a mai-den fair,
Her fath-er fol-lowed the smugg-ling trade, Like a war-like he-ro,
Like a war-like he-ro, that nev-er was a-fraid.

2. Now, in sailor's clothing young Jane did go,
Dressed like a sailor from tip to toe;
Her aged father was the only care,
Of this female smuggler,
Of this female smuggler, who never did despair.

3. With her pistols loaded she went aboard,
And by her side hung a glittering sword;
In her belt two daggers – well armed for war,
Was this female smuggler,
Was this female smuggler, who never feared a scar.

4. Now they had not sailed far from land,
When a strange sail brought them to a stand,
"These are sea robbers," this maid did cry,
"But the female smuggler,
But the female smuggler, will conquer or die."

5. Alongside, then, this strange vessel came,
"Cheer up," cried Jane, "we will board the same;
We'll run all chances to rise or fall,"
Cried this female smuggler,
Cried this female smuggler, who never feared a ball.

6. Now they killed those pirates and took their store,
An' soon returned to ol' Eng-a-land's shore,
With a keg of brandy she walked along,
Did this female smuggler,
Did this female smuggler, and sweetly sang a song.

7. Now they were followed by the Blockade,
Who in irons strong did put this fair maid,
But when they brought her for to be tried,
This young female smuggler,
This young female smuggler, stood dressed like a bride.

8. The commander to the judge then said,
"I cannot prosecute this maid,
Pardon for her on my knees I crave,
For this female smuggler,
For this female smuggler, so valiant and so brave."

9. Then the commander to her father went,
To gain her hand he asked consent,
His consent he gained, so the commander,
And the female smuggler,
And the female smuggler, are a happy pair.

DIE SCHMUGGLERIN

1. Oh komm, lausche eine Weile und du sollst bald hören;
an der wogenden See lebte ein hübsches Mädchen.
Ihr Vater ging dem Schmuggel nach,
wie ein kriegerischer Held,
Chor: Wie ein kriegerischer Held, der sich nie fürchtete.

2. Jetzt ging die junge Jane in Matrosenkleidern einher,
wie ein Matrose gekleidet vom Scheitel bis zur Sohle.
Ihr alter Vater war die einzige Sorge
dieser Schmugglerin.
Chor: Dieser Schmugglerin, die nie die Hoffnung verlor.

3. Mit geladenen Pistolen ging sie an Bord,
und an ihrer Seite hing ein funkelndes Schwert;
in ihrem Gürtel zwei Dolche – gut gerüstet für den Krieg,
war diese Schmugglerin.
Chor: War diese Schmugglerin, die keine Klippe fürchtete.

4. Sie waren dicht unter Land gesegelt,
als ein fremdes Boot sie stoppte.
»Das sind Seeräuber.« schrie das Mädchen,
»Aber die Schmugglerin,
Chor: Aber die Schmugglerin wird siegen oder sterben.«

5. Das seltsame Schiff kam dann längsseits.
Habt Mut«, rief Jane, »wir wollen es erstürmen;
wir wollen alle Chancen nutzen und siegen oder fallen«,
rief diese Schmugglerin.
Chor: Rief diese Schmugglerin, die keine Kugel fürchtete.

6. Dann töteten sie diese Piraten und nahmen deren Waren,
und kehrten bald zurück an die Küste des guten, alten
[England.
Mit einem Fäßchen Cognac ging sie herum;
das tat diese Schmugglerin,
Chor: Das tat diese Schmugglerin und sang lieblich ein Lied.

7. Dann wurden sie von der Blockade verfolgt,
die das hübsche Mädchen in starke Eisen legte.
Aber als sie sie brachten, um sie einzukleiden,
diese junge Schmugglerin,
Chor: Stand die junge Schmugglerin gekleidet wie eine Braut.

8. Der Kommandeur sprach sodann zum Richter,
»Ich kann dieses Mädchen nicht anklagen.
Auf meinen Knien erflehe ich Gnade für sie;
für diese Schmugglerin,
Chor: Für diese Schmugglerin, so tapfer und so stattlich.«

9. Dann ging der Kommandeur zu ihrem Vater,
erbat die Zustimmung, ihr Herz zu gewinnen.
Seine Zustimmung erhielt er, und der Kommandeur
und die Schmugglerin
Chor: Und die Schmugglerin sind ein glückliches Paar.

DUNDEE WHALERS

SCHOTTISCH: FOREBITTER

Dies ist ein echtes Walfängerlied, das seinen Weg an Deck britischer Handelsschiffe fand. Die Kanadier haben ebenfalls eine Version, die aber zu einer anderen Melodie gesungen wird. Es ist möglich, daß der Norweger Othere als erster auf der Suche nach Walen über das Nordkap hinausfuhr, die aber »Pferdewale« oder Walrosse waren. Ihre Stoßzähne brachte er für König Alfred von England mit. Die Holländer jedoch gründeten als erste eine Walfangstation auf Spitzbergen in der Arktis, wenngleich die Basken im Golf von Biscaya schon früher Wale jagten. Spitzbergen wurde immer als Ost-Grönland erwähnt, und viele frühe Walfang-Lieder über Grönland beziehen sich möglicherweise tatsächlich auf Spitzbergen.

Die Geschichten der in diesem Lied erwähnten Schiffe findet man mit einer Ausnahme, nämlich Erin's Boy, in Basil Lubbocks schönem Buch »The Arctic Whalers«. Ich lernte dieses Lied von einem alten Schotten aus Dundee, der mir erzählte, daß es oft von einem Dudelsackspieler beim Lichten der Anker auf den Walfängern gespielt wurde – die meisten schottischen Walfänger hatten einen Dudelsackspieler an Bord.

There's a mighty fleet of whalers, a-sailin' from Dundee, They're mann'd by British sailors for to take 'em o'er the sea, On a Western Ocean passage – there's none that can compare, An the smartest ship to-o make the trip is Balena I declare. And the wind is on the quarter – an' the sails are full an' free, There's not another whaler a-sailin' the Arctic sea, Can beat the old Balena; an' she need not try it on, For we challenge all, both great an' small, from Dundee to St. Johns!

2. There's the new-built *Terra Nova*; she's a model without doubt,
The *Arctic* and *Aurora*, ye've heard so much about;
There's *Jackson's* model mail boat, the terror of the sea,
But she couldn't beat *Balena* on the passage from *Dundee*.

3. Bold *Jackson* carries canvas an' fairly raises steam,
An' *Capen Gay* with the *Erin Boy* goes plowin' thro' the stream,
An' *Mullen* says the *Eskimeaux* will beat the bloomin' lot,
To beat the ol' *Balena*, oh, she'll find it rather hot.

4. An' now that we are landed where the rum is mighty cheap,
We'll drink success to our capen for guidin' us o'er the deep,
A health to all our sweethearts an' to our wives so fair,
Not another ship could make that trip but *Balena* I declare.

WALFÄNGER AUS DUNDEE

1. Eine mächtige Flotte von Walfängern segelt von Dundee aus,
Sie ist bemannt mit britischen Matrosen – um sie über das Meer zu führen,
In der Nordatlantik-Fahrt gibt es keine vergleichbaren Schiffe
Und das schneidigste Schiff für diese Fahrt ist die »Balena«, so behaupte ich.
Chor: Und der Wind bläst aus günstiger Richtung – und die Segel sind prall und gut gefüllt.
Es segelt kein anderer Walfänger auf dem Nordpolarmeer,
Der die »Balena« schlagen kann; man braucht es gar nicht erst auszuprobieren,
Denn wir fordern alle heraus, groß und klein, von Dundee bis St. Johns.

2. Es gibt die neue »Terra Nova«; sie ist zweifellos ein Vorbild,
Über die »Arctic« und »Aurora« habt ihr schon so viel gehört;
Da ist Jacksons musterhaftes Postschiff, der Schrecken der Meere,
Aber es konnte »Balena« auf der Fahrt von Dundee nicht schlagen.

3. Die kühne »Jackson« führt Segel und macht tüchtig Dampf auf,
Und Käpten Gay mit der »Erin Boy« pflügt durch die See,
Und Mullen sagt, die »Eskimeaux« wird den ganzen verdammten Haufen schlagen,
Und die »Balena« zu schlagen, da wird sie sich kräftig ins Zeug legen müssen.

4. Und nun, da wir an Land sind, wo der Rum schön billig ist,
Trinken wir darauf, daß es unserem Käpten gelungen ist, unser Schiff so erfolgreich zu führen,
Auf die Gesundheit all unserer Geliebten und unserer Frauen in der Ferne,
Kein anderes Schiff außer der »Balena« könnte solche Reise machen, behaupte ich.

REUBEN RANZO

AMERIKANISCH/ENGLISCH:
HALYARD SHANTY

Meine Theorie zum Ursprung dieses Shantys habe ich in den Notizen über »Brindisi di Marinai« erklärt. »Ranzo« war ein bei den Seeleuten beliebtes Lied, weil es ihnen die Möglichkeit zu verstohlenen Anspielungen gab, die oft auf die Offiziere abzielten.

Wenngleich es zweifelhaft ist, ob an Bord von Walfängern in irgendeiner Form Shanties gesungen wurden, wie sie beim Einholen der Netze üblich waren (ihre großen Mannschaften machten das unmöglich), hat man immer geglaubt, daß dieses Lied tatsächlich an Bord der Walfänger gesungen wurde, allerdings nicht beim Einholen von Netzen. Lieder, die man beim Betätigen der Ankerwinde sang, wurden an Bord der Walspeckjäger gesungen, wenn der Speck zum Masttopp hochgeholt wurde, wie auch bei anderen täglich anfallenden Arbeiten. Selbstverständlich sangen Walfänger in der Freizeit, und sie waren auch die Schöpfer vieler Poller-Lieder.
Die Melodie in den gesammelten Liedversionen variiert nur leicht, und die einzige Abweichung beim Text gibt es in der letzten Strophe:

1. Man hat ihn wegen seiner schlechten Angewohnheiten über Bord geworfen.
2. Er wurde ausgepeitscht, weil er den Truthahn des Kapitäns gestohlen hatte.
3. Er erlebt weitere Abenteuer auf dem Meeresgrund, nachdem man ihn über Bord geworfen hat.

Dauerte das Aufholen lange, pflegte der Vorsänger die Solozeilen zu wiederholen. Das Holen erfolgte jeweils auf die zwei »Ranzo's« in den beiden Refrains.

2. Ranzo wuz no sailor,
   He shipped aboard a whaler.

3. Ranzo joined Pierre Loti,
   Did not know his dooty.

4. Shanghaied aboard of a whaler,
   They tried to make him a sailor.

5. They put him holystoning,
   And cared not for his groaning

6. They gave him lashes thirty,
   Because he wuz so dirty.

7. He washed once in a fortnight,
   Said it wuz his birthright.

8. The cap'n gave him thirty,
   His daughter begged for mercy.

9. She gave him soap an' water,
   An' a bit more than she oughter.

10. She gave him rum and whiskey,
    Which made him feel damned frisky.

11. She taught him navigation,
    An' gave him edication.

12. She made him the best sailor,
    Sailing on that whaler.

13. Ranzo's now the skipper,
    Of a Yankee whaler.

REUBEN RANZO

1. Ooh! Armer, alter Reuben Ranzo,
   Chor: Ranzo, Jung's, ranzo!
   Ooh! Armer, alter Reuben Ranzo,
   Chor: Ranzo, Jung's, ranzo!

2. Ranzo war kein Seemann,
   Chor: Ranzo, Jung's, ranzo!
   Er musterte auf einen Walfänger,
   Chor: Ranzo, Jung's, ranzo!

3. Ranzo kam auf die »Pierre Loti«,
   Er kannte seine Arbeit nicht.

4. Shanghait kam er an Bord eines Wal-
   [fängers,
   Man versuchte, aus ihm einen Seemann zu
   [machen.

5. Sie ließen ihn mit dem Sandstein scheuern,
   Und kümmerten sich nicht um sein
   [Gestöhne.

6. Sie gaben ihm dreißig Streiche,
   Weil er so dreckig war.

7. Er wusch sich alle zwei Wochen,
   Und sagte es sei sein Recht.

8. Der Kapitän verabreichte ihm dreißig,
   Seine Tochter bat um Mitleid.

9. Sie gab ihm Wasser und Seife,
   Und etwas mehr als sie eigentlich sollte.

10. Sie gab ihm Rum und Whiskey,
    Worauf er sich verdammt munter fühlte.

10. Sie brachte ihm Navigation bei,
    Und tat was für seine Bildung.

12. Sie machte den besten Seemann aus ihm,
    Den besten auf diesem Walfänger.

13. Ranzo ist jetzt der Kapitän
    Eines Walfängers aus den Nordstaaten.

ET NOUS IRONS À VALPARAISO

FRANZÖSISCH: CAPSTAN SONG

Wenn man dem Tonfall dieses Liedes lauscht, fällt sofort auf, daß die erste Hälfte nach der Melodie des englischen Shantys »Good bye Fare ye well« gesungen wird und die zweite nach der von »Blow the Man Down«. H. Jacques zufolge wurde das Lied – wie auch der Inhalt erkennen läßt – ursprünglich von den Walfängern der antarktischen Gewässer gesungen, später aber von den französischen Seeleuten übernommen, die an Bord der Salpetersegler um Kap Horn fuhren.

Dies war das Shanty, das auf den Schiffen der berühmten französischen Segelschiffs-Reedereien gesungen wurde, wenn die Anker zum letztenmal vor der Küste Chiles gelichtet wurden und die Segler sich schwerbeladen mit Salpeter oder Guano auf die Heimreise begaben.

Die hier wiedergegebenen Strophen sind von Kapitän Hayet ein wenig »gereinigt« worden. Nach dem »oula« des dritten Refrains pflegte eine erfahrene Crew eine kleine Pause zu machen.

Har-di! les gars vire au guin-deau, Good-bye, fa-re-well! Good-bye fa- re-well! Har-di! les gars a-dieu Bor-deaux, Hour- ra O Mex-i- co-o-o-o! Au Cap Horn il ne fe-ra pas chaud, Haul a- way-hé! Ou-la tcha-lez! À faire la pêche au cach-a-lot, Hal'mat-e-lot, hé! ho, hisse, hé! ho!

2. Plus d'un y laissera sa peau,
   Adieu misère, adieu bateau!
   Et nous irons à Valparaiso,
   Où d'autres laisseront leurs os.

3. Ceux qui r'viendront pavillon haut,
   C'est premier brin de matelot,
   Pour la bordée ils seront à flot,
   Bon pour le rack, la fille, le couteau.

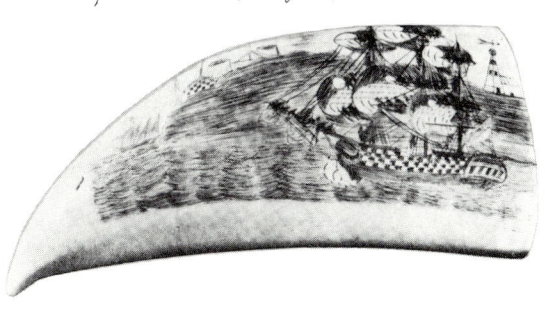

UND WIR SIND NACH VALPARAISO BESTIMMT

1. Nur Mut, ihr Jungs am Ankerspill,
   Ch.: Goodbye fa-re-well, goodbye fa-re-well!
   Nur Mut, ihr Jungs, adieu Bordeaux,
   Ch.: Hurra, O Mexico!
   Am Kap Horn wird es nicht warm sein,
   Ch.: Haul away – hé! Oula tschale!
   Um auf den Pottwalfang zu gehen,
   Ch.: Hol' Matrose, hé! ho, hisse, hé, ho!

2. Mehr als nur einer wird seine Haut dort lassen,
   Adieu Elend, adieu Schiff!
   Und wir sind nach Valparaiso bestimmt,
   Wo die anderen ihre Knochen lassen werden.

3. Die aber, die mit wehender Flagge zurückkehren,
   Sind die besten der Matrosen,
   Flott werden sie für den Kneipengang sein,
   Für den Arrak, die Mädchen, das Messer.

PIQUE LA BALEINE

Dies ist eines der wenigen Ruderlieder (chanson à ramer), die in Frankreich bis auf den heutigen Tag am Leben geblieben sind.

In anderen Ländern lassen sich Lieder dieser Art noch schwerer finden. Es ist ein Walfängerlied, das von den französischen Pottwaljägern in antarktischen Gewässern gesungen wurde. Nachdem die Männer ihre Beute gesichtet hatten, wurden die Boote zu Wasser gelassen, und die Ruderer pullten mit langen und tiefen Schlägen, um dem Riesen möglichst nahe zu kommen. Dann trat der Harpunier in Aktion, in der Hoffnung, die Beute mit einem Wurf fest an den Haken zu bekommen.

Pour re-trou ver ma douce a-mie, oh, mes boués! Ouh! la ouh! la, la, la! Pi-que la ba-lei-ne, jo-li ba-lei-nier, Pi-que la ba-lei-ne, je veux na-vi-guer!

2. Aux mille mers j'ai navigué, oh, mes boués!

3. Des mers du Nord aux mers du Sud, oh, mes boués!

4. Je l'ai r'trouvée quand j'm'ai noyé, oh, mes boués!

5. Dans les grands fonds elle m'espérait, oh, mes boués!

6. En couple à elle me suis couché, oh, mes boués!

STECH DEN WAL
Quelle: Kapt. A. Hayet

1. Um mein Herzliebchen wiederzufinden, o, mes boués!
   Ch.: O! là, o! là, là, là!
   Steche den Wal, schöner Walfänger,
   Steche den Wal, segeln will ich!

2. Gesegelt bin ich über tausend Meere, o, mes boués!

3. Von den Meeren des Nordens zu den Meeren des Südens,
   [o, mes boués!

4. Ich fand sie wieder, als ich ertrunken bin, o, mes boués!

5. Ganz in der Tiefe hoffte sie auf mich, o, mes boués!

6. Dicht an ihre Seite legte ich mich, o, mes boués!

Wenn die Harpune erst einmal in dem schweren Leib festsaß, ertönte das Kommando: »Riemen auf!« Die Harpunenleine wurde straff gespannt wie eine Saite, und der Wal raste samt dem schweren Boot und seiner Besatzung mit zwanzig Knoten los und gab den Ruderern eine »Schlittenfahrt à la Nantucket«, wie das genannt wurde. War das Ungeheuer geschwächt, wurden die Boote näher herangerudert, und der Steuermann stach dem armen Tier die Lanze ins Herz.

Dann »stand der Schornstein des Tiers in Flammen«: Das Blut schoß in dicken Fontänen aus dem Nasenloch des Wals.

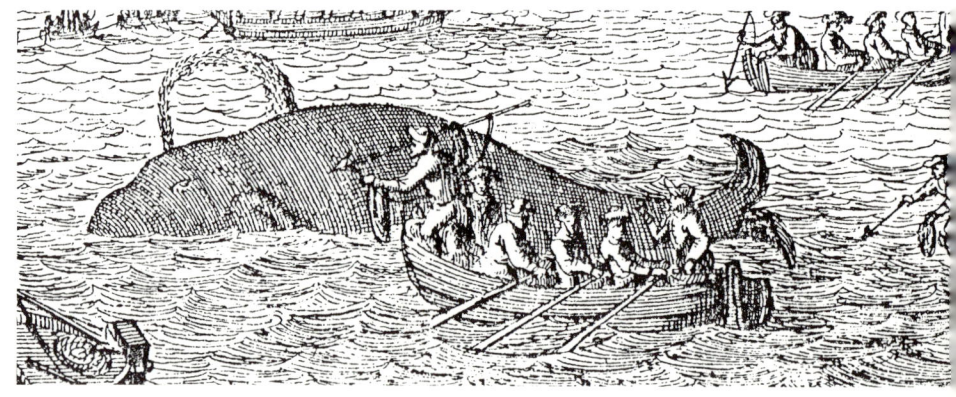

EIGHT BELLS

ENGLISCH: FOREBITTER

Dieses Lied, das man am Poller auf der Back sang, war in den 80-er Jahren des 19. Jahrhunderts an Bord britischer Schiffe wohlbekannt, vor allem an Bord der Walfänger. Dennoch hat es keine Verbindung zu den in der Arktis jagenden Walfängern aus Dundee, Hull, Peterhead usw., sondern eher zu den Pottwalfängern der Südsee, denn es berichtet über einen Matrosen, »in den Reifen«.

ACHT GLASEN

1. Oh mein Mann war ein flotter Vor-
   [toppsgast
   Ein Kumpel vom Koch, weißt du's nicht!
   Er steckte seinen Kopf in den Kom-
   [büsenschornstein
   Und er rief, kommt rauf von da unten.
   Chor: Acht Glas, acht Glas – holt' die
   [Wache von unten hoch,
   Acht Glas, acht Glas – holt' die
   [Wache von unten hoch!

2. Mein Mann fuhr einst auf einem Walfänger,
   Und er segelte in die fernen nördlichen
   [Gewässer,
   Und da er ein Seemann mit furchtlosem
   [Herzen war,
   Kümmerte er sich nicht um Eis, Seegang
   [oder Sturm.

3. Oben in den Reifen war er großartig,
   Beim Ausmachen eines Wal, der blies,
   Bei der Jagd mit dem Walboot war er
   [gewandt,
   Gewandter ruderte kein Seemann.

4. Sobald seine Wache beendet war,
   Trieb ihn die Sehnsucht schnell in die Koje.
   Denn er wollte von seiner Nancy träumen,
   Deswegen rief er: »Kommt hoch von da
   [unten!«

5. Und jetzt ist er kein Seemann mehr,
   Oft wacht er auf in der Nacht,
   Meint, er sei immer noch auf diesem
   [Walfänger,
   Und schreit los mit der größten Lust.

2. My husband once shipped in a whaler,
   An' he sailed to the far northern seas,
   An' bein' a bold-hearted sailor,
   He cared not for ice, sea, nor breeze.

3. When up in the hoops he wuz dandy,
   At sightin' a whale when she blows,
   When out in a whaleboat wuz handy,
   A smarter young tar never rowed.

4. At the end of his watch, oh, his fancy,
   Wuz to git to his bunk quickly O!
   For he wanted to dream o'his Nancy,
   So he shouted "Come up from below!"

5. An' now he's no longer a sailor,
   He often wakes up in the night,
   Thinkin' he's still on that whaler,
   Shouts out wi' the greatest delight.

FISH OF THE SEA

ENGLISCH/AMERIKANISCH:
FOREBITTER

Die verbreitetste Version dieses Liedes hat die berühmte schottische Altistin Katherine Ferrier in den dreißiger Jahren gesungen: »Weht der Wind südlich.« Das Gebiet um den Tyne in Nordengland erhebt ebenfalls Anspruch auf eine frühe Version. Wie auch immer, das Lied breitete sich schnell in der ganzen Welt aus, und die Fischer an der Nordostküste Amerikas hatten bald ihre eigene Variante.

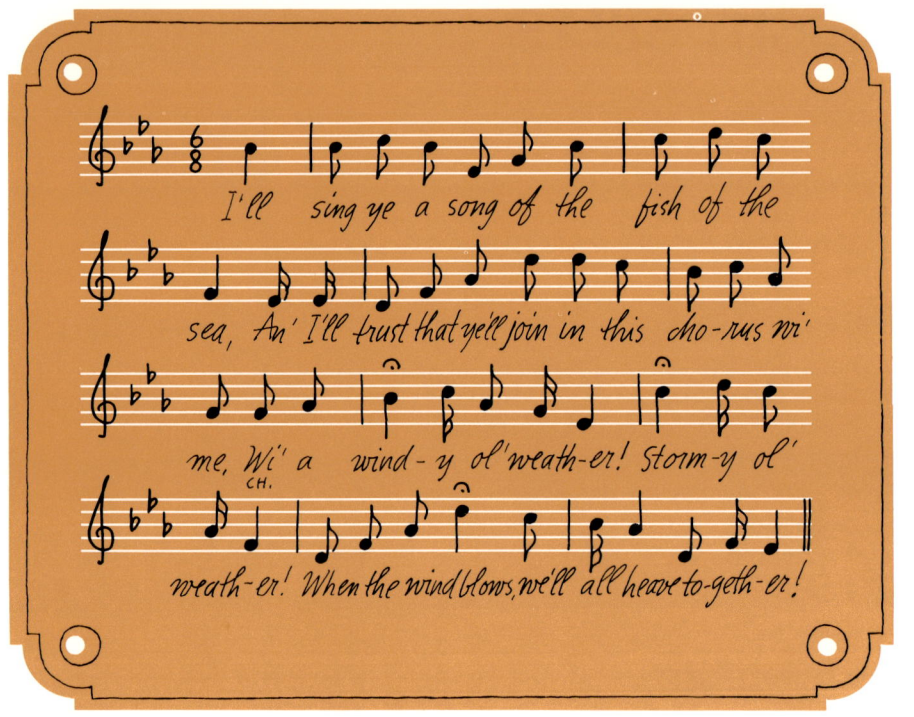

I'll sing ye a song of the fish of the sea, An' I'll trust that ye'll join in this cho-rus wi' me, Wi' a wind-y ol' weath-er! Storm-y ol' weath-er! When the wind blows, we'll all heave to-geth-er!

DIE FISCHE DES MEERES

1. Ich sing dir ein Lied von den Fischen der See,
Und ich hoffe, du wirst mit mir diesen Refrain singen,
Chor: Bei windigem Sauwetter! Stürmischem Sauwetter!
Wenn der Sturm pfeift, ziehen wir alle zusammen.

2. Da war einmal ein alter Kapitän, seinen Namen kenn' ich nicht,
Aber ich weiß, daß er einmal ein verflixt schönes Spiel spielte.
Chor: Bei windigem Sauwetter! Stürmischem Sauwetter!
Wenn der Sturm pfeift, hieven wir alle gemeinsam.

3. Als sein Schiff ruhig in der tropischen See lag,
Pfiff er den ganzen Tag um Wind, doch vergebens.
(Um Wind pfeifen = abergläubische Seemannssitte)

4. Aber eine Robbe hörte sein Pfeifen und rief laut:
»Mach nur Deine leichten Segel fest, Klüver, Besan und so weiter.

5. Ich werde Dir einige Fische schicken, die Du um Rat fragen
[kannst, wenn Du willst,
Der beste Weg für Dich, eine schöne frische Brise zu bekommen.«

6. Als erster kam der Hering und sagte: »Ich bin der König der See,«
Er sprang auf das Achterdeck, »Oh, ich werde der Kapitän sein.«

7. Als nächster kam der Hai mit seinen zwei Reihen Zähnen,
Und sagte: »Du kümmerst Dich um den Kohl, und ich mich um
[das Fleisch.«

8. Dann kam der Kabeljau mit seinem plumpen Kopf,
Er sprang in die Rüsten und begann, das Lot zu werfen.

9. Die nächste war die Makrele mit ihrem schön gestreiften Rücken,
Sie holte achtern alle Schoten und setzte jeden Hals steif.

10. Dann kam die Sprotte, die kleinste von allen,
Sie sprang auf das Achterdeck und schrie: »Groß-Marssegel
[aufgeien!«

11. Es blies eine muntere Brise und fröhlich segelte das Schiff,
Aber was für ein alter Kauz muß dieser Kapitän gewesen sein.

2. There wuz once an ol' skipper, I don't know his name,
But I know that he once played a bloomin' fine game.

3. When his ship lay becalmed in a tropical sea,
He whistled all day, but in vain, for a breeze.

4. But a seal heard his whistle an' loudly did call,
"Just stow your light canvas, jib, spanker, an' all."

5. "I'll send ye some fish to consult if you please,
The best way to git ye a nice whistling breeze."

6. Oh, first came the herring sayin', "I'm king o' the sea,"
He jumped on the poop, "Oh, the cap'n I'll be!"

7. Next came the shark with his two rows o' teeth,
Sayin', "Ye mind the cabbage an' I'll mind the beef."

8. Next came the codfish with his chuckle head,
He jumped in the chains an' began heavin' the lead.

9. Next came the mackerel wid his pretty striped back,
He hauled aft each sheet an' he boarded each tack.

10. Then came the sprat, the smallest of all,
He jumped on the poop an' cried, "Maintops'l haul!"

11. The breeze it blew gaily an' gaily sailed he,
But what an ol' rascal that skipper must be.

STÖRTEBEKER

PLATTDEUTSCH: FOREBITTER

Störtebeker war ein berühmter deutscher Seeräuber des vierzehnten Jahrhunderts, der zusammen mit Godeke Michael die Vitalienbrüder gründete, eine Bruderschaft, die sich »Die Freunde Gottes und die Feinde der Welt« nannte. Diese vier trieben ihr Unwesen in der Nordsee, der Ostsee und im Ärmelkanal. Die Anspielung im Lied auf die »westliche See« bezieht sich darauf, daß man sie aus der Ostsee hinausgejagt hatte. Wenn die Schweden und Dänen gegeneinander Krieg führten, waren es die Seeräuber, die Stockholm von ihrem Hauptquartier auf Gotland aus mit Nahrungsmitteln versorgten. Die Hanse beschloß, dem vielseitigen Treiben der Seeräuber ein Ende zu machen, und schickte eine Flotte von Koggen unter dem Befehl Simon van Utrechts aus, um den Piraten einen Strich durch die Rechnung zu machen. Die vier Anführer wurden zusammen mit siebzig ihrer Männer 1401 in Hamburg hingerichtet. Sie wurden alle geköpft. Eine Legende besagt, daß die Männer sich in einer Reihe aufstellen durften und daß diejenigen freigelassen wurden, an denen der kopflose Körper Störtebekers nach der Hinrichtung vorüberrannte. Die Zahl der Freigelassenen ist unbekannt. In diesem Zusammenhang ist interessant festzustellen, daß eines der deutschen Schiffe, die 1976 an der »Operation Sail« teilnahmen, den Namen *Störtebeker* trug.

De Stör-te-be-ker un Go-de-ke Mi-cheel, De ro-ve-den bei-de to lie--ken Deel, To Wa--der und to Lan-ne. Bet dat et Gott van Hem-mel ver-droot, Dor mus-sen se lie-den gro-te Schan--ne.

2. De Störtebeker reep: "All 'to Hand,
De Westsee is uns woll bekannt,
Darhenn wüllt wi nu faren,
De riken Kooplüüd von Hamborg,
Moten jemmer Scheep nu waaren."

3. Nu lopen se wi dull darhenn,
In eren bösen Röversinn.
Bet dat man jem kreeg faten,
Bi't Hillgeland in aller Frö,
Dar mussen se dat Haat wull laten.

4. De Bunte Ko ut Flandern kaam,
Dat Roov-Schipp up de Hoten naam,
Un stött et wiss in Stücken.
Dat Dolk se brochten na Hamborg rop,
Dar mussen se den Kopp all missen.

5. De Drone de heet Rosenfeld,
Haut af so manken willen Held,
Den Kopp mit köölem Moote,
He hatte angesnoorte Scho,
Bet an sien Enkel stunn he in Bloote.

THE FOURTEENTH OF FEBRUARY

ENGLISCH: FOREBITTER

Dieses englische Lied ist eines der ganz alten und geht zurück auf die Tage, als das offene Meer von Piraten aller Nationen durchkämmt wurde. Bei den geographischen Namen, die im Spiel sind, gibt es eine wahre Völkerprozession. Es ist sehr zweifelhaft, ob in der Wirklichkeit ein Schiff, das von London aus nach Neufundland unterwegs war, über Callao, in Peru, fuhr.

2. We'd hardly been sailin' but a day two or three,
When the man from the masthead, strange sail he did see.
She came bearin' down on us wid her tops'ls so high,
An' under her mizen-peak black colors did fly.

3. An' when this bold pirate he'd hove alongside,
With a loud speakin' voice, "We are comin'!" he cried,
"We come from fair London bound to Callao,
So hinder us not in our passage to go!"

4. "Back yer maintops'l an' heave yer ship to,
For I have a letter to be carried home by you."
"I'll back me main tops'l an' heave me ship to,
But only in some harbor an' alongside o' you!"

5. He chased us to wind'ard throughout the long day,
He chased us to loo'ard but he could not gain way,
An' he fired long-shot arter us, but he could not prevail,
An' the bold Princess Royal soon showed a clean tail.

6. Go down to yer grog, me lads, go down every one,
Go down to yer grog, me lads, go down one an' all,
Go down to yer grog, me lads, an' be of good cheer,
For as long as we've sea-room, we've nothin' to fear.

DER 14. FEBRUAR

Am 14. Februar segelt die »Princess Royal« nach Neufundland. Auf hoher See stoppt sie ein Pirat. Es geht weiter:

3. Und als der kühne Pirat querab von uns beidrehte
Rief er mit lauter Stimme: »Wir kommen!«
»Wir kommen vom schönen London und sind nach Callao
[unterwegs,
Behindert uns also nicht auf unserer Reise!«

4. »Holt das Großmarssegel back und dreht das Schiff bei,
Denn ich habe einen Brief, den ihr heimnehmen sollt.«
»Ich hol das Großbramsegel back und dreh mein Schiff bei,
Aber nur in einem Hafen und längsseit von euch!«

Den ganzen Tag jagt der Pirat die tapfere ›Princess‹; sie aber zeigt ihm klar das Heck.

6. Geht runter zu euerm Grog, Kerls, geht alle runter,
Geht runter zu euerm Grog, Kerls, geht alle runter,
Geht runter zu euerm Grog, Kerls, und seid guter Dinge,
Denn solange wir Seeraum haben, brauchen wir nichts zu
[fürchten.

LE TRENTE-ET-UN DU MOIS D'AOÛT

FRANZÖSISCH: FOREBITTER

Dieses Lied wird manchmal das »Lied der Korsaren« genannt und stammt aus den Tagen Ludwig XVI. Das Wort »Korsar« ist jedoch kaum zutreffend, da das feindliche Schiff in diesem Lied offensichtlich ein englischer Freibeuter ist, auf dem man nicht auf einen erklärten Krieg zwischen England und Frankreich wartete, sondern kurz entschlossen alles attackierte, was nicht wie ein englisches Schiff aussah. In den drei leicht von einander unterschiedenen Versionen, die mir begegnet sind, kann der Heimathafen des Schiffs entweder Glasgow, Bressay oder Bordeaux sein.

2. Le capitaine, en la voyant,
   Fit appeler son lieutenant,

   "Lieutenant, êtes-vous assez brave,
   Lieutenant, êtes-vous assez fort,
   Pour aller accoster son bord ?"

3. Le lieutenant fier et hardi,
   Lui répondit, "Capitaine, oui!"
   "Faites monter votre équipage,
   Braves soudards et matelots,
   Faites-les tous monter en haut."

4. Le maître donne un coup de sifflet,
   "En haut! largue les perroquets!
   Largue les ris, et vent arrière,
   Laisse arriver près de son bord,
   Pour voir qui sera le plus fort!"

5. "Vire lof pour lof! En abattant!"
   Nous l'accostâmes, par son avant;
   A coups de hâche d'abordage,
   A coups de piques et de mousquetons,
   Nous l'avons mis à la raison.

6. Que dira-t-on de lui tantôt,
   En Angleterre et à Bressay,
   D'avoir laissé prendre sa frégate,
   Par un corsaire de dix canons,
   Qu'en avait trent-six et de bons ?

DER 31. AUGUST

1. Am einunddreißigsten August
   Sahen wir auf uns zukommen
   Eine Fregatte aus England,
   Die über das Meer und die Wogen
   [hinflog,
   Auf dem Weg nach Bressay!
   Ch.: Trinken wir einen Schluck, trinken
   [wir zwei,
   Auf das Wohl der Verliebten,
   Auf das Wohl des Königs von
   [Frankreich,
   Scheiße auf den König von England,
   Der uns den Krieg erklärt hat.

2. Der Kapitän, als er sie sah,
   Ließ seinen Leutnant rufen,
   Seid Ihr so mutig, Leutnant,
   Seid Ihr so stark, Leutnant,
   Um sie zu entern?

3. Der Leutnant stolz und kühn
   Antwortet ihm: » Ja, Kapitän!«
   »Holt an Deck Eure Mannschaft,
   Die wackeren Haudegen und Matrosen,
   Laßt sie alle nach oben kommen.«

4. Der Obersteuermann gibt ein Peifensignal
   »Hoch! macht die Bramsegel los!
   Schüttet die Reffe aus, und steuert vor
   [dem Wind
   damit wir in seine Nähe kommen
   und man sieht, wer der Stärkere ist!

5. »Dreh auf an seiner Luvseite! Fall ab!«
   Wir gingen längsseit an seinem Vorschiff
   Wir haben sie zur Vernunft gebracht
   Durch Hiebe mit den Enterhaken,
   Durch Hiebe mit Spießen und
   [Musketen.

6. Was wird man nun über sie sagen,
   In England und auch in Bressay,
   Die sich ihre Fregatte nehmen ließen
   Von einem Seeräuber mit zehn Kanonen,
   Wo sie selbst sechsunddreißig davon
   [und gute hatten?

LE GRAND COUREUR

FRANZÖSISCH: CAPSTAN SONG

Dies ist ein weiteres französisches Frei-
beuterlied, in dem von den Tagen des
Streits zwischen Franzosen und Engländern die Rede ist. Es hat einen
humorvollen Unterton, der in einer
Übersetzung schwer wiederzugeben ist.
Ein Handwerkerberuf, der auf britischen Schiffen unbekannt ist (in England gibt es ihn nur auf Werften), ist
der des Kalfaterers (le calfat), der in
der zweiten Strophe genannt wird. Die
rührende letzte Strophe, der »Tip«,
eine Runde auszugeben, findet man
ähnlich am Ende der Volkslieder vieler
Länder.

Le cor- saïr' Le Grand Cou- reur, est un'
na- vir' de mal- heur, Quand il se met en croi-
sière, pour al--ler chas-ser l'Ang-lais, Le vent, la mer,
et la guer-re tour-nent con-tre le Fran-çais!
Al-lons les gars, gai, gai, al-lons les gars, gai-ment!

2. Il est part' de Lorient, avec bell' mer et bon vent,
   Il cinglait bâbord amure, naviguant comme un poisson,
   Un grain tombe sur sa mâture, v'la le corsaire en ponton!

3. Il nous fallut remâter, et bougrement bourlinguer,
   Tandis que l'ouvrage avance, on signale par tribord,
   Un navire d'apparence, à mantelets de sabords.

4. C'tait un Anglais vraiment, à double rangée de dents,
   Un marchand de mort subite, mais le Français n'a pas peur,
   Au lieu de brasser en fuite, nous le rangeons à l'honneur!

5. Ses boulets pleuvent sur nous, nous lui rendons coup pour coup,
   Pendant que la barbe en fume à nos braves matelots,
   Dans un gros bouchon de brume, il nous échappe aussitôt!

6. Nos prises au bout de six mois ont pu se monter à trois,
   Un navir' plein de patates, plus qu'à moitié chaviré,
   Un deuxième de savates, et le dernier de fumier!

7. Pour nous refair' des combats, nous avions à nos repas,
   Des gourganes et du lard rance, du vinaigre au lieu de vin,
   Du biscuit pourri d'avance, et du camphre le matin,

8. Pour finir ce triste sort, nous venons périr au port,
   Dans cette affreuse misère, quand chacun s'a vu perdu,
   Chacun selon sa manière, s'a sauvé comme il a pu!

9. Le cap'taine et son second, s'ont sauvés sur un canon,
   Le maître sur le grand ancre, le commis dans son bidon,
   Ah! le sacré vilain cancre, le voleur de rations!

10. Il eût fallu voir le coq, et sa cuiller et son croc,
    Il s'est mis dans sa chaudière, comme un vilain pot-au-feu,
    Il est parti vent arrière, atterri au feu de Dieu!

11. De notre horrible malheur, seul le calfat est l'auteur,
    En tombant de la grand'hune, dessus le gaillard d'avant,
    A r'bondi dans la cambuse, a crevé le bâtiment!

12. Si l'histoire du Grand Coureur a pu vous toucher le cœur,
    Ayez donc belles manières, et payez-nous largement;
    Du vin, du rack, de la bière, et nous serons tous contents!

DER GROSSE RENNER

1. Das Kaperschiff *Der Große Renner* ist ein Unglücksschiff,
   Wenn es auf Kreuzfahrt geht, um die Engländer zu vertreiben,
   Wenden sich Wind, Meer und der Krieg gegen die Franzosen!
   Ch.: Auf, Jungen, froh, froh, auf, Jungen, fröhlich!

2. Es lief aus Lorient aus, bei glatter See und gutem Wind,
   Es steuerte mit Backbord-Halsen und bewegte sich wie ein Fisch,
   Eine Böe fällt in seine Takelage, der Kaper wird zum Ponbon.

3. Wir mußten ihn wieder aufriggen, und verflixt mit Wind und
   [Wellen kämpfen,
   Während die Arbeit fortschreitet, signalisiert man vom Steuerbord
   Ein Schiff in Sicht mit Stückpforten versehen.

4. Ein Engländer war es wirklich mit einer doppelten Reihe Zähne,
   Ein Verkäufer des plötzlichen Todes, doch ein Franzose hat keine
   Statt fluchtartig abzufallen, schießen wir ihm Salut!   [Angst,

5. Seine Kugeln prasseln auf uns nieder, wir geben ihm Schuß um
   [Schuß zurück,
   Während unseren braven Matrosen der Bart schon raucht
   Entweicht der Feind uns plötzlich in dicken Nebelschwaden!

6. Unsere Beute in sechs Monaten betrug drei Schiffe:
   Eines voller Kartoffeln, mehr als zur Hälfte gekentert,
   Ein zweites voll alter Schuhe, und das letzte voll mit Mist!

7. Zur Stärkung nach den Kämpfen bekamen wir als Essen
   Dicke Bohnen mit ranzigem Speck und Essig statt Wein,
   Bereits stark verdorbenen Zwieback und morgens Kampferkraut.

8. Um unser trauriges Los voll zu machen verkommen wir in einem
   [Hafen,
   In diesem schrecklichen Elend, wo jeder sich schon verloren sieht,
   Flieht jeder nach seiner Art, eben so wie er nur kann!

9. Der Kapitän und sein Zweiter flohen auf einer Kanone,
   Der Obersteuermann auf dem großen Anker, der Zahlmeister in
   [seiner Kiste,
   Ach! Die verfluchte, scheußliche Küchenschabe, die unsere
   [Rationen klaut!

10. Den Koch hätte man sehen sollen und seine Kelle und seinen Spieß,
    Er stieg in seine Kessel, wie ein schlechtes Stück Suppenfleisch,
    Er segelte los mit Rückenwind, landete aber in der Hölle!

11. Schuld an unserem schrecklichen Unglück hat allein das Kalfat-
    Es fiel von der Großmars auf die Back,   [eisen,
    Sprang dann in die Kombüse und hat das Schiff zu Bruch gebracht!

12. Wenn die Geschichte vom *Großen Renner* Eure Herzen bewegt
    Haut nur tüchtig rein und zahlt auch nicht zu knapp   [hat
    Für den Wein, den Arrak, das Bier, dann werden wir alle
    [zufrieden sein!

SCHIFFBRUCH UND MEUTEREI

Wir wissen zwar nicht, wann der Wind zum ersten Mal nutzbar gemacht wurde, aber wir wissen, daß sich der Mensch seitdem mit der gleichen Leichtigkeit über das Wasser bewegt wie über das Land. Als die Schiffer den Passat entdeckten, erhielt der Antrieb, die Welt jenseits der Meere zu erforschen, zusätzliche Nahrung. Die Segler gerieten in Stürme, wie sie das Mittelmeer nie gekannt hatte – Tornados und Taifune, stärker als der Mistral oder Schirokko, Orkane und Pamperos, verheerender als eine Tramontana oder ein Levanter. Im Lauf der Zeit hat es so viele historische Stürme und Schiffbrüche gegeben, angefangen mit dem des heiligen Paulus vor der Insel Melita, dem heutigen Malta, daß es viele Bände füllen würde, wollte man sie alle aufzeichnen. Zu den bedeutenderen Schiffbrüchen gehören der des Ostindienfahrers Grosvenor, der 1782 an der Südwestküste Afrikas unterging, der Verlust der Centaur im gleichen Jahr im Atlantik, das schreckliche Ende der französischen Medusa 1816 an der Küste von Guinea, und der Verlust des Goldschiffes Royal

Charter auf den Klippen von Anglesey (1859). In jüngerer Zeit haben wir den Totalverlust der Stratmore bei den Crozets zu beklagen, der Viermasterbark Swanhilda vor Staten Island in der Nähe von Kap Horn, des prächtigen dänischen Fünfmasters København (1928) im Südatlantik, der finnischen Herzogin Cecilie (1936) vor Salcombe, und des letzten englischen Rahseglers Carthpool 1929 bei den Kapverdischen Inseln – wo ich damals an Bord war.

Bei einem Sturm werden die oberen Segel zuerst am Kreuzmast geborgen, dann am Fockmast, und zuletzt am Großmast, wobei zugleich die oberen Stagsegel, Klüver und Besansegel niedergeholt werden. Nachdem alle Royals und Bramsegel festgemacht sind, läuft so ein Schiff dann unter sechs Marssegeln, einem gerefften Focksegel, und einem Vorstenge-Stagsegel. Unter diesen Segeln hält ein Schiff die meisten Stürme aus. Würde es aber noch schlimmer und flögen die Marssegel weg, dann triebe das Schiff vor Topp und Takel. Käme es zum äußersten, dann bliebe, um die Nase

im Wind zu behalten, nichts anderes übrig, als »Segeltuch in die Takelage zu setzen«, d.h. Segeltuch in das Luvwant des Besanmastes zu bringen. Das käme etwa bei einem Taifun in Betracht.

Zur Zeit der Segelschiffahrt war, wie man den alten Logbüchern entnehmen kann, der Kannibalismus eine nur zu häufige Tragödie. Überlebende in offenen Booten, zumeist Walfänger, hatten keine andere Möglichkeit, wenn sie nicht verhungern wollten. Owen Chase, der Steuermann des Walfangschiffes Essex, das ein Potwal angegriffen und versenkt hatte, soll nie vergessen haben, wie auf seinem Boot die Lebensmittel immer knapper wurden und es dann zu Kannibalismus kam. Er pflegte seitdem jeden Tag auf dem Markt in der Nantucket Main Street hamstern zu gehen. Als sich Kapitän Pollard von der Essex zur Ruhe setzte, besuchte ihn ein Reporter. Zum Schluß seines Interviews erwähnte er, er sei ein entfernter Verwandter eines Mitglieds der Essex-Besatzung. »Haben Sie ihn gekannt?« wollte er wissen. »Ihn gekannt?« antwortete Pollard, »Teufel auch, junger Mann, gefressen hab' ich ihn!« Natürlich waren zu Beginn des 19. Jahrhunderts die Besatzungen mancher Walfischfänger, Sandelholzhändler und Sklavenhändler von den Eingeborenen Melanesiens, der Fidschiinseln und Neuseelands gekapert worden, um im Suppentopf dieser Kannibalen zu enden.

Ein Schiff ist als der einzige von Menschenhand gemachte, bewegliche Gegenstand beschrieben worden, auf dem menschliche Wesen Monate oder sogar Jahre tatsächlich leben und ihr Auskommen

haben. Auf See hatte ein Segelschiff keine Verbindung zur Außenwelt. Keine zwei Schiffe waren sich je gleich; selbst Schwesterschiffe, gleich gebaut und aus dem gleichen Material, verhielten sich im Wasser unterschiedlich. Genaue Nachbildungen der berühmten *Marco Polo* (»Zur Hölle oder nach Melbourne in 60 Tagen«) erwiesen sich als Reinfall und erzielten nie irgendwelche Rekorde. Viel hing vom Kapitän des Schiffes ab; ein Mann mit »Fingerspitzen« – Bully Forbes z.B. – vollbrachte Rekordreisen. Die *Cutty Sark* ist wegen ihrer Schnelligkeit weltberühmt, aber unter einem Kapitän Bruce, einem Trunkenbold und falschen Psalmsinger, hätte sie kaum Anspruch gehabt, als Klipper zu gelten.

Man betrachtet ein Schiff als weiblich – »sie« – und genau wie eine Frau kann es schön sein, eine Dirne, unberechenbar und verschlagen, und bedarf einer festen Hand. Kein Seemann zweifelt daran, daß Schiffe lebende Wesen sind und eine Seele haben. Zu Zeiten der Wikinger hatten sie solange keine Seele, bis ihnen in einer Zeremonie eine Seele eingegeben wurde. Beim »Rot färben eines rollenden Schiffes« beseelte es das Blut der Schlepper und das Aufhängen eines Kopfes am Bug augenblicklich.

Es gab Zeiten, in denen ein Seemann nicht auf einem Schiff anheuerte, wenn die Galionsfigur fehlte – es war »seelenlos«, wie er sagte. Die wunderbaren Galionsfiguren des 17. Jahrhunderts, die zu höchster Vollkommenheit auf schwedischen und französischen Kriegsschiffen gediehen, waren nicht so golden wie sie schienen – nur die königlichen Wappenschilder

waren mit Blattgold belegt, der Rest war mit einem gelben Gemisch aus Bleiweiß und Braunteer gestrichen. Schließlich entschloßen sich die englischen Kriegsschiffer für einen Löwen als Galionsfigur (er sah ziemlich »chinesisch« aus), was die Franzosen kopierten – möglicherweise, um ihre Feinde in die Irre zu führen. Die Engländer wiederum imitierten die gesamten Entwürfe französischer Fregatten.

Mit ihren gelungenen Fregatten hätten die Franzosen in ihren Seegefechten mit den Engländern eigentlich besser abschneiden müssen, aber sie hatten keine Kanoniere. Die englischen Kriegsschiffe versuchten immer, eine Position einzunehmen, in der sie den Vorteil des

Windes nutzen konnten, und mit dem Wind in die Aufbauten oder den Rumpf eines feindlichen Schiffes feuerten, während die Franzosen versuchten, die Masten und Segel eines englischen Schiffes unbrauchbar zu machen, indem sie gegen den Wind feuerten.

Damals waren Meutereien sowohl auf Kriegs- wie auf Handelsschiffen ziemlich häufig, wobei die berühmtesten der britischen Marine die auf der »Bounty«, sowie die bei Spithead und Nore waren (1797). Unter den Meutereien auf Handelsschiffen war die wildeste 1886 an Bord des amerikanischen Schiffes »Frank N. Thayer«, das mit Jute beladen auf dem Weg nach New York war. Bei dieser Meuterei überwältigten zwei Männer aus Manila eine zwanzigköpfige Mannschaft, töteten fünf Männer, verwundeten fünf und legten Feuer an das 1600 t Schiff. Die Meuterer, die beide verwundet waren, sprangen über Bord und verschwanden schließlich im Meer, während die Überlebenden das angeschlagene Schiff in Booten verließen und nach neuntägiger Fahrt Jamestown auf St. Helena erreichten, wo sie ihre schreckliche Geschichte dem amerikanischen Konsul erzählen konnten.

BARNEY BUNTLINE

ENGLISCH: FOREBITTER

Dieses Lied ist offensichtlich eine seemännische Parodie auf das gefährliche
Leben, das die Menschen zum Beispiel
bei Stürmen an Land führen; im Gegensatz zum »sicheren« Leben der
Seeleute in ähnlichen Situationen. Viele
Seemannslieder übernehmen diese Ein-
stellung gegenüber den Landbewoh-
nern, auch wenn sich jeder Seemann in
seinem Innersten bewußt ist – selbst in
unseren Tagen der Containerschiffe
und Supertanker –, daß die See grau-
sam ist und ihr entsprechend begegnet
werden muß.

1. Eines Nachts kam ein Orkan auf,
    die Wellen rollten bergehoch,
   Als Georg Goraing seinen Priem kaute
    und zu Gustav Geitau sagte:
   »Es bläst ein starker Nordwest, Guschi,
    horch, hörst du nicht das Brüllen?
   Gott helfe ihnen, wie sie mir jetzt leid tun,
    die armen Leute an Land.«
   Chor: With a tow, row, row,
    Right to me ad-dy,
    Wi' a tow, row, row!

2. Und was die in den Städten betrifft,
    in welchen Gefahren sie alle schweben,
   Und jetzt zitternd in ihren Betten liegen aus
    Furcht, das Dach könnte einstürzen;
   Während du und ich, Guschi, gemütlich
    auf dem Deck liegen.
   Mein Gott! Wie ihnen die Dachpfannen
    und Kaminaufsätze über die Köpfe
   fliegen!

2. "An' as for them what lives in towns, what dangers they be all in,
   An' now lay quakin' in their beds for fear the roof should fall in;
   While you an' I, Bill, on the deck are comfortably lyin',
   My eyes! What tiles an' chimney pots about their heads are flyin'."

3. "An' as for them what's out all day on business from their houses,
   Returnin' home so late at night to cheer their babes an' spouses,
   Poor creatures how they envy us an' wishes, I've a notion,
   For our good luck in such a storm to be upon the ocean."

3. »Und die, die den ganzen Tag vom Hause weg im Geschäft sind,
    Die spät abends nach Hause kommen, um ihre Kinder und Frauen zu
     [begrüßen,
   Arme Kreaturen, ich kann mir vorstellen, wie sie uns beneiden
   um unser Glück, bei solchem Sturm auf See zu sein.«

FRISCH AUF MIT ALLE MANN AN DECK

DEUTSCH: CAPSTAN SONG
UND FOREBITTER

Dieses deutsche Shanty wird nicht wie üblich auf plattdeutsch gesungen und ist zudem ein wenig sentimentaler als das typische deutsche Seemannslied. Bei den Janmaaten aus Hamburg jedoch war es besonders beliebt. Ich selbst habe dieses Lied 1928 an Bord einer Bremer Viermastbark mitgesungen.

Frisch auf mit al-le Mann an Deck, Hol-la hi, hol-la he, hol-la ho! Her-aus aus des ho-gis Ver--steck, Ho-la hi, ho-la he, hol-la ho! Es braust ein wü-ten-der Or-kan, O Män-ner rasch greift an, greift an, Ho-la hi, hol-la he, hol-la ho!

Im ersten Vers ist vom Orkan die Rede. 1957 geriet eines der letzten deutschen Segelschulschiffe, die *Pamir,* auf der Heimreise von Buenos Aires im Atlantik in einen Orkan. Sie hatte Getreide als Schüttgut geladen – eine gefährliche Ladung für ein Segelschiff. Die *Pamir* segelte unter sechs Marssegeln, Stagsegel, Innenklüver und Vorstenge-Stagsegel mit Steuerbord-Halsen, als der Sturm sie packte, so daß sie starke Schlagseite bekam. Nur sechs Mann von sechsundachtzig wurden gerettet. Bei der Seeamtsverhandlung in Lübeck wurde festgestellt, daß das Schiff kenterte, weil durch die starke Schlagseite, »die zum größten Teil lose geladene Gerste in Bewegung geriet und nach Backbord überging«.

2. Hurra, schnell refft die Segel ein,
   Macht alles fest, was groß und klein,
   Faßt Mut und trotzet der Gefahr,
   Worin schon mancher Seemann war.

3. Hört, wie der Großmast knarrt und kracht,
   Er trotzet kühn des Sturmes Macht,
   Seht wie der Blitz am Horizont
   Sich streitet mit dem Silbermond.

4. Die Wellen heben uns empor,
   Als wenn es ging zum Himmelstor,
   Und wieder geht es rasch bergab;
   Als zög man uns ins tiefe Grab.

5. Ha, eine Sturzsee über Deck,
   Wer sich nicht hält, den spült sie weg,
   Das Ruder fest in Männerhand,
   Gut abgehalten von dem Strand.

6. Der Kapitän sieht mit Bedacht,
   Des wütenden Orkanes Macht,
   Teilt wichtige Befehle aus,
   Denkt an sein Weib und Kind zu Haus.

7. Ihr in der Kissen weichem Schoß,
   Seht her, das ist des Seemanns Los!
   Wenn ihr dort beim Champagner sitzt,
   Wie in Gefahr der Seemann schwitzt.

8. Schaut her, Ihr Schwelger in der Nacht,
   Umringt von Liebe und von Pracht,
   Seht, zwischen Himmel, Meer und Tod,
   Sucht sich der Seemann nur sein Brot.

9. Drum achtet jeden Seemann hoch,
   Bedenkt, er trägt ein schweres Joch.
   Die Ehre und der größte Ruhm,
   Sie sind des Seemanns Eigentum.

UN PETIT NAVIRE

FRANZÖSISCH: FOREBITTER

Zu den Schicksalsschlägen, die einem Seemann in den Tagen der alten christlichen Segelschiffahrt drohten, gehörte neben Schiffbruch, Sturm und Seeschlachten auch die Aussicht, Kannibalen in die Hände zu fallen. Wenn ein Schiff untergegangen war, ruderte die Crew in kleinen Booten davon, bezahlte aber das Überleben oft mit Hunger und höllischem Durst. Von solchen Begebenheiten erzählen viele Seemannslieder; manche auch davon, wie mitunter, wenn alle Hoffnung auf Rettung verschwunden ist, die ausgehungerte Mannschaft beschließt, das schwächste oder kränkste Mitglied der Besatzung aufzuessen. In diesen Liedern wird das vorgesehene Opfer dann manchmal doch nicht gegessen, sondern durch das Erscheinen eines Schiffs (oder weil Land in Sicht ist) gerettet. Das geschieht meist erst im letzten Moment, nachdem das Opfer die Chance erhalten hat, ein letztes Gebet

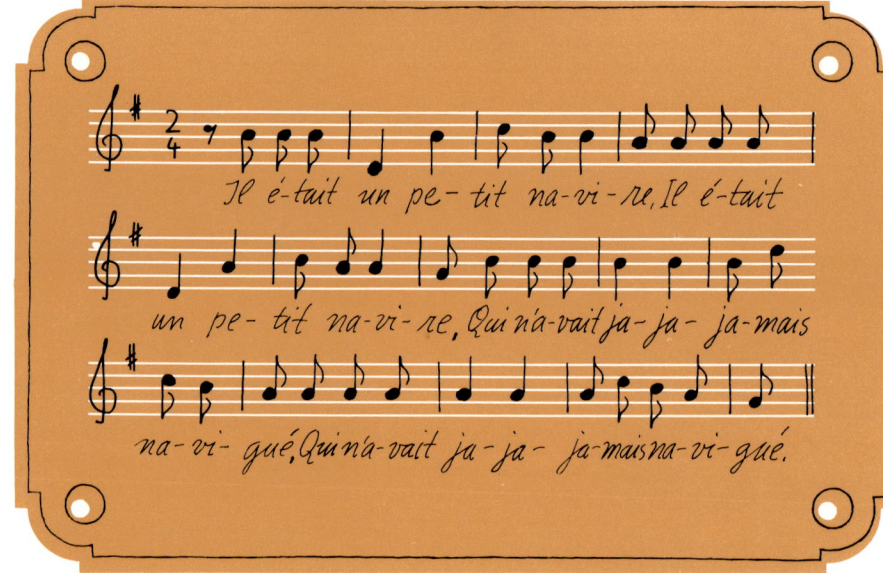

zu sprechen. Dieses Lied ist bei bretonischen Seeleuten beliebt gewesen. In manchen Versionen wird das Gebet des Jungen erhört, in manchen nicht.

2. Il entreprit un long voyage,
Sur la mer Méditerranée.

3. Au bout de cinq à six semaines,
Les vivres vinrent à manquer.

4. On fit tirer la courte paille,
Pour savoir qui serait mangé.

5. Le sort tomba sur le plus jeune,
En sauce blanche il fut mangé.

6. Il monta sur le mat de hune,
Et vit la mer de tous côtés.

7. "O Sainte Vierge, O ma patronne,
Préservez-moi de ce danger."

8. Des p'tits poissons dans le navire,
Sautèrent par milliers.

9. On les prit, on les mit à frire
Le jeune mousse fut sauvé.

EIN KLEINES BOOT

1. Es gab einmal ein kleines Schifflein,
Es gab einmal ein kleines Schifflein,
Das noch niemals gefahren war,
Das noch niemals gefahren war.

2. Es unternahm 'ne lange Reise,
fuhr auf dem Mittelmeer zur See.

3. Nach fünf bis sechs Wochen
Waren die Lebensmittel verbraucht.

4. Man ließ den kürzeren Strohhalm
[ziehen,
Um zu erfahren, wer aufgegessen
werden sollte.

5. Das Los fiel auf den Allerjüngsten,
Vor Schreck wurde er leichenblass.

6. Er stieg hoch in den Mastkorb,
Sah über das Meer nach allen Seiten.

7. »O heilige Jungfrau, O meine Schutz-
[heilige,
Errette mich aus der Gefahr.«

8. Tausende von kleinen Fischen
Sind hoch auf das Schiff gesprungen.

9. Man nahm sie, man briet sie,
Der Schiffsjunge war gerettet.

142

THE SHIP IN DISTRESS

ENGLISCH: FOREBITTER

Diese Geschichte eines gestrandeten Matrosen, der durch die Vorsehung vor dem Schicksal bewahrt wird, gefressen zu werden, geht zurück auf das 16. Jahrhundert. In vielen europäischen .«Ländern werden im Lied ähnliche Geschichten erzählt. Ein anderes englisches Lied über dieses Thema ist »Drei Matrosen aus Bristol City«, eine leicht abgeänderte Form von Thackerays »Little Billie.« Das letztere beruhte auf einem anderen französischen Lied mit dem Thema Kannibalismus, »La courbe paille.« Auch die portugiesischen Matrosen haben ein Lied, das eine ähnliche Geschichte erzählt, »A nau catarineta.«

2. For fourteen days, thirsty an' hungry,
Nothing but water an' brazen sky,
Poor fellows stood they in a totter,
A-drawin' straws seeing who would die.
The lot it fell to Andrew Jackson,
Whose family was so very great,
"I'm free to die, but, oh, my shipmates,
Let me climb aloft till the dawn do break."

3. A full-rigged ship, like the sun a-glittering,
Came bearing down to their relief,
As soon as this glad news was shouted,
It banished hunger and their grief.
The ship hove to, no longer drifting,
Soon Isle Saint Vincent, Cape Verde, she gained.
Ye seamen all, now hear my story,
Pray ye'll never suffer the likes again.

DAS SCHIFF IN SEENOT

1. Du tapferer Seemann, der den Ozean durchpflügt,
Erlebst Gefahren, von denen der an Land nichts weiß.
Es geschieht nicht für Ehre oder Beförderung;
Kein Mund kann aussprechen, was sie durchmachen.
In schweren Stürmen und auf dem großen, weiten Meer,
Trieb unser Schiff auf dem Wasser.
Die Ausrüstung fort und das Ruder gebrochen,
Was uns in höchste Not brachte.

2. Seit vierzehn Tagen Durst und Hunger,
Nichts als Wasser und eherner Himmel,
Nichts als Wasser und eherner Himmel.
Die armen Kerle, sie standen in einem schaukelnden Boot,
Und zogen Strohhalme, um zu sehen wer sterben mußte.
Das Los fiel auf Andrew Jackson,
Dessen Familie so groß war.
»Ich bin bereit zu sterben, doch, Kameraden,
laßt mich nach oben klettern, bis die Morgendämmerung
[anbricht.«

3. Ein Schiff unter vollen Segeln, wie die Sonne so flimmernd,
Hielt zu ihrer Erleichterung auf sie zu.
Sobald diese frohe Kunde bekannt wurde,
Bannte sie Hunger und ihre Not.
Das Schiff drehte bei, das Treiben hatte ein Ende,
Bald erreichte es die Insel São Vicente beim Kap Verde.
All ihr Seeleute, hört meine Geschichte,
Betet, daß ihr nie ähnliches noch einmal erleiden müßt.

RUDE BOREAS

ENGLISCH: FOREBITTER

Dieses eigenartige Lied datiert wahrscheinlich vom frühen 18. Jahrhundert, wie man aus dem Text erkennt. Seine Strophen stammten gewöhnlich abwechselnd von einem Seemann und einem unerfahrenen Matrosen. Die Seemannsverse sind, was das Seemännische angeht, unanfechtbar; die anderen sind in der Art der romantischen Küstenballaden aus der Zeit gebaut. Man hat vermutet, es sei 1754 von G. A. Stevens komponiert worden, tatsächlich hat er es jedoch nur populär gemacht. Auf jeden Fall, zu der Zeit, als die Breitseit-Drucker hunderte derartiger Balladen ausspuckten – viel dummes Zeug mit ungenauen Schilderungen aus der Welt des Seemanns –, besaß dieses Lied genügend guten seemännischen Klang, daß die Matrosen es in ihr Repertoir aufnahmen. Zu Lebzeiten meines Großvaters war es bei den britischen Seeleuten beliebt, und er lehrte es meinen Vater, der es mir vorsang. In den mittleren Passagen gab es gewisse Rhythmusverschiebungen. Ein

Selbst dem Bordhund wird die rauhe See zuviel.

solcher Jazz-Effekt mit »Wirbeln und Trillern« war nichts Außergewöhnliches in dieser Art Lied.

Come rude Bo---reas, blust'ring rail-er-, list ye lands-men all to me--. Ship-mates hear a broth-er sail-or sing of the dan-gers of the sea. From bound-ing bil-lows, first in mo-tion, when the dis-tant whirl-winds rise--, To the tem-pest trou-bled o-cean, when the skies con-tend with skies.

2. Hark the bosun's hoarsely bawlin', by tops'l sheets an' halyards stand,
   Down yer stays'ls, hard, boys, hard, down t'gallants quick be hauling,
   See it freshens, set taut the braces, tops'l sheets now let go;
   Luff, boys, luff; don't make wry faces, up yer tops'ls nimbly clew.

3. Now all ye on down beds a-sportin', fondly locked in Beauty's arms,
   Fresh enjoyments, wanton courtin', safe from all but love alarms,
   Round us roars the angry tempest, see what fears our minds enthrall,
   Harder yet, it blows still harder, hark again the bosun's call.

4. The tops'l yard points to the wind, boys, see all clear to reef each course,
   Let the foresheet go, don't mind boys, tho' the weather should be worse;
   Fore'n'aft the sprits'l yard get, reef the mizzen, see all clear;
   Hands up each preventer-brace get, man the fore-yard, cheer, boys, cheer!

RAUHER BOREAS

1. Komm, rauher Boreas, polternder Schmäher, hört mir alle zu, ihr Landsleute,
Schiffskameraden, hört einen Matrosen und Gefährten von den Gefahren des
[Meeres singen,
Von rollenden Wogen, wildbewegt, wenn die fernen Wirbelstürme sich
[erheben,
Über dem sturmgepeitschten Ozean, wenn der Himmel sich streitet.

2. Hört des Bootsmanns heiseres Schreien an Marssegelschoten und Fallen,
Runter mit den Stagsegeln, schnell, Jungs, schnell, runter die Bramsegel, holt
[schnell ein,
Seht, es frischt auf, holt die Brassen steif, los die Marssegelschoten jetzt!
Luvseite, Jungs, Luvseite; macht keine schiefen Gesichter, Flink geit auf die
[Marssegel!

3. Ihr da, die ihr euch auf euren Betten da unten vergnügt, liebevoll umfangen
[von den Armen der Geliebten,
Neue Vergnügungen, den Dirnen schöne Augen machen, sicher vor allem
[außer den Attacken der Liebe,
Um uns brüllt der wütende Orkan, seht welche Ängste unsere Seele fesseln,
Härter noch, es weht noch härter, hört, schon wieder brüllt der Bootsmann.

4. Die Marsrah zeigt in den Wind, Jungs, macht alles klar zum Reffen der Unter-
[segel!
Fiert die Fockschot, macht euch nichts draus, auch wenn das Wetter
[schlechter werden wollte;
Holt die Blinde Rah längsschiffs, refft die Begien paßt auf, daß alles klar läuft
Angefaßt, bringt Konterbrassen auf, rauf auf die Fockrah, munter, Jungs,
[munter!

5. Ununterbrochen wildes Donnergrollen, Schlag auf Schlag streitende Blitze,
Auf unsere Köpfe ergießen sich Regenschauer, in unseren Augen blaue Blitze;
Um uns her ein weites Meer, über uns nur schwarzer Himmel,
Viele Tode umlauern uns zugleich. Horcht! Was bedeutet dieser furchtbare
[Schrei?

6. »Der Fockmast ist gebrochen!« schrien alle, zwölf Fuß über Deck nach der
[Leeseite weg.
Unter der Halsklampe ist ein Leck; pfeift alle Mann, um das Schiff von den
[Trümmern zu befreien;
Kommt, klappt die Taljereeps; kommt, meine Lieben, seid standhaft und
[tapfer,
Peilt den Pumpensod, das Leck wird größer, vier Fuß Wasser im Laderaum.

Alle Mann an die Pumpen! von H. S. Tuke, Stahlstich von O. Lacour.

7. Auf der Leeseite ist Land in Sicht, Jungs,
werft die Kanonen über Bord,
An die Pumpe, alle Mann her, Jungs;
seht unser Kreuzmast ist fort!
Wir haben das Leck gefunden; das Wasser
kann nicht weiter eindringen,
wir haben das Schiff um einen Fuß
oder mehr geleichtert.
Auf, und riggt einen Notmast auf. Sie ist in
Ordnung, sie ist in Ordung, Jungs;
wir sind frei von der Küste.

Unten: *Ansicht der Belisarius im Orkan unter Notbesegelung.*

5. All the while fierce thunder roaring, peel on peel contending flash,
On our heads fierce rain falls pourin', in our eyes blue lightning's flash,
All around us one wide water, all above us one black sky,
Different deaths at once surround us, Hark! What means that dreadful cry?

6. "The foremast's gone!" cried every tongue out, o'er the lee twelve foot above deck.
A leak there is beneath the chesstress sprung, pipe all hands to clear the wreck;
Come cut the lanyards all to pieces, come, me hearts, be stout an' bold,
Plumb the well, the leak increases, four foot water in the hold,

7. On the lee beam there is land, boys, let the guns overboard be thrown,
To the pump, come every hand, boys; see our mizzenmast is gone!
The leak we've found; it can't pour faster, we've lightened her a foot or more.
Up an' rig a jury foremast. She's right, she's right, boys, we're off shore.

SKEPPET BERNADOTTE

NORWEGISCH/SCHWEDISCH:
CAPSTAN SONG

Auch dies ist ein Shanty von einem
alten Seelenverkäufer. Es ist norwegischen Ursprungs, und Sternvall
schreibt, sein Gewährsmann habe es in
den Jahren 1904 und 1905 an Bord der
Larvik oft gesungen. Die beiden letzten
Zeilen jeder Strophe wurden als Refrain wiederholt.

Es mag erstaunen, daß es so viele von
Seeleuten komponierte Lieder und
Shanties gibt, in denen über das je-
weilige Schiff geklagt wird und über
den Kapitän, die Steuerleute, das Essen
und die Arbeit. Man muß dabei aber
bedenken, daß die meisten Schiffseig-
ner mit harter Hand regierten und daß
die meisten Kapitäne reine Zucht-
meister waren – und es sein mußten.
Zudem hielt man es für das gute Recht
eines Seemanns zu murren. »Murren
darfst du, aber raus mußt du trotzdem«, lautet ein alter Seemannsspruch.
Es heißt, daß ein Kapitän, der seine
Mannschaft nie murren hörte, Ver-
dacht schöpfte. Er mußte davon aus-
gehen, daß die Crew eine Meuterei
plante.

2. *Vi styrte ut roveret å en föjlig vind vi fick,*
   De dröjde inte länge förr än bramsjla gick,
   De braka å de knaka a de blev ett fasligt spark,
   Uti detta gam la plunderverk, verk, verk.

3. *Vindpumpen akter ut den å som den kan,*
   Ja, den vill inte gå, ja, den giver inte vann,
   Ja, för att den skall gå må det blåsa en orkan,
   A da länsar hon på atten tommer vann, vann, vann.

4. *A åtta dager efter sen vi va gångna ut,*
   Kom Småbrö-Hans å malte att brödet tagit slut,
   Tolv påsar där blev sydda, ja en till varje man,
   För att brödet skulle hålla ut till lann, lann, lann.

DAS SCHIFF BERNADOTTE

1. Mit der *Bernadotte* fuhren wir nach Cardiff,
   Und von da sollte es nach Bahia gehn.
   In Cardiff hatten wir unseren liebsten Käpt'n verloren.
   Und dafür den Kleinlichen Hans gekriegt.
   (Die zwei letzten Zeilen werden jeweils als Refrain wiederholt.)

2. Mit achterlichem Wind steuerten wir hinaus,
   Es dauerte nicht lange, da riß das Bramsegel.
   Es krachte und knackte und gab ein scheußliches Schlagen,
   In diesem alten Stück Beutegut.

3. Die Windmühlenpumpe achtern, ja die tut, was sie kann,
   Sie will aber nicht gehen, sie gibt kein Wasser.
   Ja, wenn die gehen soll, muß es 'nen Orkan geben,
   Und dann lenzt sie achtzehn Zoll Wasser, Wasser, Wasser.

4. Und acht Tage, nachdem wir ausgelaufen waren,
   Kam der Kleinliche Hans und sagte, kein Brot mehr da.
   Zwölf Päckchen wurden genäht, eins für jeden Mann,
   Damit das Brot reichte bis an Land, Land, Land.

DET HÄNDE SIG I GÖTEBORG

Dieses Lied, das am Spill gesungen wurde, war etwa um 1870 an Bord schwedischer Schiffe populär. Das Schiff dieses Liedes ist wieder eine *Bernadotte* – ein Name, der skandinavischen Schiffseignern offensichtlich gefallen haben muß.

Hölzerne Briggs waren in der Ostsee, der Nordsee und in der englischen Küstenschiffahrt ein häufiger Anblick. Sie waren schnellsegelnde Schiffe mit zwei rahgetakelten Masten, brauchten aber recht große Besatzungen. Mit dem Aufkommen des Schoners, dessen Segel längsschiffs angeordnet sind, verschwanden sie allmählich, aber unaufhaltsam. Schoner konnten die gleiche Menge an Ladung aufnehmen, näher am Wind segeln und brauchten keine so große Mannschaft. Von allen Handelsseglern waren die Briggs also die ersten, die zum Aussterben verurteilt waren.

ES GESCHAH IN GÖTEBORG

2. *Där mötte mig en mager man, Han genast mig antastar,*
   "Och vill du hyra med mig ha, Jag ligger här och lastar."

3. *Och briggens namn var Bernadotte, Och skepparns namn var Pelle,*
   De sa det var en duktig karl, Men fan var det i ställe.

4. *Bernadotte är en duktig brigg, Hon brukar mässingsnaglar,*
   Och 'runda' ikring topparna, Gör vi var söndagsmorgon.

5. *Och akterut du lever gott, Med allehanda rätter,*
   I skansen får vi ruttet fläsk, Och fjorton gånger ärter.

6. *Och Pelle, han låg nu och sov, Så hela skutan knarra,*
   Så törna vi på Marstrands skär, Så masterna de darra.

7. *Det hände sig i Spanska sjön, Vi skulle reva focken,*
   Och 'Gubben' han blev något vred, Han börja prygla kocken.

8. *Han sedan uppå halvdäck gick, Där gick han och fundera,*
   Han sade: "Om jag vågar mej, Jag skulle prygla flera."

1. Es geschah in Göteborg beim Glockenschlag vier Uhr.
   Ich ging hinunter zu den Schiffsliegeplätzen, um eine Heuer zu finden.

   Refrain: Hei ho, fallerallera! Hei ho, fallerallera!
   Um eine Heuer zu finden!

2. Dort traf ich einen mageren Mann; sofort spricht er mich an.
   »Und willst du bei mir anheuern, ich liege hier und lade.«
   (*Wie nach der ersten Strophe wird nach dem Refrain der letzte Satz des Verses wiederholt.*)

3. Und die Brigg hieß *Bernadotte*, und der Skipper hieß Pelle.
   Sie sagten, er sei ein tüchtiger Kerl, aber in Wahrheit war er der [Teufel.

4. Die *Bernadotte* ist 'ne gute Brigg mit Belegnägeln aus Messing.
   Und sonntagmorgens inspizieren wir die Toppen.

5. Und wenn du achtern lebst, dann lebst du gut, kriegst allerlei zu [essen.
   Aber im Logis gibt's verdorbenen Speck und Erbsen, nichts als [Erbsen.

6. Und Peter, der lag jetzt und schlief, so daß der ganze Kahn erbebte.
   Dann liefen wir bei Marstrand auf, so daß die Masten zitterten.

7. Dann passierte es in der Spanischen See, daß wir die Fock reffen [sollten,
   Der Alte wurde etwas wild und fing an, den Koch zu prügeln.

8. Dann ging er rauf aufs Achterdeck und begann zu überlegen.
   Er sagte: »Wenn ich den Mut hätte, würde ich noch mehr [vermöbeln.«

BLOW, BOYS, BLOW

Amerikanisch/Englisch:
Halyard Shanty

Das ist ein Lied aus dem Trio berühmter Shanties über Schnellsegler auf dem Atlantik; die anderen beiden sind »Blow the Man Down« und »Blackball Line«.
Einige Leute scheinen anzunehmen, daß dieses Lied seinen Ursprung im Sklavenhandel an der Guineaküste hat, aber die Möglichkeit, daß es zur Zeit der Paketsegler (1818) entstand, ist wahrscheinlicher.

Say, wuz ye ni-ver down the Con-go Ri-ver?
Blow, boys, blow! Ooh! Yes, I've bin down the
Con-go Ri-ver, Blow, me bul-ly boys, blow!

1. Sag, bist du nie den Kongo hinuntergefahren?
   Chor: Blow, boys, blow!
   Oh doch bin ich den Kongo hinuntergefahren,
   Chor: Blow, meine tüchtigen Jungs, blow!

2. Der Kongo ist ein gewaltiger Fluß,
   Chor: Blow, boys, Blow!
   Wo sich der weiße Mann im Fieber schüttelt.
   Chor: Blow, meine tüchtigen Jungs, blow!

3. Ein Yankee-Schiff kam den Fluß hinunter,
   Seine Masten und Rahen glänzen wie Silber.

4. Woher weißt du, daß es ein Yankee-Klipper ist?
   Vom Blut und den Eingeweiden, die aus dem Speigatt laufen.

5. Woher weißt du, daß es ein Yankee ist?
   Es feuerte seine Kanonen ab, und wir hörten den Radau.

6. Es ist ein Yankee-Schiff unterwegs nach China,
   Und ein Haufen Bastarde hat auf ihm angeheuert.

7. Wer, glaubst du, ist ihr Kapitän?
   Bully Waterman ist ihr Kapitän.

8. Wer, glaubst du, ist ihr Erster Steuermann?
   Irgendein häßlicher Kauz, der arme Matrosen haßt.

9. Saccarappa Jim ist ihr Zweiter Steuermann,
   Er drückt dich nach unten, wie du den Besan hinabreitest.

10. Was, glaubst du, hatten sie zum Essen?
    Belegnagel-Suppe und ein Brötchen aus dem Speigat.

11. Was, glaubst du, hatten sie geladen?
    Schwarze Schafe, die das Embargo unterlaufen haben.

12. Blase heute, blase morgen,
    Blas für dies alte Schiff in Sorgen.

2. Congo she's a mighty river,
   Where the fever makes the white man shiver.

3. A Yankee ship came down the river,
   Her masts and yards they shine like silver.

4. How d'yer know she's a Yankee clipper?
   By the blood an' guts that flow from her scuppers.

5. How d'yer know she's a Yankee packet?
   She fired her guns an' we heard the racket.

6. She's Yankee ship an' she's bound for China,
   An' a bunch of bastards they have joined her.

7. Who d'yer think's the skipper of her?
   Bully Waterman's the skipper of her.

8. Who d'yer think's the chief mate of her?
   Some ugly case what 'ates poor sailors.

9. Saccarappa Jim is the second mate of her,
   He'll ride you down like ye ride a spanker.

10. What d'yer think they had for dinner?
    Belayin'-pin soup an' a roll in the scuppers.

11. What d'yer think they had for cargo?
    Black sheep that have run the Embargo.

12. Blow today an' blow tomorrow,
    Blow for this ol' ship in sorrow.

DE HAMBORGER VEERMASTER

PLATTDEUTSCH:
AM GANGSPILL GESUNGEN

Dies ist die plattdeutsche Version des amerikanischen Gangspill-Liedes »Sacramento«. Auf den Schiffen der Hamburger Reederei Laeisz, die in der Salpeterfahrt von Chile engagiert war, erfreute sich dieses Shanty sehr großer Beliebtheit. Noch 1952 hörte man es an Bord der *Pamir*. Heute ist es aber auch bei Landratten als Musterbeispiel eines Shantys noch äußerst populär.

Dieses Lied ist eines der sehr wenigen deutschen Seemannslieder, die auch in den Schulen gelehrt werden und die vielen deutschen Schulkindern bekannt sind. Die englischen Refrains »Hoodah! Hoodah!« werden im Deutschen zu »Howday, howday!« Die Norweger, die diesen Shanty ebenfalls lieben, singen »Ota Hayti, ota Hayti!« – damit ist die Pazifikinsel Haiti gemeint. In der schwedischen Version heißt es »O Bermudas, o Bermudas!« Wie in vielen Seemannsliedern wird auch hier Kritik am Zustand der altmodischen Segelschiffe lut – schlechter Fraß, verrottete Ausrüstung, Wanzen und Rüsselkäfer in Mengen, verdorbenes Pökelfleisch, Salzfleisch voller Maden.

2. *Dat Deck weer von Isen, vull Schiet an vull Smeer,*
   Dat weer Schietgäng eer schönstes Plaseer.

3. *Dat Logis weer vull Wanzen, de Kombüüs weer vull Dreck,*
   De Beschüten de lopen von sulben all weg.

4. *Dat Soltfleesch weer gröön, un de Speck weer vull Maden,*
   Kööm geev't bloß an'n Winachtsabend.

5. *Un wull'n wi mal seil'n, ik segg dat jo nur,*
   Denn lööp he dree vörut un veer weerer retur.

6. *As dat Schipp, so weer ok de Kaptein,*
   De Lüüd for dat Schipp wörn ok bloß schanghait.

THE DREADNAUGHT

AMERIKANISCH/ENGLISCH:
FOREBITTER

Es gibt nur sehr wenige angelsächsische Seemannslieder über namentlich genannte Schiffe – dies ist eines davon. Die »Dreadnaught« war ein bekannter Segler, der den Nordatlantik befuhr, und ein rotes Kreuz auf dem Vormarssegel trug. Sie ist wegen einer Meuterei berühmt, die einst auf ihr angezettelt wurde. Ein berüchtigter Trupp hartgesottener irischer Seemänner, die »blutigen Vierzig« genannt, und bekannt dafür, auf Frachtschiffen anzuheuern, um den Achtergästen die Hölle heiß zu machen, verpflichtete sich auf der »Dreadnaught« und begann eine Meuterei.

There is a flash pack-et, flash pack-et o'
fame, She hails from New York an' the Dread-naught's
name, She's bound to the west'ard where the wild wa-ters
flow, Bound a-way to the west-ard in the Dread-naught her
go! Der-ry down, down, down der-ry down!
CH.

2. The time of her sailin' is now drawin' nigh,
   Stand by all ye lubbers, we wish you goodbye,
   A pair of clean heels to you now we will show,
   Bound away in the Dreadnaught to the west'ard we'll go!

3. An' now we are leavin' the sweet Salthouse docks,
   The boys and the gals on the Pierhead do flock,
   The boys an' the gals are all shoutin' hurro,
   Bound away to the west'ard in the Dreadnaught we go!

4. Oh, the Dreadnaught's awaiting in the River Mersey,
   Awaiting the tugboat to tow her to sea,
   An' around the Rock Light where the salt tides do flow,
   Bound away in the Dreadnaught to the west'ard we'll go!

5. An' now we are sailin' down the wild Irish Sea,
   Our passengers are merry an' their hearts full o' glee,
   Our sailors like tigers they walk to an' fro,
   Bound away in the Dreadnaught to the west'ard we go!

6. Oh, now we are sailin' the Atlantic so wide,
   An' the hands are now ordered to scrub the ship's side,
   With her tops'ls set taut for the red cross to show,
   Bound away in the Dreadnaught to the west'ard we'll go!

DIE DREADNAUGHT

1. Es gibt ein schnelles Schiff, ein berühmtes schnelles Schiff.
   Sie stammt aus New York und »Dreadnaught« ist ihr Name;
   Sie ist unterwegs nach dem Westen, wo die wilden
   [Wogen laufen.
   Wir fahren fort nach Westen, mit der »Dreadnaught«
   [fahren wir.
   Chor: Heißa juchhe, juchhe, heißa juchhe!

2. Die Zeit ihrer Abfahrt nähert sich nun,
   Seid dabei, ihr Landratten, wir sagen euch lebwohl.
   Wir nehmen jetzt die Beine in die Hand,
   Wir fahren fort mit der »Dreadnaught«, westwärts
   [wollen wir ziehen!
   Chor: Heißa juchhe, juchhe, heißa juchhe!

3. Und jetzt verlassen wir die geliebten Docks von Salthouse.
   Die Jungen und Mädchen strömen auf dem Molenkopf
   [zusammen;
   Die Jungen und Mädchen rufen alle hurra.
   Wir fahren nach Westen, mit der »Dreadnaught« fahren wir!

4. Die »Dreadnaught« wartet auf dem Mersey,
   Wartet auf den Schlepper, damit er sie seewärts taut.
   Und um den Leuchtturm herum, wo die salzigen
   [Gezeiten strömen.
   Wir fahren fort mit der »Dreadnaught«, westwärts
   [fahren wir!

5. Und jetzt segeln wir durch die wilde Irische See.
   Unsere Passagiere sind glücklich und ihre Herzen sind froh,
   Unsere Matrosen gehen wie Tiger an Deck hin und her.
   Wir fahren fort mit der »Dreadnaught«, westwärts
   [fahren wir!

6. Oh, jetzt segeln wir auf dem weiten Atlantik,
   Und die Männer haben jetzt den Befehl, die Schiffs-
   [planken zu scheuern.
   Die Marssegel sind gesetzt, um das rote Kreuz zu zeigen.
   Wir fahren fort mit der »Dreadnaught«, westwärts
   [fahren wir!

7. Und jetzt segeln wir vor den Bänken von Neufundland,
   Wo es auf dem Grund viele Fische und schönen gelben
   [Sand gibt;
   Und die Fische singen, als sie hin und herschwimmen.
   Sie ist das Schiff aus Liverpool, o Herr, laß sie fahren!

8. Jetzt ist die »Dreadnaught« in New York angekommen.
   Wir gehen in die Bowery und spülen unsere Sorgen hinunter.
   Bei unseren Mädchen und unserem Bier. Jungs, laßt das
   [Lied hören.
   Wir sind das Schiff aus Liverpool, o Herr, laß sie fahren!

9. Ein »zum Wohl« auf die »Dreadnaught« und ihre
   [tapfere Mannschaft,
   Auf den mutigen Käpten Samuels und auch seine Offiziere.
   Redet ihr über euren Ozean-Express, »Swallowtail«
   [und »Blackball«,
   Aber die »Dreadnaught« ist das Schiff, das ihnen allen
   [davonsegelt.

10. Nun ist meine Geschichte zu Ende und mein Seemanns-
    [garn gesponnen,
    Vergebt mir, Kameraden, falls ihr denkt ich sei dreist;
    Denn dieses Lied wurde komponiert während die
    [Wache unten war.
    Wir fahren fort nach Westen, mit der »Dreadnaught«
    [fahren wir!

7. An' now we are sailin' the Banks o' Newf'n'land,
   Where the bottom's all fishes an' fine yellow sand,
   An' the fishes they sing as they swim to an' fro,
   She's the Liverpool packet, oh, Lord let her go!

8. Now the Dreadnaught's arrived in ol' New York town,
   We're bound for the Bowery an' let sorrow drown,
   With our gals an' our beer, boys, oh, let the song flow,
   We're the Liverpool packet, oh, Lord let her go!

9. Here's a health to the Dreadnaught and all her brave crew,
   To bold Cap'n Samuels an' his officers, too,
   Ye may talk of yer fliers, Swallowtail an' Blackball,
   But the Dreadnaught's the packet that outsails 'em all!

10. Now me story is ended an' me yarn it is told,
    Forgive me ol' shipmates if ye think that I'm bold,
    For this song was composed while the watch was below,
    Bound away to the west'ard in the Dreadnaught we'll go!

BOUNTY WAS A PACKET SHIP

ENGLISCH: PUMPING SHAMTY

Boun-ty was a pack-et ship, Pump ship, pack-et ship!
Sail-ing on a cruis-in' trip, In the South Pac-if-ic!

Dieses Lied, das gesungen wurde, wenn man die Schwengelpumpe bediente, erzählt die berühmte Geschichte der Meuterei auf der Bounty. Der Name des Kapitäns, Bligh, wird hier Blight gesungen – möglichweise ein Seemannswortspiel über eine unangenehme Arbeit. Im Licht neuerer historischer Forschung hat sich eine Tendenz abgezeichnet, Bligh etwas zu entlasten, was seine Behandlung der Mannschaft betrifft, und aufgezeigt, daß den Seeleuten gegenüber damals ähnlich drakonische Maßnahmen verhängt wurden. Mit anderen Worten ist er möglicherweise der Durchschnittskapitän jener Zeit gewesen.

2. Billy Blight, that silly man,
   Was the master in command.

3. He was growling day and night,
   Whether he was wrong or right.

4. On the Bounty were the rules,
   Not for soft an' silly fools.

5. An' the answer to complaints,
   Handcuffs an' the iron chains.

6. Spittin' on the quarterdeck,
   Punishment – a broken neck.

7. There were troubles every day,
   Many sailors ran away,

8. An' at last that Billy Blight,
   With his crew began to fight.

9. Brawling, kickin' everywhere,
   Iron pins flew thro' the air.

10. Mates an' sailors in the night,
    Overpowered Billy Blight.

11. They put Billy Blight afloat,
    With his madness in a boat.

12. Bounty then went out of sight,
    Left alone was Billy Blight.

13. Billy Blight he reached the coast,
    But the Bounty she was lost.

14. Many gales have crossed the sea,
    Since the Bounty went away.

15. Never was there heard a word,
    From the crew that stayed on board.

DIE BOUNTY WAR EIN PACKETSHIP

1. Die »Bounty« war ein Packetship,
   Chor: Pumpt Schiff, Packetship!
   Segelte auf großer Fahrt,
   Chor: Im Süd-Pazifik.

2. Billy Blight, dieser verrückte Kerl
   War der verantwortliche Kapitän.

3. Er murrte Tag und Nacht,
   Ob er Unrecht hatte oder nicht.

4. Die Schiffsordnung auf der
   [»Bounty« war
   Nichts für sanfte, einfältige Narren.

5. Und die Antwort auf Beschwerden
   Handschellen und Eisenketten.

6. Spucken auf das Achterdeck,
   Bestrafung – ein gebrochenes
   [Genick.

7. Es gab Ärger jeden Tag,
   Viele Matrosen liefen fort.

8. Und schließlich kam es soweit, daß
   [Billy Blight
   Mit seiner Mannschaft zu streiten
   [begann.

9. Geschrei, Fußtritte überall,
   Eisenbolzen flogen durch die Luft.

10. Die Steuerleute und Matrosen, in
    [der Nacht,
    Überwältigten Billy Blight.

11. Sie setzten ihn auf dem Wasser aus,
    Mit seiner Wut, in einem Boot.

12. Dann entschwand die »Bounty«
    [seinen Blicken,
    Billy Blight wurde allein zurück-
    [gelassen.

13. Billy Blight erreichte die Küste,
    Aber die »Bounty« war verschwunden.

14. Viele Stürme sind über das Meer
    [gegangen,
    Seit die »Bounty« davongefahren ist.

15. Nie wieder hörte man etwas
    Von der Mannschaft, die an Bord
    [blieb.

LA PIQUE

Um die angestellten Männer und Offiziere nach den napoleonischen Kriegen noch zu beschäftigen, erfand man in der englischen Flotte alle möglichen Polier- und Reinigungsarbeiten sowie feinsinnige Segelmanöver wie »Schiff wenden und zugleich Topsegel reffen«, die als tägliches Ritual an Bord jedes Schiffes in der Flotte der königlichen Marine gepflegt wurden.

Oh, 'tis of a flash fri-gate, La Pique was her name, All in the West In--dies she bore a great name, For cruel bad u--sage of ev'ry de-gree, Like slaves in the gal-ley we plowed the salt sea.

1. Oh, es geht um eine protzige Fregatte, »La Pique« war ihr Name.
Überall auf den Westindischen Inseln war sie gut bekannt
Für grausame und schlechte Behandlung der schlimmsten Art.
Wie Sklaven auf einer Galeere durchpflügten wir das salzige Meer.

2. Um vier in der Frühe fängt unsere Arbeit an;
Die Decksgäste müssen nach Pützen zum Ruderstand laufen,
Unsere Toppsgäste vom Fock- und Großmast brüllen so laut
Nach Sand und Scheuersteinen, in groß und in klein.

3. Unsere Decks werden von oben bis unten gewaschen und
[trockengewischt.
Zurrt eure Hängematten hoch, schreien die Bootsmänner.
Unsere Hängematten sind gezurrt, schwarze Bündel und schwarze
[Paradestücke,
Und alle in einer Größe, Junge, damit sie durch den Reifen passen.

4. Und jetzt schaut nach oben, meine Jungs, jeder von euch.
Alle Mann Segel setzen, schnell muß es gehen!
Unter doppelt gerefften Marssegeln liegen wir;   [Moment blähen.
Wie eine Wolke müssen sich alle unsere Segel im nächsten

5. Und jetzt, meine tapferen Jungs, kommt das Tollste an dem Spaß,
Nämlich Schiff wenden und Marssegel reffen zugleich.
Unsere Leute entern auf beim »Ruder in Lee!«
Fiert die Marssegel, wenn die Großrah herumschwingt.

6. Jetzt muß ich euch an euren Kautabak erinnern;
Wenn ihr auf Deck spuckt, ist euer Todesurteil gesprochen;
Wenn ihr über den Bug, das Fallreep oder das Heck spuckt,
Sind euch drei Dutzend sicher, ohne schlimme Absicht.

7. Kommt, all ihr Seeleute, wo immer ihr sein mögt,
Von allen »Edelfregatten« haltet euch fern,
Denn sie schinden euch und machen euch kaputt, bis ihr keinen
[Pfifferling mehr wert seid,
Dann bringen sie euch halb tot in eure geliebte Heimat zurück.

2. At four in the mornin' our work is begun,
To the cockpit the waisters for buckets must run,
Our fore an' main topmen so loudly do bawl,
For sand an' for holystones, both large an' small.

3. Our decks being washed down and mopped up quite dry,
'Tis lash up your hammocks our bosun do cry,
Our hammocks are lashed, black clews an' black shows,
An' all of one size, boy, thro' the hoops they must go.

4. An' now look aloft, oh, me boys, every one,
All hands to make sail, goin' large is the song.
From under two reefs in our tops'ls we lie,
Like a cloud all our canvas in a moment must fly.

5. An' now me brave boys comes the best of the fun,
It's hands about ship an' reef tops'ls in one,
Our hands go aloft when the helm it goes down,
Lower away tops'ls as the mainyard goes round.

6. Now your quids of tobacco I'd have ye to mind,
If ye spits on the deck, sure your death warrant's signed;
If ye spits over bow, over gangway or starn,
You're sure of three dozen just by way of no harm.

7. Come, all brother seamen, where'er ye may be,
From all fancy frigates I'd have ye steer free,
For they'll haze ye, an' work ye, 'till ye ain't worth a damn,
Then they'll ship ye half-dead to your dear native land.

LA DANAÉ

FRANZÖSISCH: FOREBITTER

Dies ist ein weiteres Beispiel für den Typus von Liedern, die der Seemann früherer Zeiten liebte: Wenn er schiffbrüchig wurde oder einfach nur an Land ging, sah er ein schönes Mädchen – etwa eine Meerjungfrau, die mit

Kamm und Glasspiegel in der Hand auf einem Felsen saß, oder eine singende Lorelei.

Die einfachen Seeleute *wünschten* sich oft eine Begegnung mit einer solchen Schönheit, während die Kapitäne alle Hände voll zu tun hatten, sich dieser Frauen zu erwehren!

C'é-tait u-ne fré-gate, Lon-la, C'é-tait u-ne fré-ga-te, C'é-tait la Da-na--é--, CH.

A prendr' un ris dans les bass'voi-les! C'é-tait la Da-na--é! A prendr' un ris dans les hu-niers. CH.

2. A son premier voyage, Lonla,
   La frégat' a sombré.

3. Et de tout l'équipage, Lonla,
   Un gabier s'a sauvé.

4. Il abord' sur la plage, Lonla,
   Il savait bien nager.

5. Mais là, sur le rivage, Lonla,
   Une bell' éplorée.

6. Belle comm' une frégate, Lonla,
   Française et pavoisée.

7. "Pourquoi pleurer la belle, Lonla,
   Pourquoi si tant pleurer?"

8. "Je pleur' mon avantage, Lonla,
   Dans la mer qu'est tombé."

9. "Et qu'aurait donc la belle, Lonla,
   Celui qui vous l'rendrait?"

10. "Lui en ferai offrande, Lonla,
    Avec mon amitié."

11. A la première plonge, Lonla,
    L'marin n'a rien trouvé.

12. A la centième plonge, Lonla,
    Le pauvre s'a noyé.

13. Car jamais avantage, Lonla,
    Perdu n'est retrouvé.

DIE DANAÉ

1. Es gab einmal eine Fregatte, Lonla,
   Ch.: Es gab einmal eine Fregatte,
   Das war die *Danaé,*
   Ch.: Sie bekam eine starke Bö in die
   [Untersegel!
   Das war die *Danaé!*
   Ch.: Sie bekam eine starke Bö in die
   [Marssegel.
2. Während ihrer ersten Fahrt, Lonla,
   Ch.: Während ihrer ersten Fahrt.
   Ging die Fregatte unter.
   Ch.: Sie bekam eine starke Bö in die
   [Untersegel!
   Ging die Fregatte unter.
   Ch.: Sie bekam eine starke Bö in die
   [Marssegel!
3. Und von der ganzen Mannschaft, Lonla,
   Hat sich ein Matrose gerettet.
4. Er landete am Strand, Lonla,
   Er konnte gut schwimmen.
5. Aber dort, am Ufer, Lonla,
   Stand eine verweinte Schöne.
6. Wie eine französische Fregatte, Lonla,
   Schön und auch fein beflaggt.
7. »Warum weint Ihr, o Schöne, Lonla,
   Warum weint Ihr so sehr?«
8. »Ich beweine mein Vermögen, Lonla,
   Das ins Meer gefallen ist.«
9. »Und was würde, o Schöne, Lonla,
   Der bekommen, der es Euch wieder-
   [gäbe?«
10. »Ich würde es ihm schenken, Lonla,
    Und mein Herz dazu.«
11. Beim ersten Tauchen, Lonla,
    Fand der Matrose nichts.
12. Beim hundertsten Tauchen, Lonla,
    Ist der Ärmste ertrunken.
13. Weil ein verlorenes Vermögen, Lonla,
    Sich nie wiederfinden läßt.

LES FILLES DE LA ROCHELLE

FRANZÖSISCH: FOREBITTER

Dieses alte Poller-Lied war ein Lieblingsshanty des *matelot* und vor allem meines alten Bordkameraden Jean Loro, eines Seemanns aus Nantes, der einst die Decksplanken der aus Dünkirchen auslaufenden Schiffe gut gekannt hat. Dieses Lied hat etwas von einem Märchen an sich und unterscheidet sich dadurch sehr von anderen Liedern über »Mädchen«, die im Logis französischer Schiffe so beliebt waren; so sind etwa »La fille de Sables« und »Les filles de Camaret«, beide äußerst obszön.

2. *La grand' vergue est en ivoire,*
   Les poulies en diamant.

   La grand' voile est en dentelle,
   La misaine en satin blanc.

3. *Les cordages du navire,*
   Sont de fil d'or et d'argent,
   Et la coque est en bois rouge,
   Travaillé fort proprement.

4. *L'équipage du navire,*
   C'est tout filles de quinze ans,
   Le cap'tain' qui les commande,
   Est le roi des bons enfants.

5. *Hier, faisant sa promenade,*
   Dessous le gaillard d'avant,
   Aperçut une brunette,
   Qui pleurait dans les haubans.

6. *"Qu'avez-vous gentill' brunette,*
   Qu'avez-vous à pleurer tant,
   Avez-vous perdu père, mère,
   Ou quelqu'un de vos parents ?"

7. *"J'ai cueilli la rose blanche,*
   Qui s'enfut la voile au vent,
   Elle est partie vent arrière,
   Reviendra z'en louvoyant."

DIE MÄDCHEN VON LA ROCHELLE

1. Die Mädchen von la Rochelle;
   Die haben ein Schiff bemannt,
   Um eine Kaperfahrt zu machen
   Auf den Meeren der Levante.
   Ch.: Ach, das Blatt fliegt fort, fliegt fort,
       Ach, das Blatt fliegt fort mit dem
                                    [Wind.

2. Der große Anker ist aus Elfenbein,
   Seine Arme sind aus Diamanten;
   Das Großsegel aus Spitzen,
   Der Besan aus weißem Atlas.

3. Das Tauwerk ist aus Gold-
   und Silberfäden;
   Und der Rumpf aus rotem Holz,
   So fein gebaut.

4. Die Mannschaft dieses Schiffs
   Sind lauter fünfzehnjährige Mädchen;
   Der Kapitän, der hier befiehlt,
   Ein herzensguter Mann.

5. Gestern, als er seinen Rundgang
   Unter dem Backdeck machte,
   Bemerkte er eine Brünette,
   Die in der Koje weinte.

6. »Was habt Ihr, hübsche Brünette,
   Was läßt Euch so weinen,
   Habt Ihr Vater oder Mutter verloren,
   Einen von Euren Verwandten?«

7. »Ich hab' eine weiße Rose gepflückt,
   Die wegflog, ihre Segel im Wind,
   Sie flog weg, vom Wind getragen,
   Auf Umwegen kehrt sie zurück.«

CLEAR THE TRACK

AMERIKANISCH/ENGLISCH:
CAPSTAN SONG

Dieses Shanty war einer der großen
Favoriten auf den Yankee-Postschiffen
des frühen 19. Jahrhunderts. Die Melodie ist die des irischen Volksliedes
»Shule Agra«, aber die Refrains weisen
von der Wortwahl her auf negroiden
Einfluß hin. Es ist ein gutes Beispiel des
Typs Lied, das, wie ich es genannt
habe, den »Shanty-Markt« von New
Orleans und anderer Häfen am Golf
von Mexiko durchlaufen hat.

AUF KURS GEHEN

1. Oh, das schneidigste Schiff, das man finden kann,
   Chor: Ah ho, way ho! Bist du bald kaputt?
   Ist die gute, alte »Wildcat« von der Swallowtail-Linie,
   Chor: Dann geht auf Kurs, laßt die Dampfmaschinen laufen!
   Alle: Her zu mir, ringeding, auf einem Wägelchen,
   Ah ho, way ho! Bist du bald kaputt?
   Mit Eliza Lee auf meinen Knien,
   Also, geht auf Kurs, laßt die Dampfmaschinen laufen!

2. Ja, die gute alte «Wildcat» von der Swallowtail-Linie,
   Sie kommt nie einen Tag zu spät.

3. Oh, wir sind unterwegs nach New York,
   Die Mädchen aus der Bowery werden wir herumwirbeln.

4. Oh, die Mädchen spazieren auf dem Pier,
   Laßt uns alle an Land gehen und ein Bier trinken.

5. Wenn wir nach Liverpool zurückkommen,
   Werde ich dir Whiskey spendieren soviel du willst.

6. Oh, in Liverpool sitzen die Mädchen herum,
   Und dort werde ich meine Liza treffen.

7. Oh, wenn ich heimkomme über das Meer,
   Wollen wir dann heiraten, Eliza?

2. Oh, the ol' Wild Cat of the Swallowtail line,
   She's never a day behind her time.

3. Oh, we're outward bound for New York town,
   Them Bowery gals we'll waltz around.

4. Oh, the gals are walkin' on the pier,
   Let's all go ashore an' have some beer.

5. When we gits back to Liverpool town,
   I'll stand ye whiskies all around.

6. Oh, in Liverpool town them gals hang 'round,
   An' there me Liza she'll be found.

7. Oh, when I gits home across the sea,
   Eliza, will you marry me?

157

THE FLYING CLOUD

AMERIKANISCH: FOREBITTER

Sowohl amerikanische wie auch englische Seeleute sangen dieses Lied, auch wenn es wahrscheinlich irischen oder sonst irisch-amerikanischen Ursprungs war. In dem Lied werden Sklavenhandel und Piraterie angesprochen, was vermuten läßt, daß es irgendwann aus der ersten Hälfte des 19. Jahrhunderts datiert.

Berichte über die Unmenschlichkeiten dieser Sklavenfahrten haben manches Buch gefüllt. Eine der weniger bekannten Geschichten ist die folgende. Im Jahre 1819 segelte das französische Sklavenschiff »Le Rodeur« von Bonny in Westafrika mit 22 Mann Besatzung und 160 Sklaven los. Als man sich dem Äquator näherte, brach eine ansteckende Augenkrankheit unter den Sklaven aus, verschärft noch durch Wassermangel (ein halbes Glas pro Tag und Mann). Der Arzt des Sklavenschiffs holte von Zeit zu Zeit einige der Sklaven an Deck, die Sklaven jedoch umarmten sich, sprangen über Bord und ertranken. Als Bestrafung für derlei Ungehorsam ließ der Kapitän einige der Sklaven hängen. Später erblindeten 36 Sklaven völlig, die er als überflüssigen Ballast über Bord werfen ließ. Der französische Sklavenhändler traf auf einen spanischen Sklavenhändler, die »Leon«. Ihre gesamte Mannschaft und die schwarze »Ladung« hatten sich die gleiche Krankheit zugezogen, alle waren total erblindet; man hörte nie wieder etwas von ihr. Die »Le Rodeur« erreichte Gaudeloupe am 21. Juni mit nur noch einem Mann an Bord, der in der Lage war zu sehen, obgleich er zu der Zeit, als das Schiff festgemacht wurde, sich ebenfalls angesteckt hatte. Nebenbei bemerkt sind weder die »Flying Cloud« des Liedes noch ihr Kapitän ausgemacht worden, da beide wahrscheinlich nicht existiert haben.

My name is Edward Hollander as you may understand. I was born in the city of Waterford, in Erin's lovely land. When I was young an' in me prime an' beauty on me shone, Me parents doted on me, 'cos I was their only son.

2. My father he rose up one morn an' wid him I did go;
   He bound me as a butcher boy to Kearny's of Wicklow;
   I wore the bloody apron there for three long years or more,
   Then I shipped aboard the Erin's Queen, the pride of ol' Tramore.

3. 'Twas when we reached Bermuda's Isle I met with Cap'n Moore,
   The master of the Flying Cloud, the pride of Baltimore;
   An' I undertook to sail wid him, on a slavin' voyage to go,
   To the burnin' shores of Africay, where the sugarcane do grow.

4. Oh, all went well until we came to Africay's burnin' shores,
   Five hundred of them slaves, me boys, from their native land we bore;
   Oh, each man loaded down wid chains as we made them march below,
   Just eighteen inches space, me boys, oh, each man had to show.

5. We sank an' plundered many a ship down on the Spanish Main,
   Left many a wife an' orphaned child in sorrow to remain,
   To them we gave no quarter but we gave them watery graves,
   For the sayin' of our capen was, "Dead men tell no tales."

6. An' now to Newgate we must go bound down wid iron chains,
   For the sinkin' an' the plunderin' of ships on the Spanish Main;
   The judge he found us guilty, an' we are condemned to die,
   Young man a warnin', by me take, an' shun all piracy!

DIE FLYING CLOUD

1. Ich heiße Edward Hollander, wie ihr vielleicht gehört habt.
Ich bin in Waterford geboren, im schönen Irland.
Als ich jung war und in voller Mannesblüte und Schönheit
[mich zierte,
Waren meine Eltern in mich vernarrt, weil ich ihr einziger
[Sohn war.

2. Mein Vater stand eines Morgens auf, und ich ging mit ihm fort;
Er verpflichtete sich als Metzgergeselle bei Kearny aus Wicklow.
Ich selbst trug die blutige Schürze drei Jahre lang und mehr,
Dann segelte ich an Bord der »Erin's Queen«, des Stolzes von
[Tramore.

3. Als wir zu den Bermudas kamen, traf ich Kapitän Moore,
Den Kapitän der »Flying Cloud«, des Stolzes von Baltimore;
Und ich fand mich bereit, mit ihm auf eine Sklavenfahrt zu
[gehen,
An die brennenden Küsten Afrikas, wo das Zuckerrohr
[wächst.

4. Alles ging gut, bis wir an die brennenden Ufer Afrikas kamen,
500 von den Sklaven, Jungs, nahmen wir aus ihrer Heimat mit;
Jeder niedergedrückt von Ketten, als wir sie unter Deck
[schickten.
Nur 18 Zoll Platz, meine Jungs, hatte jeder für sich.

5. Wir versenkten und plünderten manches Schiff, unten in der
[Karibischen See.
Ließen manche Frau und manches verwaiste Kind mit Sorgen
[zurück.
Ihnen gaben wir keine Unterkunft, sondern nur ein
[Wassergrab,
Denn unser Käpten sagte immer: »Tote erzählen keine
[Geschichten.«

6. Und jetzt müssen wir nach Newgate gehen, mit eisernen
[Ketten gefesselt,
Weil wir Schiffe versenkt und geplündert haben in der
[Karibischen See.
Der Richter sprach uns schuldig, und wir sind zum Tode
[verurteilt,
Junger Mann, nimm eine Warnung von mir an und meide die
[Piraterie.

EN GAMMAL BRIGG

NORWEGISCH: PUMPING SONG

In seiner ursprünglichen Form ist dies ein norwegisches Lied gewesen, aber es gibt auch schwedische (im Seemannsjargon), skandinavische Dialekt-, dänische und deutsche Versionen. Die hier abgedruckte Fassung enthält im Refrain fünf verschiedene Sprachen. In den Versen 1 und 2 finden wir etwas Deutsch, in Vers 3 Norwegisch und Dänisch, in Vers 4 Norwegisch; der fünfte Vers ist im Dialekt der Gegend um Bergen, und der Refrain in Vers 6 ist schwedisch.

2. Det fandtes ikke kompas eller rathus ved dens ratt,
Vi styrte efter pullen i Per Svine's gamle hatt,
    Oberland zum par wand, oberland zum par wand,
    Till Drøbak med han Svineper vi tidsnok komme kan.

3. Kahytten den var umalt, men ruffen den var god,
Og Køierne var malte med væggelusblod,
    Overland som til vands, overland som paa vand,
    Til Drøbak med den Griseper vi aldrig komme kan.

4. Vi maatte pumpe læns imellem hvert et glas,
Og naar vi gik fra havnen, skar vi katten ind til bras,
    Gi mig ranson paa vand, gi mig ranson paa vand,
    Og fire mand i riggen satte Svineper iland.

5. Og naar vi først var kommet et stykke ut fra land,
Drak Svineper mer bræendevin end alle mand drak vand,
    Hive langsomt fra land, hive langsomt fra land,
    De Bergenske møer snart møte nok vi kan.

6. Det var Søndagsmorra, vi blev purret ut til baut,
Men naar vi saa i luka, laa kjølsvinet og flaut,
    Kors i Herrans namn, hur det går langsomt fran land,
    Vi hurra för den resan, när vi kom til Köpenhamn.

EINE ALTE BRIGG

1. In Parmerent in Holland, da lag 'ne alte Brigg;
Verrottet war ihr Rumpf, die Takelage ebenso.
Refrain: Über Land wie zur See, über Land wie zur See!
    Nach Drøbak mit dem Schweine-Per kommen wir noch
                    [früh genug!

2. Es gab keinen Kompaß und auch kein Ruderhaus,
Wir hielten den Kurs nach Per Svines altem Hut.
Refrain: Über Land wie zur See, über Land wie zur See!
    Nach Drøbak…

3. Die Kajüte war nicht gestrichen, aber die Back war gut,
Und die Kojen waren bemalt mit Wanzenblut.
Refrain: Über Land wie zur See, über Land wie zur See!
    Nach Drøbak…

4. Wache um Wache pumpten wir sie leer,
Und als wir aus dem Hafen ausliefen, mußten wir brassen wie die
                    [Teufel.
Refrain: Zur Hölle mit der See, zur Hölle mit der See!
    Und vier Mann im Großboot, die setzten Schweine-Per
                    [an Land.

5. Und als wir ausgelaufen waren, aber noch nicht auf hoher See,
Trank Schweine-Per mehr Branntwein, als alle andern Wasser.
Refrain: Langsam hinaus auf See, langsam hinaus auf See!
    Schon bald wir bei den Mädchen von Bergen sein.

6. Es war ein Sonntagmorgen, und alle Mann wurden geweckt,
Und als wir in die Luke sahen, war das Kielschwein von Wasser
                    [bedeckt.
Refrain: Mein Gott, noch immer Land in Sicht!
    Als wir in Kopenhagen waren, gab's ein Hurra.

THE EBENEZER

ENGLISCH: PUMPING SONG

Nach meiner Quelle – Paddy Griffith, einem alten irischen Segelschiffer – sang man dieses recht humorvolle Lied oft beim Pumpen. Ziemlich offensichtlich hat es irischen Ursprung, oder zumindest Liverpool-irischen, und möglicherweise ist es ein irisches Lied zur Fiedel. »Zweiter Antreiber« ist auf den Schnellseglern des Atlantik ein Ausdruck für den Zweiten Steuermann.

2. The Old Man wuz a drunken geezer,
   Couldn't sail the Ebenezer,
   Learnt his trade on a Chinese junk,
   He spent mos' time, sir, in his bunk.

3. The chief mate's name wuz Dickie Green, su
   The dirtiest beggar ye've ev'r seen, sir,
   Walkin' his poop wid a bucko roll,
   May the sharks have his body an' the devil
                                    have his soul.

4. A Boston buck wuz second greaser,
   He used to ship in Limejuice ships, sir,
   The Limey packets got too hot,
   He jumped 'em an' he cursed the lot.

5. The bosun came from Tennessee, sir,
   He always wore a Blackball cheeser,
   He had a gal in every port,
   At least that's what his Missus thought.

6. The Ebenezer wuz so old, sir,
   She knew Columbus as a boy, sir,
   'Twas pump her, bullies, night an' day,
   To help her git to Liverpool Bay.

7. Wet hash it wuz our only grub, sir,
   For breakf'st, dinner, an' for supper,
   Our bread wuz as tough as any brass,
   An' the meat wuz as salt as Lot's wife's ass.

DIE EBENEZER

1. Ich fuhr an Bord der »Ebenezer«,
   Jeden Tag hieß es: scheuern und schmieren,
   In die Masten, um sie sauber zu kratzen,
   Und wenn wir murrten, stauchten sie uns zusammen.
   Chor: Oh, vorwärts, Jungs, los vorwärts,
       Flink, Jungs, immer flink!
       Vorwärts, Jungs, los vorwärts,
       Flink, Jungs, immer flink!

2. Der alte Mann war ein betrunkener wunderlicher Kauz,
   Er konnte die »Ebenezer« nicht segeln,
   Er lernte sein Geschäft auf einer chinesischen Dschunke,
   Die meiste Zeit, Sir, verbrachte er in seiner Koje.

3. Der Erste Steuermann hieß Dickie Green, Sir,
   Der dreckigste Bettler, den man je gesehn hat, Sir,
   Er schob seinen Hintern mit einem Schlingern durch die
                           [Gegend wie ein Schinder,
   Die Haie sollen seinen Körper haben, der Teufel seine Seele.

4. Ein Schinder aus Boston war zweiter Antreiber,
   Er fuhr auf britischen Schiffen, Sir,
   Die wurden ihm zu heiß,
   Er machte sich davon und fluchte ordentlich.

In der 5. bis 7. Strophe wird dann noch gehörig auf den Bootsmann, die Cecks und das versalzene Essen geschimpft.

ALBERTINA

SCHWEDISCH:
CAPSTAN UND PUMPING SONG

Dies ist die schwedische Version eines
bei allen skandinavischen Seeleuten beliebten Liedes. Es ist norwegischen Ursprungs, und Kapitän Sternvall zufolge
war es bei den Sängern üblich, daß sie
beim Singen einen norwegischen Dialekt nachmachten. J. Glyn Davies behauptet, dies sei ein ursprünglich deut-
sches Lied. Es ist ein sogar bei »Landratten« bekanntes Lied und hat – wenn
auch nicht als Arbeitslied – an Bord
finnischer Segelschiffe bis Ende der
dreißiger Jahre überlebt.

Det skall byg-gas ett skepp ut-i Nor-den,
Al-ber-ti-na skall va-ra skep-pets namn, Pum-pa CH.
läns! Al-ber-ti-na lät så va-ra, Al-ber-
ti-na, in-gen fa-ra, Al-ber-ti---na skall
va-ra, skep-pets namn-Pum-pa läns! Al-ber-ti-na lät så
va-ra, Al-ber-ti-na in-gen fa-ra, Al-ber- F.CH.
ti-na skall va-ra, skep-pets namn-Pum-pa läns!

2. *Och det skeppet är allaredan lastat,*
   Det är lastat med bayerskt öl och vin,
   Det är lastat, låt så vara, det är lastat ingen fara,
   Det är lastat med bayerskt öl och vin – Pumpa läns!

3. *Men på straden står Ingrid och gråter,*
   Ja, hon gråter efter lilla vännen sin,
   Ja, hon gråter, låt så vara, ja, hon gråter, men vi fara,
   Ja, hon gråter efter lilla vännen sin – Pumpa läns!

4. *Varje sjömans grav är redan gräven,*
   Den är gräven i böljorna de blå,
   Den är gräven, låt så vara, den är gräven, men vi fara,
   Den är gräven i böljorna de blå – Pumpa läns!

5. *Och min gravskrift den är redan skriven,*
   Den är skriven på finaste latin,
   Den är skriven, låt så vara, den är skriven, men vi fara,
   Den är skriven på finaste latin – Pumpa läns!

1. Es wird ein Schiff gebaut werden im Norden,
   Albertina soll es heißen;
   Refrain: Pumpt sie leer!
   Albertina, keine Angst, *Albertina,* keine Gefahr –
   Albertina soll das Schiff heißen – pumpt sie leer!
   (Die beiden letzten Zeilen werden jeweils als Refrain wiederholt)

2. Und das Schiff ist schon beladen,
   Beladen mit Bier aus Bayern und mit Wein.
   Refrain: Pumpt sie leer!
   Sie ist beladen, mag schon sein, sie ist beladen, keine Gefahr.
   Sie ist beladen mit Bier aus Bayern und mit Wein – pumpt sie leer!

3. Aber am Strand steht Ingrid und weint,
   Ja, sie weint um ihren kleinen Freund.
   Ja, sie weint, mag schon sein, ja, sie weint, aber wir fahren.
   Ja, sie weint um ihren kleinen Freund – pumpt sie leer!

4. Das Grab jedes Seemanns ist schon gegraben,
   Gegraben in der blauen See.
   Es ist gegraben, mag schon sein, es ist gegraben, aber wir fahren.
   Es ist gegraben in der blauen See – pumpt sie leer!

5. Und meine Grabinschrift ist schon geschrieben,
   Geschrieben im feinsten Latein.
   Sie ist geschrieben, mag schon sein, ist geschrieben, aber wir
   [fahren.
   Sie ist geschrieben im feinsten Latein – pumpt sie leer!

MAGELHAN

PLATTDEUTSCH: FOREBITTER

Dies ist die plattdeutsche Version des englischen Gangspill-Liedes »Rolling Home«. Die achtzeiligen Verse sind zweimal so lang wie beim Shanty. Wie im »Hamborger Veermaster« und dem englischen Shanty »Leave her, Jonny, leave her« zeigt Jan Maat auch hier wieder, auf was für einem verrotteten alten Kahn er angeheuert hat, wie auf diesem Schiff geschuftet werden muß und was für ein Höllenhund der Käpt'n ist. Natürlich haben Seeleute aller Nationen und Zeiten über ihr gegenwärtiges Schiff geklagt – das vorherige war immer viel besser – gewöhnlich das beste Schiff, das je die Weltmeere befahren hat!

Für Landratten gelegentlich verwirrend: Wanten, Masten, Rahen, stehendes und laufendes Gut.

Dor weer een mol een ohlen Kassen, Een Klipper namens Mag-el'han. Dor weer bi Dag keen Tid tom Brassen, Det Abends denn wör allens dahn, Det Abends denn wör allens dahn, Bi dag dor kunn dat weihn un blasen, Dor wör noch lang keen Hand anlegt –; Doch slög de Klock man erst acht Glasen, Denn wör de ganze Plünnkrom streckt. Sing' val-le ra-le, ral-le-ral-le ra--la, ra--la, ra--la, Sing' val-le ral-le, ral-le-ral-le ra--la, Val-le--ri, val-le-ri, val-le-ra---!

164

2. Dat weer so recht den Ooln sien Freten,
   Dat gung em över Danz un Ball,
   Harr Janmaat graad een Pip ansteken,
   Dann grööl he: Pull in't Grootmarsfall.
   Dat kunn de Kerl verdüvelt seggen,
   He jöög uns rüm von Fall to Fall.
   Dat kunn man pullen, riten, trecken,
   Un kreeg gewöönlich kenen Toll.

3. Un up den heil'gen, stillen Fridag,
   Geevt middags gele Arfenjüch,
   Un ok eenmal up'n Buß- un Beeddag,
   Dor see de Kerl, den kennt wi nich.
   He harr sik aber böös verrekent,
   De Lüüd de seed'n, wie arbeit nich.
   Dar schraal de Wind ok noch 5 Streeken,
   Wat weer de Kerl dunn gnatterich.

ESSEN UND TRINKEN

Das Essen auf Segelschiffen war, von den frühen Anfängen bis in den Zweiten Weltkrieg hinein, recht karg. Auf den Schiffen der Nordländer und den Koggen aus Bremen lebten die Männer von Räucherfleisch, gesalzenem Fisch, hartem Roggenbrot, ranzigem Käse und schlechter Butter, Nüssen, Met und Bier. Der Speiseplan eines englischen Matrosen in den frühen Jahren des 17. Jahrhunderts sah nicht viel besser aus. Für die vier »Fleischtage« bekam ein Seemann ein Pfund Schiffszwieback, eine Gallone (ca. 4½ l) Bier und zwei Pfund Rindfleisch mit Salz; oder als Alternative ein Pfund Schinken oder Schweinefleisch und ein Pint Erbsen (etwa ½ l). An den sogenannten drei fleischfreien Tagen – Mittwoch, Donnerstag und Freitag – bekam er ein Viertel Pfund Stockfisch (ge-

trockneten gesalzenen Kabeljau), ein Viertel Pfund Butter und ein Viertel Pfund Käse. 300 Jahre später war das Essen des Seemanns immer noch ziemlich das gleiche: gesalzenes Rind- oder Schweinefleisch und »Hartbrot« oder Liverpooler Dachziegel (Schiffszwieback) – voller Maden und Getreidekäfer –, als normales, tägliches Essen. Die französischen »Matelots« (ebenso wie die spanischen und portugiesischen »Marineros«) labten sich an ihrem »Bacalhao« oder gesalzenem Kabeljau, und einem Brot, das sie unter dem anschaulichen Namen »calliorne« führten – der Name für den hölzernen Rollenblock beim Flaschenzug.

Die meisten südländischen Seeleute aßen wahrscheinlich besser als die aus dem Norden, dank der geschickten Verwendung von Sardinen, Anchovis, Zwiebeln, Makkaroni und Bohnen. Bohnen waren übrigens auf dem Speiseplan der deutschen »Matrosen« ein bemerkenswerter Posten. Auf britischen und amerikanischen Schiffen brachten junge Matrosen alle Arten von Zusammengekochtem hervor (»Halber Schlag«), das vor allem aus großen Stücken gesalzenem Fleisch und Schiffszwieback bestand und so seltsame Namen hatte wie »Dandyfunk« (in Wasser aufgeweichter und in Tran und Melasse gebackener Schiffszwieback), »Dogsbody« (»Pennerfraß«), »Crackerhash« (Zwiebackpamps) und »Skillagalee« (»Galeerenschmaus«). »Fanny Adams«, die Bezeichnung, die englische Matrosen für Rindfleisch in Dosen verwendeten, war ein junges Mädchen, das von Frederick Baker, einem Anwaltsgehilfen, in einem Dorf in der Grafschaft Hampshire

1867 ermordet wurde. 1874 wurde ein Mädchen namens Harriet Lane von Henry Wainright, einem Bürstenmacher, in Whitechapel in London umgebracht. Die sieben-Pfunddosen mit Hammelfleisch, die zu der Zeit den Handelsschiffen angeboten wurden, bekamen bald darauf durch die Seeleute den Namen von Harriet Lane.

Eine interessante und umfassende Beschreibung eines Seemanns (die jederzeit zutrifft) wird in einem seltenen Buch von 1631 gegeben: »Die See draußen kann nicht mehr toben als er drinnen, heize ihn an, aber mit Alkohol. Er ist wachsam wie ein Kranich bei Sturm, und sorglos wie eine Schlafmaus, wenn es windstill ist, …er kann ebenso gut auf einem Sack Bimssteine schlafen wie auf einem Daunenkissen. Er kann an einem Tau hinaufklettern wie eine Spinne, und wieder hinunter wie ein Blitz.«

Die Getränke des Seemanns zu allen Zeiten umfassen alle Arten Alkohol wie auch in späteren Jahren Kaffee und Tee. Barnaby Slush (»Naval Royal«, 1709) beschreibt ein Branntweinfaß folgendermaßen: »Alkohol ist genau der Stoff, der den Körper des Seemanns zusammenhält.«

Der Engländer Jack Tar hatte die seltsamste Getränkeliste im 16., 17. und 18. Jahrhundert: Arrak, Armer John (vom Tagebuchschreiber Pepys erwähnt), dunkler Likör (nach einer Bar nahe Gibraltar benannt), Miss Taylor (Mistela), Pandoodle, Scratchplatter, Sir Cloudesley (benannt nach einem britischen Admiral), Rosalie, Swipes (verdünntes Bier), Bumbo (Rum, Zucker, Wasser und Muskatnuß) und natürlich Grog (mit Wasser verdünnter Rum).

Å SUPEN UT, EN DRAM PÅ MAN

NORWEGISCH-SCHWEDISCH:
GANGSPILL SHANTY

Dieses Lied auf die Freuden des Schnapses stammt von einem alten Segelmacher in Göteborg, der den Text als eine Mixtur aus Norwegisch und Schwedisch bezeichnet. Seltsamerweise nennt er dieses Shanty »Oyez, oyez« – das ist der Ausruf, mit dem früher die englischen Stadtausrufer auf sich aufmerksam machten. In seinem Lied taucht auch die alte englische Bezeichnung für Seeleute auf – »Johnnies«.

2. *Du stewart, fram med flaska grann!*
   Fyll i en peg till varje man!
   De ä långt till Rio som ni vet.

3. *Slå pall i spelet, vinda hem!*
   Nu går det med en väldans kläm,
   Slik olja nyttar som i ser.

4. *Den stewart kommer snart igen,*
   Så fort vårt ankar vindats hem.
   Rigg an på spaken, alle man!

5. *Fast heaven, gubbar, klart vid fall!*
   Nu alla segel sättas skall,
   Stolt skutan faller av för vind.

RUNTER DAMIT, EIN SCHNAPS PRO MANN!

1. Oh, runter damit, ein Schnaps pro Mann!
   Der Kahn kommt schon von der Küste frei,
   Wenn ihr nur tüchtig reinhaut.
   Refrain: Einen Schnaps für uns Johnnies!
      Hör her, hör uns jetzt zu!
      Aus tiefer Kehle rufen wir dich,
      Einen Schnaps für uns Johnnies!

2. Du, Steward, her mit der hübschen Flasche!
   Vier Finger voll für jeden Mann!
   Bis Rio ist's weit, wie ihr wißt.

3. Leg' die Pallklinke ein, hiev' weg!
   Jeder legt sich mächtig rein,
   Dieses »Öl« hilft, wie man sieht.

4. Der Steward bringt gleich neuen Rum,
   sowie der Anker oben ist.
   Ran an die Spillspaken, alle Mann!

5. Stop das Hieven, Jungs, klar bei den Fallen!
   Jetzt werden gleich alle Segel gesetzt.
   Stolz fällt der Kahn vom Winde ab.

DES SEEMANNS TRINKLIED

Deutsch: Forebitter

In Deutschland sind Trinklieder bei
Landratten ebenso verbreitet wie bei
Seeleuten. Soldaten, Studenten, Bauern
und so weiter haben alle ihre besonderen Trinklieder.

Im dritten Vers dieses Liedes werden
auch die Heizer nicht vergessen, die
unten in den glühendheißen Heiz-
räumen der alten, mit Kohle befeuerten
Dampfer schufteten. Auch sie wurden
durstig, und ein »Köm« oder ein
Schnaps half ihnen dabei, die Kohle
»doppelt so schnell« in das hungrige
Feuer zu schieben, obwohl normalerweise (jedenfalls zu meiner Zeit) eher
gesalzener, verdünnter Haferschleim
als »Treibstoff« bei der Arbeit genügen
mußte.

Ein rich-ti-ger See-mann schwingt's Glas fein be-
hend, Das Feuch-te bleibt im-mer sein Haupt-e-le-
ment. Ein Schluck hält uns im-mer bei fröh-li-chem
Mut, Der Kurs nach der Schen-ke ist im-mer fort gut.

2. Tiefnächtlich auf Posten kann's öfter wohl sein,
   Da pfeift uns der Nord-Ost durch Mark und durch Bein,
   Und stürmt er mit Hagel und Schneewirbel rauf,
   Dann taut nur der Grog uns den Lebensgeist auf.

3. Und die vor dem Feuer im Kesselraum stehn,
   Mocht oftmals vor Hitze das Denken vergehn,
   Gibts da ein gut Tröpflein, wirds Auge gleich hell,
   Dann schippt sich die Kohle noch einmal so schnell.

4. Und sind wir im Hafen, dann gehn wir an Land,
   Und schaun, wo ein Wirtshaus nicht weit liegt vom Strand,
   Drin werfen wir Anker am Fäßchen gar bald,
   Und trinken und singen, daß alles so schallt.

169

DRUNKEN SAILOR

Obwohl es heute sehr bekannt ist, wurde dieses Shanty nur auf Schiffen mit sehr großer Mannschaft gesungen, wenn es möglich war, mit einem Fall in den Händen stampfend das Deck entlangzulaufen, wobei das Segel stetig am Mast hochstieg und alle Männer einstimmig das Lied brüllten. Es ist eines der am längsten bekannten angelsächsischen Shanties; es wurde schon auf den Ostindienfahrern der »Honorable John Company« gesungen. Es erscheint mit Melodie in »Ereignisse auf einer Walfangreise« (1839) von Olmstead. Die Melodie entstammt einem traditionellen irischen Lied.

DER BETRUNKENE MATROSE

1. Was sollen wir mit einem betrunkenen Matrosen machen?
   Was sollen wir mit einem betrunkenen Matrosen machen?
   Was sollen wir mit einem betrunkenen Matrosen machen?
   Frühe schon am Morgen!
   Chor: Way, hay und auf steigt sie!
   Patentblöcke verschiedener Größen, Besoffen der Kerl
   Way, hay und auf steigt sie!   [wie noch nie,
   Frühe schon am Morgen!

2. Steckt ihn ins Boot, bis er wieder nüchtern ist.

3. Haltet ihn dort, er soll es ausschöpfen.

4. Holt ihn auf in einem laufenden Pfahlstek.

5. Bindet ihn an die Heckreling, wenn die Rahnocken durchs
   [Wasser pflügen.

6. Steckt ihn in das Speigatt und haltet den Schlauch auf ihn.

7. Nehmt ihn und schüttelt ihn und versucht, ihn wachzukriegen.

8. Was sollen wir mit einem britischen Kapitän machen?

9. Taucht ihn in Öl, bis ihm Flossen wachsen.

10. Schabt ihm die Haare von der Brust mit einem Bandeisenschaber.

11. Was sollen wir mit einem betrunkenen Soldaten machen?

12. Steckt ihn in die Arrestzelle bis er wieder nüchtern wird.

2. Put him in the long-boat, till he gets sober.

3. Keep him there an' make him bale her.

4. Trice him up in a runnin' bowline.

5. Tie him to the taffrail when she's yard-arm under.

6. Put him in the scuppers with a hose-pipe on him.

7. Take him, an' shake him, an' try an' wake him.

8. What'll we do with a Limejuice skipper?

9. Soak him in oil till he sprouts a flipper.

10. Scrape the hair off his chest with a hoop-iron razor.

11. What shall we do with a drunken soldier?

12. Put him in the barrack-room till he gets sober.

BILLY BOY

ENGLISCH:
WINDLASS UND CAPSTAN SHANTY

Dies ist ein weiteres Seemannslied, das aus einem Volkslied vom europäischen Festland hervorgegangen ist. Terry, der englische Sammler von Seemannsliedern aus Tyneside, bezeichnet die Seemannsfassung als northumbrisch, doch gab es Varianten aus vielen anderen Gebieten Englands.

Where have ye bin all the day, Bil-ly Boy, Bil-ly Boy? Where have ye bin all the day, me Bil-ly Bo-y? I've bin walk-in' on the quay with me charm-in' Nan-cy Lee. An' sweet Nan-cy tick-l'd me fan-cy, oh, me charm-in' Bil-ly Boy!

BILLY BOY

1. Wo bist du den ganzen Tag gewesen, Billy Boy, Billy Boy?
   Chor: Wo bist du den ganzen Tag gewesen, mein Billy Boy?
   Ich bin am Kai spazierengegangen mit meiner entzücken-
   [den Nancy Lee.
   Chor: Und die süße Nancy, ich war ganz weg, oh, mein
   [liebenswerter Billy Boy!

2. Paßt sie als Frau zu dir, Billy Boy, Billy Boy?
   Ja, sie paßt als Frau zu mir wie die Gabel zum Messer.

3. Kann sie auch ein Steak braten,
   Ja, sie kann ein Steak braten und einen Pfannkuchen machen.

4. Kann sie ein Irish Stew kochen,
   Ja, sie kann ein Irish Stew machen und lieblich singen auch.

5. Schläft sie ganz nah bei dir,
   Ja, sie schläft ganz nah bei mir, wie die Rinde am Baum.

6. Kann sie ein Federbett machen,
   Sie kann ein Federbett machen, gut genug für jedes Seemanns Kopf.

7. Wird sie dich je gehen lassen,   [von Kopf bis Fuß.
   Nein, sie wird mich niemals gehen lassen, denn sie ist mein

2. Is she fit to be yer wife, Billy Boy, Billy Boy?
   Aye, she's fit to be me wife as the fork is to the knife.

3. Can she cook a bit o' steak, Billy Boy, Billy Boy?
   She can cook a bit o' steak, aye, an' make a griddle cake.

4. Can she make an Irish stew, Billy Boy, Billy Boy?
   She can make an Irish stew, aye, an' singin' hinnies, too.

5. Does she sleep right close to thee, Billy Boy, Billy Boy?
   Aye, she sleeps quite close to me, like the bark is to the tree.

6. Can she make a feather bed, Billy Boy, Billy Boy?
   She can make a feather bed firm for any sailor's head.

7. Will she ever let yer go, Billy Boy, Billy Boy?
   No, she'll never let me go, for she's mine from truck to toe.

IK KWAM LEST OVER EEN BERG

Holländisch: Capstan Song

Über dieses Trink- und Seemannslied gibt es nicht viel zu sagen. Es entspricht ganz dem Stil der Volkslieder, die auf Schiffen gesungen wurden, wobei das letzte, entscheidende Wort bis zum Schluß aufgespart blieb.

Ich glaube, das Lied kommt aus Terschelling, wie die meisten niederländischen Seemannslieder. Da ich holländische Seeleute kenne, wundert es mich, daß hier von Wein (wijn) die Rede ist. An sich ist Gin (Wacholderschnaps) das Lieblingsgetränk der Seeleute.

2. Heer waard, tap mij ene kan met wijn,
Tari tari tari tari, ta ta,

Die kanne was scheef van onderen,
Ik vrolijke bootsgezel,
Ik gooide hem dat 't, tari ta ta,
Ik vrolijke bootsgezel,
Ik gooide hem, dat 't donderde.

3. En toen het wijntje geschonken was,
Tari tari tari tari, ta ta,
Die waard wou er mij niet borgen,
Ik vrolijke bootsgezel,
Ik had er geen geldje voor, tari ta ta,
Ik vrolijke bootsgezel,
Ik had er geen geldje voor morgen.

4. Zij trokken mij daar mijne kleren uit,
Tari tari tari tari, ta ta,
Zij brachten mij in ene schure,
Ik vrolijke bootsgezel,
Ik kon er van koude niet, tari ta ta,
Ik vrolijke bootsgezel,
Ik kon er van koude niet duren.

5. En toen ik daar in die schure lag,
Tari tari tari tari, ta ta,
Wel, raad eens, wat ik er dachte,
Ik vrolijke bootsgezel,
Had ik nu de waard zijne, tari ta ta,
Ik vrolijke bootsgezel,
Had ik nu de waard zijne dochter.

6. Toen ik de waard zijne dochter had,
Tari tari tari tari, ta ta,
Wat gaf zij er mij ten lone,
Ik vrolijke bootsgezel,
Kreeg twee schone goudene, tari ta ta,
Ik vrolijke bootsgezel,
Kreeg twee schone goudene kronen.

ALS ICH NEULICH
ÜBER DEN BERG KAM

1. Als ich neulich über den Berg kam,
   Tari tari tari tari, ta ta,
   Als ich neulich über den Berg kam,
   Hört' ich die Krüge klingen,
   Ich, ein fröhlicher Bootsmann,
   Ich würde gern tari ta ta,
   Ich, ein fröhlicher Bootsmann,
   Ich würde gern einen trinken.

2. Der Wirt zapft mir einen Krug voll Wein,
   Tari tari tari tari, ta ta,
   Der Krug hatte einen zu dicken Boden,
   Ich, ein fröhlicher Bootsmann,
   Ich warf ihn, daß er tari ta ta,
   Ich, ein fröhlicher Bootsmann,
   Ich warf ihn, daß er zersplitterte.

3. Als der Wein eingeschenkt war,
   Tari tari tari tari, ta ta,
   Wollt' mir der Wirt nichts borgen,
   Ich, ein fröhlicher Bootsmann,
   Bekam mein Geld erst tari ta ta,
   Ich, ein fröhlicher Bootsmann,
   Bekam mein Geld erst morgen.

4. Sie zogen mir die Kleider aus,
   Tari tari tari tari, ta ta,
   Und warfen mich in die Scheune,
   Ich, ein fröhlicher Bootsmann,
   Konnte es dort vor Kälte nicht tari ta ta,
   Ich, ein fröhlicher Bootsmann,
   Konnte es dort vor Kälte nicht aushalten.

5. Und wie ich in der Scheune lag,
   Tari tari tari tari, ta ta,
   Da dachte ich mir,
   Ich, ein fröhlicher Bootsmann,
   Wenn ich jetzt hätte des Wirtes tari ta ta,
   Ich, ein fröhlicher Bootsmann,
   Wenn ich jetzt hätte des Wirtes Tochter.

6. Und als ich des Wirtes Tochter hatte,
   Tari tari tari tari, ta ta,
   Was gab sie mir zum Dank?
   Ich, ein fröhlicher Bootsmann,
   Bekam zwei schöne, goldene tari ta ta
   Ich, ein fröhlicher Bootsmann,
   Bekam zwei schöne goldene Kronen.

BESANSCHOOT AN

DEUTSCH-PLATTDEUTSCH:
FOREBITTER

Das deutsche »Besanschoot an!« hat in etwa die gleiche Bedeutung wie das englische »Splice the main brace!« nämlich: »Rum (oder Schnaps) für die Wache!« Die Norweger sprachen von »mesan skjot«, und die Schweden nannten die Ausgabe starker Getränke »Laßt jetzt die Lerche aus dem Käfig« (»Släpp nu lärkan ut ur buren!«), obwohl in Skandinavien sonst auch die Form »storbrassen splitsas« üblich war, also eine Übersetzung des englischen Ausdrucks.

Auf einem deutschen Rahsegler – normalerweise nach der harten Arbeit, die das Bergen des Marssegel in hohen Breitengraden bedeutete, wenn die Wachen sich nach dem Ruf »Verfang Ro'er und Utkiek!« nach achtern begaben – erhielt ich oft ein halbvolles Kännchen Schnaps vom Steuermann, der auf der Treppe zum Achterdeck saß und auf den Ruf »Besanschoot an!« reagierte. Kümmel oder Schnaps waren die üblichen Lebensretter in rauhem Wetter auf Schiffen aus Bremen oder Hamburg. Auf französischen Schiffen

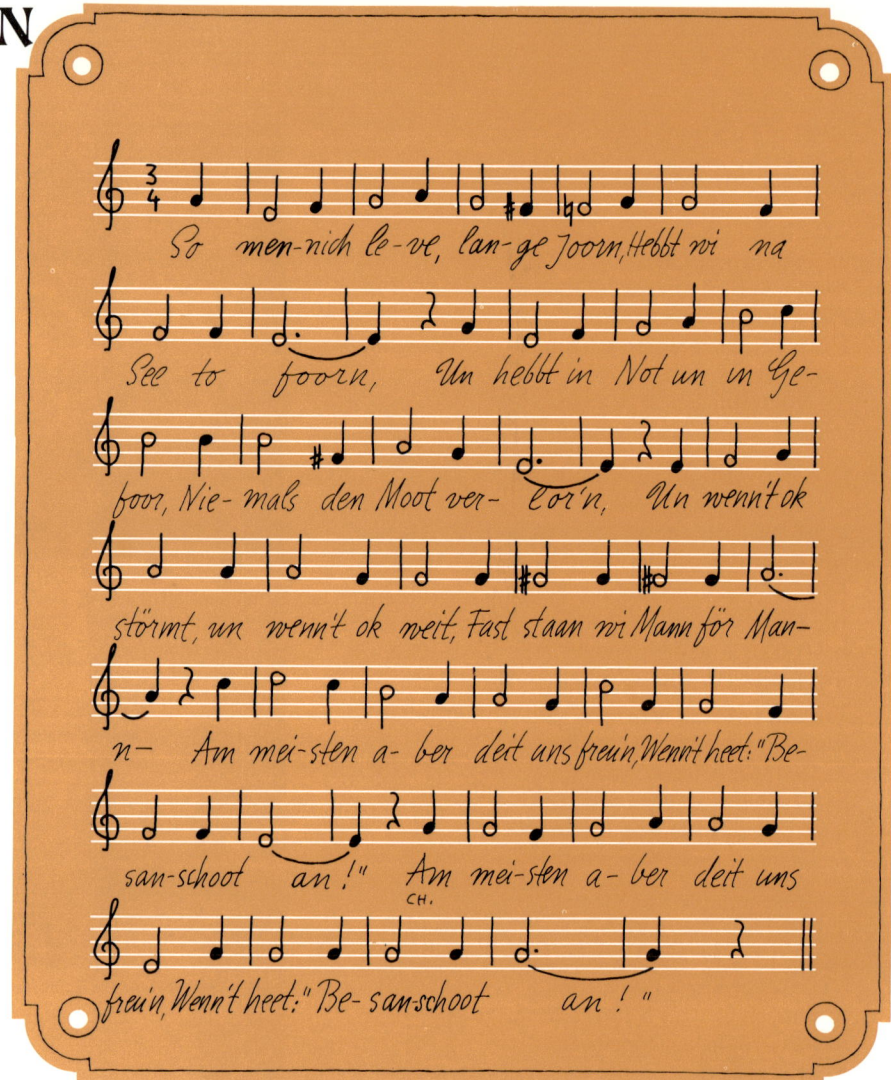

So men-nich le-ve, lan-ge Joorn, Hebbt wi na See to foorn, Un hebbt in Not un in Ge-foor, Nie-mals den Moot ver-lor'n, Un wenn't ok störmt, un wenn't ok weit, Fast staan wi Mann för Mann- Am mei-sten a-ber deit uns frein, Wenn't heet:"Be-san-schoot an!" Am mei-sten a-ber deit uns frein, Wenn't heet:"Be-san-schoot an!"

2. Un weer de Anker denn gelicht',
Cuxhaven eerst passeert,
Un keem denn Helgoland in Sicht,
Denn güng jo nicks verkeert,
Un weer denn eerst de Wach upsteckt,
Denn röppt de Stüürmann:
To Koje, wer de Wach nich hett,
Aber eerst: "Besanschoot an!"

3. Un in'n Kanal bi Westen Wind,
Hett dat Krüzen gor keen Enn',
Dor heet dat denn recht oft geswind,
Purr up de Wach tom Wenn'n,
Un weer dat Wenden denn gedaan,
Denn keem de Kock heran,
Mit'n groten Buddel unnern Arm,
Un grööl: "Besanschoot an!"

war schwerer Landwein die übliche Erfrischung für den *matelot*. Für den Wein mußte von Gesetzes wegen genügend Stauraum an Bord eines Segelschiffs freibleiben. Mit der Einführung von Kaffee und Tee wurden die auf britischen Schiffen ausgegebenen Rumrationen drastisch gekürzt. Auf manchen gab es nur noch dann Rum, wenn jemand sich ernsthaft verletzt oder unter besonders schwierigen Bedingungen gearbeitet hatte.

DE KOCK

DEUTSCH-PLATTDEUTSCH:
CADSTAN UND HALYARD SHANTY

Dieses Shanty wird zur Melodie eines einst wohlbekannten Strandlieds gesungen. In allen Versionen wird die Geschichte auf humorvolle Weise erzählt und zeigt den Koch als einen Mann, der vom Rest der Crew isoliert ist, wobei er sehr genau weiß, daß jeder an Bord von seinen Fähigkeiten – oder von seiner Unfähigkeit – abhängig ist. Er verteidigt seine Kombüse gegen Eindringlinge, wenn nötig sogar mit dem Hackmesser.

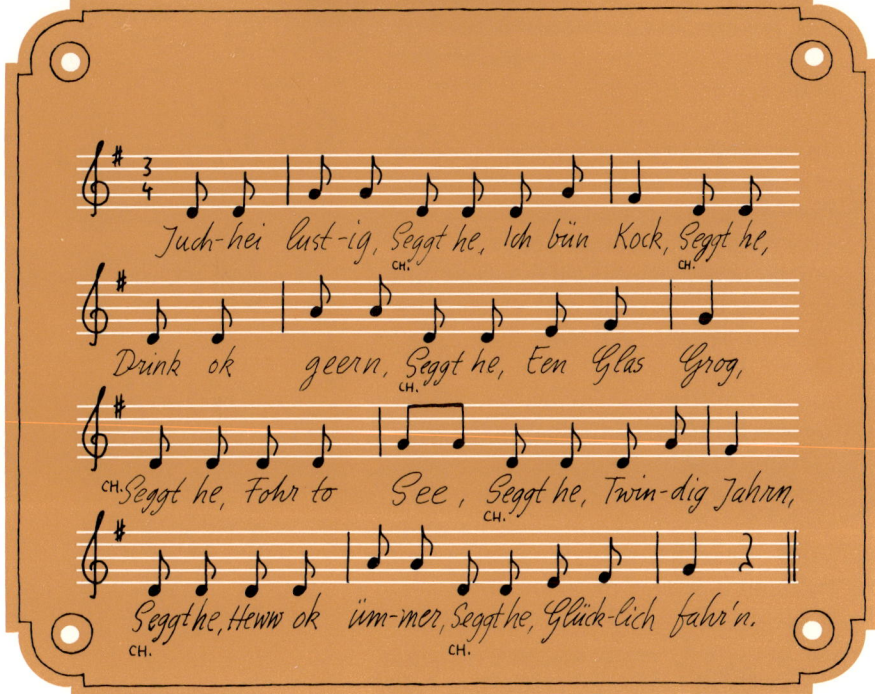

Juch-hei lust-ig, Seggt he, Ich bün Kock, Seggt he, (CH.)
Drink ok geern, Seggt he, Een Glas Grog, (CH.)
Seggt he, Fohr to See, Seggt he, Twin-dig Jahrn, (CH.)
Seggt he, Heww ok üm-mer, Seggt he, Glück-lich fahr'n. (CH.)

Die einzige seemännische Aufgabe, die ihm zufiel, war das Fieren der Fockschot beim Wenden, da die Schot sich in der Nähe der Kombüsentür befand. Daher auch einer seiner Spitznamen: »Hein Fockschoot«. Auf den meisten deutschen und skandinavischen Schiffen erhielt er auch den englischen Spitznamen »Doc« oder »Doktor«. In der nordeuropäischen Segelschiffahrt hatten seine sämtlichen Spitznamen etwas mit Schmutz, Fett oder Ruß zu tun: Smutje, Smuddje, Smeerdrak, Smutt, Kokkefan (dänisch), Kesselkommandant, Kokkesmörja (norwegisch).

2. Geele Arften,
Kaak ik möör,
Röör se ummer,
Düchtig dör,
Een Stück Speck,
Tämlich groot,
Smeckt up See,
Wurlich good.

3. Back ik Klüten,
As bekannt,
Spee ik eerst,
In de Hand,
Maak se denn,
Kugelrund,
Smecken good,
Sünd gesund.

4. Doch een Deel,
Ist dorbi,
Dat ik sorg,
Ok för mi,
For mien Mo,
For mien Fliet,
Stäk ik wat,
An de Siet.

LIMEJUICE SHIP

ENGLISCH: FOREBITTER

(Limejuice ship = brit. Schiff, da dort das Trinken von Zitronensaft zur Verhinderung von Skorbut vorgeschrieben war)

1845 wurde in der britischen Handelsmarine eine Vorschriftensammlung über Ernährung, Bestrafung usw. veröffentlicht. Diese Regelung von 1845 wurde 1894 noch einmal erweitert und ein Zusatz eingefügt mit einer Anti-Skorbutklausel, die vorschrieb, daß nach zehn Tagen auf See an jeden Seemann Limetta auszugeben sei. Dieses Gesetz der Handelsmarine – unter dem Namen Limetta-Akte bekannt – war der Grund dafür, daß man den britischen Matrosen den Namen Limetta-Trinker (Limejuicer) gab, später hießen sie dann bei den Amerikanern Limeys.

Now, if ye want a merchant ship to sail the seas at large, Ye'll not have any trouble if ye have a good discharge, Signed by the Board o' Trade an' ev'rything ex---act, For there's nothing done on a Limejuice ship, Contrary to the Act. So haul, boys, yer weather mainbrace, An' ease away yer lee. Hoist jibs an' top-s'ls, lads, an' let the ship go free, Hurrah, boys, hurrah! We'll sing this Jubilee, Damn an' beggar the Navy, boys, a merchant ship for me!

2. Now, when ye join a merchant ship ye'll hear yer Articles read,
They'll tell ye of yer beef an' pork, yer butter an' yer bread,
Yer sugar, tea, an' coffee, boys, yer peas an' beans exact;
Yer limejuice an' vinegar, boys, according to the Act.

3. No watch an' watch the first day out, according to the Act,
Ten days out we all lay aft to get our limejuice whack,
Fetch out the handy-billy, boys, an' clap it on the tack,
For we're gonna set that mains'l, oh, accordin' to the Act.

4. It's up the deck, me bully boys, wid many a curse we go,
Awaitin' to hear eight bells struck that we may go below,
The watch is called, eight bells is struck, an' the log is hove exact.
Relieve the wheel an' go below, according to the Act.

DAS LIMETTA-SCHIFF

1. Und wenn du mit einem Handelsschiff
die Meere befahren willst,
Wirst du keinerlei Ärger haben, wenn du
gute Papiere hast,
Vom Handelsministerium unterschrieben
und alles korrekt,
Denn auf einem Limetta-Schiff geschieht
nichts gegen das Gesetz.
Chor: So holt, Jungs, die Großbrasse in Luv,
Und gebt lose in Lee,
Die Klüver hoch und die Marssegel, Kerls,
und laßt das Schiff ordentlich laufen,
Hurra, Jungs, hurra! Wir singen dieses
Freudenlied,
Verflucht und verlaßt die Marine, Jungs,
ein Handelsschiff für mich!

2. Nun, wenn du auf einem Handelsschiff
anheuerst, wird man dir die Bestim-
mungen vorlesen,
Sie sagen dir Bescheid über dein Rind- und
Schweinefleisch, deine Butter und dein
Brot,
Über den Zucker, Tee und Kaffee, Jungs,
und genau über deine Erbsen und
Bohnen,
Die Limetta und den Essig, Jungs,
gemäß dem Gesetz.

3. Nicht »Wache um Wache« am ersten Tag,
gemäß dem Gesetz,
Nach zehn Tagen in See gehen wir alle
achter aus, um unsere Limetta-Ration
zu holen,
Holt die kleine Talje raus, Jungs, und
schlagt sie auf, die große,
Denn wir müssen das Großsegel setzen,
gemäß dem Gesetz.

4. 's ist auf dem Deck, meine tüchtigen Jungs,
wo wir gehen und fluchen viel,
Warten, daß wir es achtmal glassen hören,
damit wir abgelöst werden.
Die Wache ist geweckt, man glast achtmal,
und es wurde korrekt geloggt,
Übergib das Ruder, und geh nach unten,
gemäß dem Gesetz.

DER ALLERBESTE KOCH

DEUTSCH: FOREBITTER

Dieses Lied hat einen ähnlichen Inhalt wie »De Kock«; die Melodie ist die eines an Land wohlbekannten und bei deutschen Studenten äußerst beliebten Liedes. In den zwanziger Jahren habe ich dieses Lied oft selbst mitgesungen. Ich hatte es von einem jungen friesischen Matrosen gelernt, dessen Vater zu Beginn des Jahrhunderts Kapitän auf einem der Kap-Horn-Segler der Reederei Laeisz gewesen war.

2. Des Morgens, wenn ich früh aufsteh,
Koch' ich der Mannschaft gleich Kaffee;
Zu stark, da ist er nicht gesund,
Man nimmt ja'n Priemje in den Mund.

3. Die Töpfe halt' ich immer rein,
Von innen und von außen fein,
Ich spül' sie alle Monat' aus,
Das ist bei uns auf See so Brauch.

4. Das Essen für den Kapitän,
Schmeckt kräftig und recht angenehm,
Drum wird davon, eh' es serviert,
Das beste an die Seit' plaziert.

5. Für Schmalz, da kriegt man schönes Geld,
Still wird es an die Kant' gestellt;
Und ist die Reise dann vollbracht,
Wird Schmalz und Speck zu Geld gemacht.

WHISKEY JOHNNY

AMERIKANISCH/ENGLISCH:
HALYARD SHANTY

Man sollte nie zu dogmatisch sein, was die Art der Arbeit angeht, der bestimmte Seemannslieder zugeordnet werden sollten. Alte Seeleute haben oft darauf hingewiesen, daß auf bestimmten Schiffen ein sogenanntes Fall-Lied beim Pumpen gesungen wurde, während es auf anderen Schiffen umgekehrt war. Dieses Lied, das an den Fallen gesungen wurde, wurde, nach Berichten von alten Seeleuten, oft am Ankerspill gesungen.

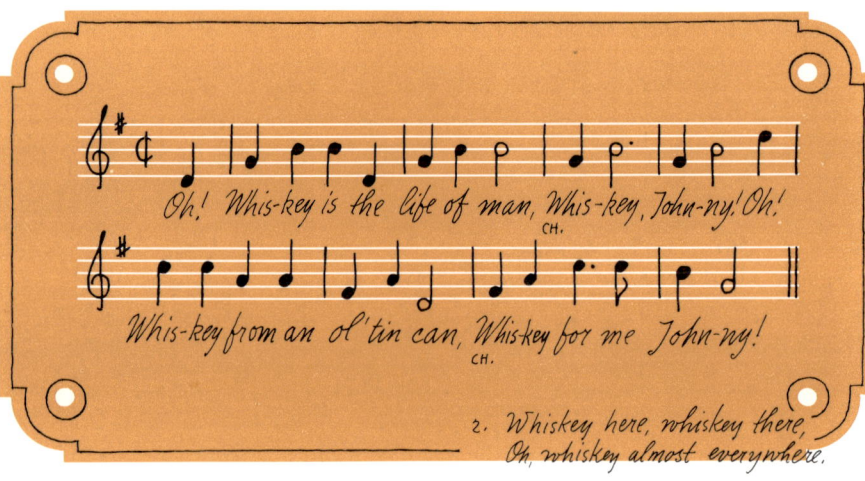

Oh! Whis-key is the life of man, Whis-key, John-ny! Oh!
CH.
Whis-key from an ol' tin can, Whiskey for me John-ny!
CH.

2. Whiskey here, whiskey there,
   Oh, whiskey almost everywhere.

Erst vor einigen Jahren, bei einer Wettfahrt der großen Windjammer, entdeckte ich, daß vierzeilige Lieder, die man an den Fallen singt, sehr gute Dienste am Schwengel eines Ankerspills taten. Aber »Whiskey Johnny« wurde normalerweise auf einem Schiff, das unter vollen Segeln fuhr, am Kreuzbramfall gesungen, in der Hoffnung, der Ruf der Männer nach Whiskey würde die Ohren des Kapitäns erreichen, der in unmittelbarer Nähe am Heck stand. Warum ein Lied über Whiskey bei rumdurchtränkten Seeleuten so beliebt wurde, ist schwer zu erklären.

3. Whiskey up an' whiskey down,
   Whiskey all around the town.

4. I'll drink it hot, I'll drink it cold,
   I'll drink it new, I'll drink it old.

5. Whiskey killed me poor ol' dad,
   Whiskey drove me mother mad.

6. I had a sister, her name wuz Lize,
   She puts whiskey in her pies.

7. Whiskey made me pawn me clothes,
   Whiskey gave me this red nose.

8. My wife an' I do not agree,
   She puts whiskey in her tea.

9. Some likes whiskey, some likes beer,
   I wisht I had a barrel here.

10. Oh, the mate likes whiskey, the skipper likes rum,
    The sailors like both, but we can't git none.

11. Oh, a tot of whiskey for each man,
    An' a bloody big bottle for the shantyman.

12. If whiskey wuz a river an' I wuz a duck,
    I'd dive to the bottom an' niver come up.

13. If whiskey wuz a river an' I could swim,
    I'd say here goes an' dive right in.

14. I wisht I knew where whiskey grew,
    I'd eat the leaves an' the branches, too.

15. There wuz a Limejuice skipper of the name of Hogg,
    Once tried to stop his sailors' grog.

16. Which made the helmsman so weak an' slack,
    That the helmsman caught her flat aback.

17. An' ever after so they say,
    That crew got grog three times a day.

18. So we'll boost her up an' bowl along,
    An' drink that skipper's health in song.

19. Now, if ye ever go to Frisco town,
    Mind you steer clear of Shanghai Brown.

20. He'll dope yer whiskey night an' morn,
    An' then shanghai yiz round Cape Horn.

21. Two months' wages they are dead,
    An' a donkey's breakfast for yer bed.

22. Ol' Shanghai Brown an' Larry Marr,
    Their names are known both near an' far.

23. Oh, whiskey is the life o'man,
    It always wuz since time began.

24. I thought I heard the Old Man say,
    Give one more pull, lads, then belay!

1. Oh, Whiskey bedeutet das Leben des Mannes,
   Chor: Whiskey, Johnny!
   Oh, Whiskey aus einer alten Blechdose,
   Chor: Whiskey für mich, Johnny!

2. Whiskey hier, Whiskey dort,
   Oh, Whiskey beinahe überall.

3. Whiskey oben und Whiskey unten,
   Whiskey in der ganzen Stadt.

4. Ich trink ihn warm, ich trink ihn kalt,
   Ich trink ihn jung, ich trink ihn alt.

5. Whiskey brachte meinen armen alten Vater um,
   Whiskey brachte meine Mutter um den Verstand.

6. Ich hatte eine Schwester mit Namen Lisa,
   Sie tat Whiskey in ihre Pasteten.

7. Whiskey brachte mich dahin, meine Kleidung zu verpfänden,
   Whiskey gab mir diese rote Nase.

8. Meine Frau und ich, wir sind uns nicht einig,
   Sie tut Whiskey in ihren Tee.

9. Der eine mag Whiskey, der andre mag Bier,
   Ich wollt ich hätte ein Fäßchen hier.

10. Oh, der Steuermann mag Whiskey, der Kapitän mag Rum,
    Der Matrose mag beides, aber wir kriegen nichts.

11. Oh, ein Gläschen Whiskey für jedermann,
    Und eine verdammt große Flasche für den Sänger.

12. Wenn Whiskey ein Fluß wär, und ich wär eine Ente,
    Würde ich auf den Grund tauchen und nie mehr hochkommen.

13. Wenn Whiskey ein Fluß wär, und ich könnte schwimmen,
    Würde ich sagen: »Hier bleiben wir«, und gleich hineinspringen.

14. Ich wünschte, ich wüßte wo Whiskey wächst,
    Ich äße die Blätter und die Zweige dazu.

15. Ein britischer Kapitän mit Namen Hogg,
    Versuchte einst, seinen Matrosen den Grog zu verbieten.

16. Was den Rudergänger so schwach und schlapp machte,
    Daß der Rudergänger die Segel back schlagen ließ.

17. Und nach allem, so heißt es,
    Bekam die Mannschaft dreimal am Tag Grog.

18. So schieben wir von hinten nach und rollen dahin,
    Und trinken im Lied auf das Wohl des Kapitäns.

19. Wenn du jemals nach San Francisco fährst,
    Paß auf, daß du dich fernhälst von Shanghai Brown.

20. Er panscht deinen Whiskey in der Nacht und am Morgen,
    Macht dich betrunken und zwingt dich an Bord zu
    [einer Fahrt um Kap Horn.

21. Zwei Monatslöhne sind zum Teufel,
    Und ein Strohsack ist dein Bett.

22. Der alte Shanghai Brown und Larry Marr,
    Ihre Namen kennt jeder nah und fern.

23. Oh, Whiskey bedeutet das Leben des Mannes,
    So war es immer, seit die Zeit begann.

24. Ich glaube, ich hörte den alten Mann sagen,
    Noch einen Zug, Jungs, dann hört auf!

MYTHEN, GEBRÄUCHE UND SPRACHEN DER SEE

Seeleute sind schon immer abergläubisch gewesen, ihr Beruf bringt das mit sich. In alter Zeit wurde der Glaube an Seeungeheuer wie Seeschlangen, Kraken, »Jenny Hanivers«, den Bischofsfisch (der sich über ein Schiff erhob, die Besatzung auf lateinisch verwünschte und dann verschlang), Sirenen, Meerjungfrauen und andere vor allem von phönizischen Seeleuten genährt – sie waren die ersten gewesen, die die Straße von Gibraltar durchfahren hatten und wollten sich die Zinnvorkommen an der Küste Cornwalls sichern, die sie als ihre private Domäne ansahen. Die Namen bestimmter Tiere, vor allem solcher, die als den Hexen verwandt angesehen wurden, wurden auf See nie benutzt – etwa Katze, Kaninchen, Hase, Ziege und so weiter. Statt dessen benutzte man Phantasienamen. Wenn ein Seemann oder ein Fischer auf dem Weg zu seinem Schiff einer schwarzen Katze, einem Priester oder einer Nonne begegnete, wurde das als Unglück angesehen – der Betreffende kehrte um und ging wieder nach Hause. Ein Auslaufen an einem Freitag, vor allem an einem dreizehnten, wurde als sehr böses Vorzeichen angesehen

– dieser Aberglaube ist auf den Karfreitag und auf die dreizehn Teilnehmer am letzten Abendmahl Christi zurückzuführen. Kolumbus hingegen lief an einem Freitag aus, erreichte Amerika an einem Freitag und legte an einem Freitag zu Hause wieder an.

Russische Finnen wurden als gute »Windmacher« angesehen. Schwedische Seeleute glaubten, ein bestimmter König, Erik »Windmütze« (Erik VI.) aus dem zehnten Jahrhundert, habe Wind erzeugen können, indem er den Bug seines Schiffes in die gewünschte Richtung wandte. In klassischer Zeit wurde ein toter Eisvogel mit dem Schnabel in die Richtung aufgehängt, aus der der Wind gewünscht wurde; Matrosen auf Segelschiffen benutzten einen getrockneten Fliegenden Fisch, um das gleiche Ergebnis zu erzielen.

Der auf manchen Kriegsschiffen noch heute gepflegte Gruß auf dem Achterdeck stammt aus den Zeiten der mittelmeerischen Seefahrer, als eine Statue der Jungfrau Maria die Poop, das erhöhte Achterdeck, schmückte und die Seeleute in ihrer Richtung niederknieten.

Die internationale Seefahrersitte, das erste Überqueren des Äquators mit einer Zeremonie zu begehen, stammt vermutlich von dem Brauch ab, den Göttern bestimmter Landzungen im Mittelmeer einen Tribut in Form von Wein zu entrichten. Ein bestimmter maurischer Marabut, ein Einsiedler, etwa verlangte Trankspenden in Form von Wein von allen vorübersegelnden Schiffen. Vor den später portugiesischen Burling-Inseln oder beim Erreichen der Wendekreise des Krebses oder des Steinbocks versuchten frühe römische Seefahrer, die Dämonen der See durch bestimmte Rituale zu besänftigen. Walfänger, die beim Erreichen des Polarkreises in die Arktis eindrangen, vollführten gleichfalls eineZeremonie.

Daß »Vater Neptun« am Äquator an Bord eines Schiffes kommt, finden wir zuerst bei William Richardson in seinem *Journal* von 1791 erwähnt.

Wann (oder wo) das Pidgin-Englisch erfunden wurde (falls man das so nennen kann), läßt sich mit Sicherheit nicht bestimmen. Seine Vollendung erreichte es auf den »Schwarzen Inseln« Melanesiens. Einige Beispiele: »Whitey man him fighten hands b'long him, box him sing out plenty« – was heißt, »ein Mann spielt Klavier«. »Big fish kai-kai along you flenty« heißt: »Ein Hai wird dich fressen.« »One-legged white fella Mary« ist eine »weiße Frau«. Noch vor hundert Jahren glaubten viele Eingeborene, die meist knöchellange weiße Kleider tragenden weißen Frauen seien einbeinig. Ein moderner Pidgin-Ausdruck: »Basket blonga teetee, blonga one-legged white fella Mary«, was heißen soll: »Büstenhalter eines weißen Mädchens.«

DE HOFFNUNG

PLATTDEUTSCH: HALYARD SHANTY

Dieses beim Holen gesungene Lied habe ich in den zwanziger Jahren von einem jungen Hamburger Seemann gelernt. Es war damals auf allen deutschen Segelschiffen populär. Der Skipper in diesem Lied hat sich offenbar auf der Heimfahrt ein bißchen verspätet. Als der Teufel erscheint, bietet ihm der Skipper seine Seele, wenn er das Schiff nur ein wenig schneller segeln lassen könne. Als es an der Zeit ist, den Preis zu zahlen, ist der Skipper nicht mehr so glücklich. Der schlaue alte Schiffszimmermann hakt den Teufel jedoch am Anker fest, und als dieser »Haken« zu Wasser gelassen wird, verschwindet der Teufel auf den Grund des Meeres!

Oh! De--- Hoff-nung wör--hun-nert Dag ün-ner wegs, To--me way-- hay-- ho, how-day! Se seilt-- von Ham-borg na- Val-- pa-rais', Oh! A long time a-go!

2. Se seilte goot un se seilte hart,
   Se harr so'ne gode un kostbare Fracht.

3. Un as de Ool nu flucht un gnattert,
   Dor keem de Düvel över de Reeling klattert.

4. "Wenn mi in tein Dag nö'n Kanal du bringst,
   Denn krigst mien Seel, so waar as du stinkst."

5. De Pott leep negentein Milen to letzt,
   Dor harr de Düvel de Skyseils bisett.

6. Un as se nu kemen in'n Kanal to Stell,
   Dar seggt de Düvel, "Nu her mit de Seel!"

7. Dar seggt de Ool, "Nu lot di man Tied,
   Wi goot to Anker bi Cape St. Patrick."

8. De Düvel de weer vör Freid ganz weg,
   He leep op de Back, sett den Anker op slip.

9. De ole Timm'mann harr grote Freid,
   He harr den Düvel sien'n Steert mitvertäut.

10. Un as de Anker nu suust an'ne Grund,
    Suust de Düvel mit, disse Swienehund.

182

THE FLYING DUTCHMAN

ENGLISCH: FOREBITTER

Die einfache Seemannslegende erzählt von einem Vanderdecken oder Van Straaten, dem Kapitän eines holländischen Schiffs, der versucht, das Kap der Guten Hoffnung bei widrigen Winden zu umrunden. Voller Verzweiflung schwört er: »Weder Gott noch der Teufel werden mich daran hindern, dieses Kap der Stürme zu umrunden!« Kaum sind diese Worte ausgesprochen, antwortet eine mächtige Stimme durch den tosenden Wind: »Ich bin größer als du. Es wird dir wenig nützen, daß du mich herausforderst. Weil du mir getrotzt hast, mußt du für alle Zeit allein auf den Weltmeeren herumsegeln – nur dein Schiffsjunge wird bei dir sein. Er wird dir aufwarten, aber nicht als Mensch, sondern als Dämon.«

It was a wild and stormy night, far southward of the Cape, When from a stiff nor'-west-er we had just made our es-cape; Like a ba-by in its cra-dle, oh, the waves were hush'd to sleep, And peace-ful-ly we sail'd a-long the bo-som of the deep. And peaceful-ly we sail'd a-long the bo-som of the deep.

DER FLIEGENDE HOLLÄNDER

1. Es war eine wilde und stürmische Nacht, weit südlich vom Kap,
   Als wir gerade einem steifen Nordwest entkommen waren;
   Oh, wie ein Baby in der Wiege wurden die Wogen in den Schlaf
   [gewiegt,
   Und friedlich segelten wir entlang am Busen der Tiefe.
   Refrain: Und friedlich segelten wir entlang am Busen der Tiefe.

2. Als plötzlich der Rudergänger voll Schrecken rief: »Gefahr!«,
   Als hätte er eine plötzliche Gefahr nahen sehen,
   Er besah den Horizont und blickte dann leewärts,
   Wir sahen dann den Fliegenden Holländer durch die See
   [stampfen.

   Dem Kapitän gelingt es, den unheimlichen *Fliegenden Holländer* auszumanövrieren. In der 5. Strophe denkt die ganze Besatzung an sein schreckliches Schicksal.

5. Jetzt trauert um Vanderdecken, denn schrecklich ist sein Los,
   Die Ozeane um das stürmische Kap werden sein lebendiges
   [Grab sein.
   Der Holländer jagt Tag und Nacht ums Kap
   Vergeblich sucht er seinen Eid zu halten und in die Tafelbucht
   [einzulaufen.

2. When suddenly the helmsman gave a shout of danger and of fear,
   As if he had seen some sudden danger near,
   He looked around the horizon and there upon our lee,
   We saw the Flying Dutchman come bounding o'er the seas,

3. "Take in yer flyin' canvas!" our watchful captain cried.
   "To you an' your ship's company, great peril doth betide!"
   The billows crested high with foam, all angry doth appear,
   The wind springs up a hurricane now Vanderdecken's near.

4. He sails too well, he goes too quick, to mark his eagle flight,
   And lightning like the Dutchman's stern, will soon pass out of sight,
   And distant ships they shudder at the breeze,
   That sends the Flyin' Dutchman in fury o'er the seas.

5. Now mourn for Vanderdecken, for terrible is his doom,
   The oceans round the stormy Cape shall be his living tomb,
   The Dutchman beats about the Cape-night an' day,
   In vain he tries his oath to keep, by entering Table Bay.

MARRIED TO A MERMAID

ENGLISCH: FOREBITTER

Meerjungfrauen sind von alten Seebären seit undenklichen Zeiten sehr
ernstgenommen worden. Von Seefah-
rern aus uralter Zeit ist bekannt, daß
sie an Meer*männer* glaubten; Meer-
jungfrauen kamen erst sehr viel später
auf. In der Vorstellung alter norwegischer Seefahrer haben Eskimos in ihren
Kajaks diesen Glauben entstehen lassen. Es können aber ebensogut Du-
gongs, Manatis oder andere Seekühe
gewesen sein. Von Kolumbus heißt es,
er habe Meerjungfrauen gesehen, sei
aber später zu der Schlußfolgerung
gekommen, es seien Manatis gewesen.

VERHEIRATET MIT EINER MEERJUNGFRAU

1. Es war ein muntrer junger Bauer,
   der lebte auf Salisbury Plain,
   Er liebte die Tochter eines reichen Edel-
   manns, und sie liebte ihn wieder;
   Der Edelmann war tief bekümmert,
   daß die beiden sich liebhatten;
   So ließ er den Bauern pressen
   und peitschte ihn hinaus zur See.
   Refrain: Sang dabei »Rule Britannia«!
       Zwei Sixpence sind 'n Shilling,
       Fünf 'ne halbe Krone,
           und einer reicht für seine Birne!

2. Es war auf dem tiefen Atlantik,
   als die Herbststürme tobten,
   Der junge Bauer fiel über Bord
   unter die Haie und Wale;
   Er verschwand so schnell,
   kopfüber ging er weg,
   Und ward nicht mehr gesehn, sauste wie
   ein Blitz auf den Grund der tiefen blauen
   See.

3. Wir setzten ein Boot aus, um ihn zu finden,
   wir meinten, seine Leiche zu sehen,
   Als er wie ein Gespenst an die Oberfläche
   kam und mit rauher Stimme sagte:
   »Meine lieben Kameraden,
   oh, weint nicht um mich,
   Denn ich bin verheiratet mit einer Meerjungfrau unten auf dem Grund
   der tiefen blauen See.«

2. 'Twas on the deep Atlantic midst the equinoctial gales,
   The young farmer fell overboard among the sharks and whales;
   He disappeared so quickly, headlong down went he,
   And he went out of sight, like a streak o' light, to the bottom
           of the deep, blue sea.

3. We lowered a boat to find him, we thought to see his corpse,
   When up to the top, he came with a shock, and said in a voice so hoarse,
   "My shipmates and my messmates, oh, do not weep for me,
   For I'm married to a mermaid at the bottom of the deep, blue sea."

THE DEAD HORSE

ENGLISCH: ZEREMONIELLES SHANTY

Die einst unter der Bezeichnung »Das tote Pferd bezahlen« bekannte Zeremonie war in den späten Tagen der Segelschiffahrt schon eine recht blutleere Angelegenheit geworden, während es in der großen Zeit der Klipper und der australischen Auswandererschiffe noch ein spektakuläres Schauspiel war. Die erste Heuer eines Seemanns ging an einen gewissenlosen »Werber«, angeblich als Bezahlung für Unterkunft und eine schäbige Seemannsausstattung, in Wahrheit aber für Schnaps und geschlechtskranke Dirnen. Der Seemann betrachtete also seinen ersten Monat auf See als unbezahlte Arbeitszeit; er arbeitete in dieser Zeit nur für »ein totes Pferd«.

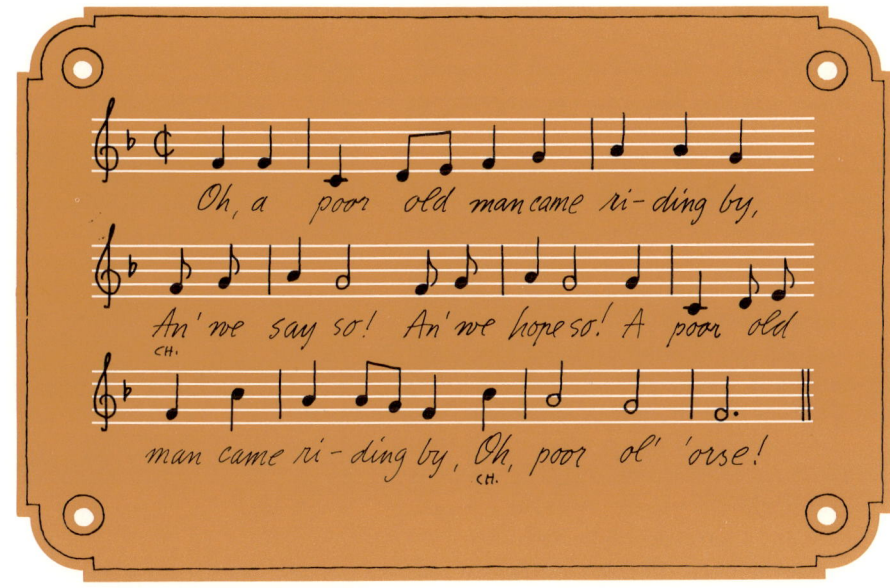

Oh, a poor old man came ri-ding by,

An' we say so! An' we hope so! A poor old

man came ri-ding by, Oh, poor ol' 'orse!

2. Sez I, "Ol' Man yer 'orse will die,"
   Sez I, "Ol' Man yer 'orse will die."

3. For one long month I rode him hard,
   For one long month I rode him hard.

4. But now yer month is up, ol' Turk,
   Git up, yer swine, an' look for work.

5. Git up, yer swine, an' look for graft,
   While we lays on an' yanks ye aft.

6. He's as dead as a nail in the lamproom door,
   He won't come a-hazin' us no more.

7. We'll use the hair of his tail to sew our sails,
   We'll use the hair of his tail to sew our sails.

8. We'll hoist him up to the main yardarm,
   We'll hoist him up to the main yardarm.

9. An' drop him down to the depths of the sea,
   An' drop him down to the bottom of the sea.

10. We'll sink him down with a long, long roll,
    Where the sharks'll have his bottom, an' the
    devil have his soul.

DAS TOTE PFERD

1. Oh, ein armer alter Mann kam vorbeigeritten,
   Refrain: Das sagen wir und hoffen wir!
   Ein armer alter Mann kam vorbeigeritten.
   Refrain: Oh, armes altes Pferd!

2. Sag ich: »Mein Alter, dein Pferd wird sterben.«
   Sag ich: »Mein Alter, dein Pferd wird sterben.«

3. Einen langen Monat lang hab ich ihm die Sporen gegeben,
   Einen langen Monat lang hab ich ihm die Sporen gegeben.

4. Aber jetzt ist dein Monat rum, du alter Gaul,
   Hoch mit dir, du Schweinehund, und sieh dich nach Arbeit um.

5. Hoch mit dir, du Schweinehund, sieh zu, wo du Futter kriegst,
   Während wir in die Hände spucken und dich nach achtern schleppen.

6. Der Gaul ist so tot wie ein Nagel an der Lampenraumtür.
   Der wird uns nimmermehr schinden.

7. Wir werden sein Schweifhaar benutzen, um unsere Segel zu nähen.
   Wir werden sein Schweifhaar benutzen, um unsere Segel zu nähen.

8. Wir werden ihn an der Großrahnock aufhieven.
   Wir werden ihn an der Großrahnock aufhieven.

9. Und ihn dann versenken in die Tiefe der See.
   Und ihn dann versenken auf den Grund der See.

10. Wir werden ihn mit einem Riesenschwung versenken,
    Dann kriegt der Hai sein Hinterteil und der Teufel seine Seele.

SAMOA SONG

Samoa-Pidgin: Abschiedslied

Diese Art von Abschiedslied konnte man überall auf den Polynesischen Inseln hören. Es wurde von Einheimischen und Weißen gesungen, wenn ein Schiff – ein großes Segelschiff, ein Handelsschoner oder ein Dampfschiff – auf die Reise ging. Es ist in jener Mischsprache verfaßt, die man Samoa-Pidgin nennt. Das Wort Pidgin benutzten die Einheimischen für den Begriff »business«, also für Handel, Geschäft, und es war überall auf den Inseln bis hin nach China in Gebrauch. In Verbindung mit einem Sprachnamen, wie etwa Pidgin-English oder Pidgin-Deutsch, deutete es an, daß dies die gebräuchliche Handelssprache war, die sich im Laufe der Zeit zwischen den Einheimischen und den weißen Händlern und Seeleuten entwickelt hatte.

SAMOA-LIED

1. Leb wohl, mein fe-le-ni, o le a ou te-a,
   Ae fo-lau le vaa, o le Alii pule me-le-te,
   Nei galo mai A-pi-a, si ota e-le e-le,
   Ae maga-tu-a mai pea, le au pa-se-se.
   Ch.: Oh, ich vergesse dich nie,
   Sa-mo-a ele e-le ga-loa-tu,
   Oh, ich vergesse dich nie
   Sa-mo-a e-le-a-tu.

2. Faa foga foga, mai Samoa uma,
   Sei fai atu, o lau faa tusa, pei o le sulu saga,
   I totonu o maga, faapea lau pele,
   Mai taupou uma.

2. Faa foga foga, mai Samoa uma,
   Sai fai atu, o lau faa tusa, pei o le sulu saga,
   I totonu o maga, faapea lau pele,
   Mai taupou uma.

KINAKUSTEN

PIDGIN-ENGLISH – SCHWEDISCH:
HALYARD SHANTY

Dieses Lied in Pidgin-English war bei skandinavischen Seeleuten an der chinesischen Küste Ende des 19. Jahrhunderts besonders beliebt. Viele Wörter, von denen man gemeinhin annimmt sie seien Chinesisch, stammen aus dem Spanischen und Portugiesischen und gehen auf die Händler und Missionare

Från Can-ton till Ma-ca-o, Från Hong-Kong å Lu-li-ao, The sod-gers and sa-i-lors de sjung-it hen-nes love. För ding-e, ding-e ding-dong, hm-di, hm-di! Hon var en sam-pan gir-lie allt i-från Hong-ki-kong.

2. A you-oo like me-hee,
A mandarin's daughter?
You sodgers and sailors,
Som seglar på Hong Kong.

3. I no-o like you-hu,
You no-o like me-hee,
You all belong to sodgers,
You no belong to me,

1. Von Kanton bis Macao,
Von Hongkong bis Luliao,
Sangen Soldaten und Seeleute von ihrer
[Liebe.
Chor: För ding-e, ding-e ding-dong, hm-di,
[hm-di!
Sie war ein Sampan-Mädchen aus
[Hongkong

2. He du, magst du mich,
Die Tochter eines Mandarins?
Ihr Soldaten und Seeleute,
Die ihr nach Hongkong kommt.

3. Ich mag euch nicht,
Ihr mögt mich nicht,
Ihr gehört alle zu den Soldaten,
Ihr gehört nicht zu mir.

des 15. und 16. Jahrhunderts zurück. So das Wort »Dschunke« für ein chinesisches Boot, das von portugiesisch *junco* kommt. »Mandarin« kommt aus dem Spanischen, von mandar = geben. »Compradore« kommt von comprar = kaufen und »Pagode« ist eine Verdrehung des Sanskrit-Wortes dagoba. Viele Pidgin-Wörter, wie bobbery für dummes Geschwätz (spanisch: boboria), can-do und maskie für okay, kann man auch heute noch hören.

MEIN VADER VOS EIN DUTCHMAN

Pidgin-Holländisch: Forebitter

Die Seeleute alter Zeit hatten eine große Vorliebe für fremde Sprachen, waren aber meist außerstande, sie richtig anzuwenden. Dieses Lied stellt einen lustigen Versuch dar, holländisch oder deutsch nachzuahmen. Ein »Dutchman« war übrigens ein Angehöriger irgendeines nordischen Volkes, jedoch *kein* Holländer. Die nannte man »Holland Dutch«. Der Ausdruck »Squarehead« (Quadratschädel) war auf deutsche, skandinavische und andere Seeleute aus den Flachländern bezogen.

2. *Ich spoke ein funny lingo,*
   Ich spoke ein funny lingo,
   Gott for dommey, O by Yingo!

3. *Mit mein niggerum, buggerum, stinkum,*
   Vell, ve'll climb upon der steeples,
   Und ve'll spit down on de peoples.

4. *Und der polis-man, fireman, steepleman,*
   Dey all climbs upon de steeple,
   Und dey laugh do all the peoples.

5. *Oh, ven I vos ein sailor,*
   Vell ve trink up all der whiskey,
   Und it makes us feel damn frisky.

6. *Ve did all de bawdy houses,*
   Und ve hitchum up de trousers,
   Und ve catchum all der louses.

7. *Ve chase all der bretty frauleins,*
   Und ve chase 'em und ve tease 'em,
   Und ve catch 'em und ve kees 'em.

MEIN VATER WAR EIN DUTCHMAN

1. Mein Vater war ein Dutchman,
   Chor: Mit meinem yaw-yaw, yaw!
   Mein Vater war ein Dutchman,
   Chor: Mit meinem yaw-yaw, yaw!
   Mein Vater war ein Dutchman,
   Und meine Mutter war eine Preußin,
   Chor: Mit meinem yaw-yaw, yaw!

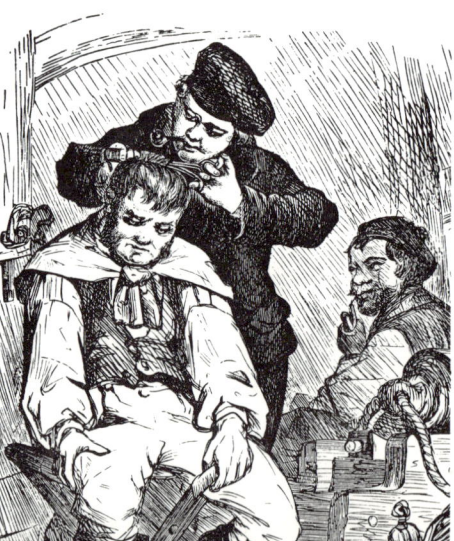

2. Ich spreche eine komische Sprache,
   Ich spreche eine komische Sprache,
   Gottverdammich, ach zum Teufel!

3. Mit meinem Nigger, Schuft, Stinker,
   Ha, steigen wir auf den Kirchturm,
   Und wir spucken auf die Leute.

4. Und der Polizist, Feuerwehrmann,
   [Dachdecker
   Sie alle klettern auf den Turm,
   Und lachen auf die Leute runter.

5. Oh, als ich noch ein Seemann war,
   Tranken wir den ganzen Whiskey,
   Und wir fühlten uns sauwohl.

6. Wir zogen durch alle Bordelle,
   Wir ließen die Hosen runter,
   Und wir fingen alle Läuse.

7. Wir stellten allen schönen Fräuleins
   [nach,
   Wir stellten ihnen nach, neckten sie,
   Und wir fingen sie, und wir küßten
   [sie.

SAMPAN GIRL

PIDGIN-ENGLISCH: FOREBITTER

Dieses Lied in Pidgin-English wurde von skandinavischen und deutschen Seeleuten gesungen, die im chinesischen Küstenhandel tätig waren. Vielleicht entstand es in der Zeit der Tee-Klipper, als der Perlfluß und die Küstenhäfen, wie die Anlegestelle bei der Goldenen Pagode (Foochow-fu), übersät waren mit den Masten und Rahen der Klipper, die den wertvollen cha (Tee) luden.

Me have got a flow-er boat, Come sail-ing Chu-ki-ang.
Sam-pan gir-lie play to you, All the same sing-song.

Obwohl es auch andere Arten des Pidgin gab, war keine so weit verbreitet, wie das Pidgin-English. In Japan benutzten die Seeleute auf den Klippern und die chinesischen Taglöhner zu jener Zeit ein Pidgin, das man Yokohama-Dialekt nannte. Es enthielt japanische Wörter, hatte keine Grammatik und die einzelnen Wörter waren durch kurze Begriffe aus anderen Sprachen miteinander verbunden.

In diesem Lied stammen die chinesischen Wörter aus dem Kantonesischen. Hier ihre mutmaßliche Bedeutung:

2. Lao-yeh, you like me?
   Tzia-tzia, velly good.
   Foreign man to Canton come,
   Me got plenty chow.

3. Homeside have got pidgin,
   Me savvy, me can tell,
   Bring me master chicken,
   Chi-da, velly well.

4. Suppose he likee Sam-shu,
   It all the same can-do,
   Chop-chop me fetch him,
   Big-big Da-bing-yu.

5. You no likee Yang-yen,
   Me lightie littie pipe,
   He go smokie Shang-yen,
   Belong velly velly tight.

Chu kiang: Perlfluß bei Kanton
Lao-yeh: Herr, Gebieter
Tzia-tzia: Blumenbootmädchen,
   Prostituierte
Chia-da: Hühnchen
Sam-shu: Reiswein
Yang-yen: Opium
Shang-yen: Zigarette

SAMPAN-MÄDCHEN
ICH HAB EIN BLUMENBOOT

1. Ich hab ein Blumenboot,
   Komm segle auf dem Chu kiang,
   Sampan-Mädchen spielt für dich,
   Auf jeden Fall ein Lied.

2. Herr, magst du mich leiden?
   Blumenmädchen ist sehr gut.
   Fremder, komm nach Kanton,
   Ich hab viel zu bieten.

3. Zuhause gibt's viel Arbeit
   Ich weiß es, kann es sagen,
   Bring meinem Herrn ein Hühnchen,
   Das Hühnchen ist sehr gut.

4. Vielleicht mag er Reiswein,
   auch das ist okay,
   Hopphopp hol ich ihm,
   Eine große Da-bing-yu.

5. Magst du kein Opium,
   zünd ich mir eine kleine Pfeife an;
   Er raucht eine Zigarette,
   Und wir sind eng zusammen.

ABBILDUNGSNACHWEIS

Barnaby's Picture Library, London: 137;

California State Library, Sacramento: 31;

Chicago Historical Society, Chicago: 175 (unten);

Cooper-Bridgeman Library, London: 167;

Duval, Bernard: 89;

Elek Publishers, London: 66, 90 (unten);

Giraudon, Paris: 8 (oben; Anderson);

Heimatmuseum Bremen-Schönebeck, Bremen: 40 (unten; Photo Evelinde Manon);

Holland Amerika Lijn, Rotterdam: 97 (unten);

The Mansell Collection, London: 15 (unten rechts); 18 (unten links, Mitte und rechts); 19 (unten links und rechts); 26 (Mitte); 26/27 (oben); 51 (unten); 53 (links); 57 (oben); 60 (oben); 68 (unten); 81 (oben); 100; 121 (unten); 154 (unten); 162 (unten); 163 (rechts); 164 (unten); 165 (rechts);

Mariners Museum, Newport News, Virginia: 134 (unten rechts);

Marinmuseum, Karlskrona: 20 (unten); 21 (unten rechts); 177; 188 (unten);

Mary Evans Picture Library, London: 11 (unten); 14 (unten Mitte); 26 (unten); 33; 41; 67 (links); 69; 70; 75 (unten); 85; 87 (unten); 92 (links); 95 (unten); 101 (oben und unten); 106; 114; 118 (unten); 119 (unten links); 125; 145 (oben); 151; 154 (Mitte); 155 (unten); 174; 178;

Metropolitan Museum of Art, New York: 19 (oben);

Musée de la Marine, Paris: 38 (unten Mitte);

Museum für Hamburgische Geschichte, Hamburg: 14 (unten links; Courtesy Elek Publishers); 65 (Photo Nationaal Scheepvaartmuseum, Antwerpen); 140 (rechts);

Mystic Seaport, Inc., USA: 42/43; 72; 124; 142 (unten);

Nationaal Scheepvaartmuseum, Antwerpen: 22; 54 (unten); 58/59; 60 (Mitte); 87 (oben); 103 (rechts); 173 (unten);

National Maritime Museum, Greenwich: 9 (unten); 14 (unten rechts; Courtesy Elek Publishers); 17 (unten links); 23; 60 (unten; Courtesy Elek Publishers); 68 (Mitte); 77 (Courtesy Elek Publishers); 80 (rechts); 86; 105 (unten); 107 (Mitte); 122; 159; 179 (Courtesy Elek Publishers); 186 (oben; Photo Laffont);

Nederlandsch Historisch Scheepvaart Museum, Amsterdam: 15 (unten Mitte);

The New Brunswick Museum, Saint John, Kanada: 24/25;

The New York Historical Society, New York City: 16 (unten); 30 (unten);

New York Public Library, New York: 7 (Rare Book Division); 62 (links; Manuscript Division); 149;

The Peabody Museum, Salem: 57 (unten); 73; 145 (unten);

Radio Times Hulton Picture Library, London: 80 (links); 84 (unten links und rechts); 119 (unten rechts); 189 (unten);

Roger-Viollet, Paris: 156;

Schiffahrtsmuseum der Oldenburgischen Weserhäfen, Brake: 9 (oben);

Shelburne Museum, Shelburne, Vermont: 112/113;

Sjöfartsmuseet, Göteborg: 15 (unten links);

Statens Sjöhistoriska Museum, Stockholm: 82/83; 140 (links); 157; 166; 168 (rechts);

Verlagsarchiv: 6; 8 (unten); 10 (unten); 13; 18 (oben); 19 (unten Mitte); 29; 34; 37; 39 (oben); 45 (oben); 46 (unten links, Mitte und rechts); 47; 55 (oben und unten); 61; 63 (Mitte); 64 (oben); 75 (oben); 76; 79; 84 (oben); 88 (links); 90 (oben und Mitte); 92 (rechts); 95 (oben); 96; 97 (oben); 101 (Mitte); 103 (links); 107 (oben und unten); 109 (oben, Mitte und unten); 110; 115 (oben und unten); 117 (links); 118 (Mitte); 119 (oben); 120; 129; 131 (links und rechts); 132; 133; 134 (oben und unten links); 135; 138 (oben); 142 (oben); 146; 150; 152; 154 (oben); 155 (oben); 162 (oben); 163 (links); 164 (oben); 165 (links); 171 (oben); 173 (oben); 175 (oben); 176; 182; 185; 186 (unten); 187 (links und rechts); 189 (oben);

Victoria and Albert Museum, London: 181;

Wyss, Robert, Adligenswil: 35; 134 (Mitte); 169 (oben); 170;

Zusätzliche Illustrationen wurden mit freundlicher Genehmigung der Herausgeber den folgenden Büchern entnommen:

Seafaring America, Alexander Laing (American Heritage, New York, 1974)

Sejlskibe og sømaend i forrige århundrede, Gunnar Knudsen (Chr. Erichsens Forlag, Copenhagen, 1975)

Sozialgeschichte der Frau, Eduard Fuchs (Verlag Neue Kritik KG, Frankfurt, 1973)

The Whale, Leonard Harrison Matthews (George Allen and Unwin, 1968)

Von der Schönheit alter Schiffe, Hans Jürgen Hansen (Gerhard Stalling Verlag, Oldenburg/Hamburg, 1971)

DISKOGRAPHIE

Die folgenden Schallplatten mit Shanties und Seeliedern sind zwischen 1930 und den sechziger Jahren erschienen. Die meisten sind längst vergriffen; aber gelegentlich kommt es zu Neuauflagen.

WE'RE ALL BOUND TO GO – Columbia 4689 (Engl.).

SONGS OF THE SEA, Alan Mills und die Shantymen – Folkways FA 2312 (Can.).

SEA SHANTIES, Stanley Slade – HMV BI 0605 (Engl.).

SHANTIES, John Goss und sein Cathedral Quartet – HMV, z. B. B 3782 and B 2940 (Engl.).

THE SINGING SAILOR, A. L. Lloyd und Ewan MacColl – Topic TRL 3 (Engl.).

KNURRHAHN, Kiel-Holtenauer Lotsenchor – Polydor 20263 EPH (Deutsch).

AMERICAN SEASONGS AND SHANTIES – Library of Congress AAFS L 26 und AAFS L 27 (Amer.).

PINCH OF SALT, Peter Kennedy, et al. – HMV FOLK (Engl.).

SHANTIES FROM THE SEVEN SEAS, Stan Hugill und die York und Albany Crew – HMV CLP 1524 (Engl.).

THE LIVERPOOL PACKET, Stan Kelly – Topic TOP 27 (Engl.).

FAREWELL NANCY – Topic 12 T 110 (Engl.).

A SAILOR'S GARLAND, Ewan MacColl und A. L. Lloyd – Transatlantic XTRA 5013 (Amer.).

WHALER OUT OF NEW BEDFORD – Folkways FS 3850 (Amer.).

LEVIATHAN (Whaling Songs) – Topic 12 T 174 (Engl.).

A SAILOR'S LIFE, Derek Sergeant – Oak Records (Amer.).

CHANSONS DE BORD FRANÇAISES, Marcel Noble und sein Bordee – Pathé ATX 109 (Fr.).

CHANSONS DE LA MER, Les Campagnons du Large – Teil I, RCA F 130 003; Teil II, RCA F 130 028 (Fr.).

QUAYSIDE SONGS, OLD AND NEW, Spinners – HMV CLP 1500 (Engl.).

WIND UND WELLEN – Fontana 661600 (Deutsch).

DE LA MER DU NORD À LA BRETAGNE (Nur Instrumentalmusik) – Pathé AT 1057 (Fr.).

WINDY OLD WEATHER, Bob Roberts – Talking Books 2/1501/26 (Engl.).

THE BLACKBALL LINE – Topic T 8 (Engl.).

HIGH BARBAREE – Columbia 33 S 1103 (Engl.).

SAILORMEN AND SERVING MAIDS (Folksongs of Britain, Vol. 6) – Caedmon TC 1162 (Engl.).

Die folgenden Platten wurden seit 1970 produziert und sollten eigentlich leicht zu bekommen sein.

SEA SONGS AND SHANTIES – Topic Sampler no. 7 TPS 205 (Engl.).

ACROSS THE WESTERN OCEAN – Swallowtail ST 4 (Amer.).

WHALING AND SAILING SONGS, Paul Clayton – Tradition 1005 (Amer.).

OFF TO SEA ONCE MORE – Stinson SLP 81 (Amer.).

SONGS OF THE WHALERS, Song Spinners – Kiwi M 31-I (N.Z.).

SHIPSHAPE AND BRISTOL FASHION, Erik Ilott – Folks'le (Engl.).

AS WE WERE A-SAILING, The Critics Group – Argo ZDA 137 (Engl.).

WON'T YOU GO MY WAY?, Peter Bellamy and Louis Killen – Argo ZFB-37 (Engl.).

WHALING SONGS AND BALLADS, Paul Clayton – Stinson SLP 69 (Amer.).

MEN AND THE SEA, Stan Hugill und die Folk Tradition – City Museum, Bristol (Engl.).

SEA SHANTIES – Topic 12 TS 234 (Engl.).

THE VALIANT SAILOR (Songs and Ballads of Nelson's Navy) – Topic 12 T S 232 (Engl.).

FIFTY SOUTH TO FIFTY SOUTH, Louis Killen – South Street Seaport Museum SPT-102 (Amer.).

YE MARINERS ALL, The Critics Group – Argo ZDA 138 (Engl.).

SEAMEN'S INSTITUTE SING AT SOUTH STREET SEAPORT – Folkways FTS-32418 (Amer.).

A GARLAND FOR SAM, Sam Larner (fisherman) – Topic 12 T 244 (Engl.).

ALL AT SEA, The Yetties – Argo ZFB 86 (Engl.).

DINGLES REGATTA – Dingles DIN 301 (Engl.).

YOUNG TRADITION (Sampler) – TRA SAM 13 (Engl.).

SCHELDELOODSENKOOR ZINGT SEASONGS EN SHANTIES – BMG SS 2418 (Holl.).

SCHELDELOODSENKOOR ZINGT SEASONGS EN SHANTIES – Mirasound SP 162 (Holl.).

VISA PÅ STORLUKA (Gamle Seilskuteviser) – TNLP 26 (Schwed.).

DIE KNURRHAHNE – Brilliant HLP 10259 (Deutsch).

SHANTIES (und Lieder von der Waterkant) – Europa E 157 (Deutsch).

LIEDER VON DER WATERKANT, Shantychor-Cuxhaven – Baccarola 89216 ZT (Deutsch).

CHANSONS SALÉES DE LA MARINE À VOILES – Disques Vogue SLD 735 (Fr.).

SEEMANNSLIEDER UND SHANTIES, Die Hamburger Tearjacks – Mandolino 5-120 (Deutsch)

SHANTIES VON DER WATERKANT, Der grosse Windjammer-Chor – Intercord 28 711-0 (Deutsch)

ROLLING HOME, Chor und Solisten der Seekameradschaft Nordsee – Karussel, Gold-Serie 2652 038 (Deutsch).

BIBLIOGRAPHIE

Anderson, R., *Seventeenth Century Rigging* (Salem, 1927).

Anderson, R. and R.C., *The Sailing Ship* (London, 1947).

Anson, Peter F., *Fisher Folk Lore* (1965).

Arnoux, Guy, *Chansons de marin français au temps de la marine en bois* (Paris, 1918).

Ashley, C., *Whaleships of New Bedford* (Boston, 1929).

Ashton, John, *Real Sailor Songs* (London, 1891).

Baltzer, R., *Knurrhahn* (Kiel, 1936; gekürzter Nachdruck, Hamburg, 1952).

Beckett, Mrs. Clifford, *Shanties and Forebitters* (London, 1914).

Beckett, Comdr. W.N.T., *A Few Naval Customs, Expressions, Traditions and Superstitions* (Portsmouth, 1920).

Boughton, Capt. George P., *Seafaring* (London, 1926).

Bowen, F.C., *From Carrack to Clipper* (London, 1948).

—, *Sea Slang* (London, 1929).

Brochmann, D.H., *Opsang fra Seilskibstiden* (Christiania, 1916).

—, *Shantimanden* (Christiana, 1908).

Bullen, Frank T., and W.F. Arnold, *Songs of Sea Labour* (London, 1914).

Burney, Capt. C., *The Young Seaman's Manual and Rigger's Guide* (London, 1876).

Chapelle, H.I., *History of American Sailing Ships* (Nachdruck, New York, 1970).

Chapman, F.H. af., *Architectura Navalis Mercatoria* (Faksimile, Magdeburg, 1957).

Chovin, *Chansons de marins* (Paris, n.d.).

Clark, Capt. A.H., *The Clipper Ship Era* (London, 1910).

Colcord, Joanna C., *Songs of American Sailormen* (New York, 1938).

Course, Capt. A.G., *Windjammers of the Horn* (London, 1969).

Dana, R.H., *Two Years Before the Mast* (New York, 1840; viele Neuauflagen).

Davis J., and Ferris Tozer, *Sailor Songs or "Chanties"* (London, 1887).

Doerflinger, W.M., *Shantymen and Shantyboys* (New York, 1951).

Falconer, W., *Universal Dictionary of the Marine, 1780* (Faksimile, Newton Abbot, 1970).

Favara, Alberto, *Canti della terra e del mare di Sicilia* (Mailand, 1948).

Granville, W., *A Dictionary of Sailors' Slang* (1962).

Harlow, F.P., *Chanteying Aboard American Ships* (Salem, 1948).

Hayet, Capt. A., *Chanson de bord* (Paris, 1927).

—, *Dictons et tirades des anciens de la voile* (Paris, 1934).

Höver, Otto, *Von der Galiot zum Fünfmaster* (Norderstedt, 1975).

Hugill, Stan, *Shanties from the Seven Seas* (London, 1961).

—, *Sailortown* (London, 1967).

—, *Shanties and Sailors' Songs* (London, 1969).

Jal, A., *Glossaire nautique* (Paris, 1848).

Jensen, Capt. Oscar, *Internationale Sømands-Opsange* (Kopenhagen, 1923).

Jobe, J., *Great Age of Sail* (Lausanne, 1967).

Landström, Björn, *Das Schiff* (1961).

Laughton, L.C. Carr, *Old Ships, Figureheads and Sterns* (1925).

Le Bihor, Jean-Marie, *Chansons de la voile, "sans voiles"* (Dünkirchen, 1935).

Lloyd, C., *The British Sailor* (London, 1968).

—, *Sea Fights Under Sail* (London, 1970).

Lubbock, B., *The Last of the Windjammers*, 2 Bde. (Glasgow, 1927).

—, *The China Clippers* (Glasgow, 1929).

—, *The Down Easters* (Glasgow, 1930).

Masefield, J., *Sea Life in Nelson's Time* (London, 1905).

Mikkelsen, Børge, *Sømandssange, gamle og nye* copenhagen, 1941).

Nordhoff, Charles, *Nine Years a Sailor* (Kincinnati, 1857).

Olmstead, F.A., *Incidents of a Whaling Voyage* (New York, 1841).

Paasch, Capt., *Illustrated Marine Encyclopaedia* (Antwerp, 1890; Hamburg, 1901).

Pallman, Gerhard, *Seemannslieder* (Hamburg, 1938).

Patterson, J.E., *The Sea's Anthology* (New York, 1913).

Rappoport, Dr. A.S., *Superstitions of Sailors* (1928).

Sampson, John, *The Seven Seas Shanty Book* (London, 1927).

Schulz, G.T., *Unter Segeln Rund Kap Hoorn* (Hamburg, 1954).

Sharp, Cecil J., *English Folk-Chanteys* (London, 1914).

Shay, Frank, *Iron Men and Wooden Ships* (New York, 1924).

Smith, C. Fox, *A Book of Shanties* (London, 1927).

Smith, Laura A., *The Music of the Waters* (London, 1888).

Smyth, Adm. W.H., *The Sailor's Wordbook* (London, 1867).

Spengemann, Friedrich, *Die Seeschiffe der Hannoverschen Weserflotte* (Norderstedt, 1975?).

Sternvall, Capt. S., *Sång Under Segel* (Stockholm, 1935).

DANKSAGUNGEN

Strobach, H., and Jens Gerlach, *Shanties* (Berlin, 1972).

Suscinis, Jean, *Chansons de la mer et de la voile* (Paris, n.d.).

Tegtmeier, K., *Alte Seemannslieder und Shanties* (Hamburg, n.d.).

Terry, R.R., *The Shanty Book* (London, 1931).
—, *Salt Sea Ballads* (London, 1931).

Underhill, H.A., *Masting and Rigging* (Glasgow, 1969).

Villiers, A.J., *The Way of a Ship* (London, 1954).

Whall, Capt. W.B., *Sea Songs and Shanties* (Glasgow, 1927).

Wossidlo, R., *Reise, Quartier in Gottesnaam* (Rostock, 1969).

Young, A., *Nautical Dictionary* (1846).

Oslo Sjømannsforening, Oslo, Norwegen
(Norwegische Shanties)

The late Comdt. Armand Hayet, Capitaine au Long-Cours, Paris
(Französische Shanties)

Musikverlag Hans Sikorski, Hamburg;
Knurrhahn – Seemannslieder und Shanties, Band 1 und 2
(Deutsche Lieder und Shanties)

Albert Bonnier Förlag, Stockholm, und Capt. S. Sternvall
(Scandinavische Lieder und Shanties)

Herbert Jenkins, London
(Britische Lieder)

Routledge und Kegan Paul, Ltd., London
(Britische Shanties)

SPIN, Liverpool
(Verschiedene britische und amerikanische Lieder und Shanties)

G. Ricordi & Co., London und Mailand
(Sizilianische Lieder)

Mr. Kees Hos, Assendelft, Holland und Mr. Koen Suyk, Vereniging van Nederlandse Kaap Hoorn, Vaarders
(Holländische Lieder und Shanties)

Comdt. Le Maître, Antwerpen

GLOSSARIUM

ASTROLABIUM

Wie Jakobsstab und Quadrant ein klassisches Instrument für die Messung von Positionswinkeln der Gestirne, bzw. ihrer Höhe über dem Horizont. Nützlich bei der Verwendung in einem stationären Observatorium, auf Schiffen jedoch nur zur Bestimmung der annähernden geographischen Breite zu gebrauchen. Die andere Koordinate, die zur Feststellung des genauen Schiffsorts nötig ist, die geographische Länge, konnte durch direkte Messung erst ermittelt werden, als die Uhren so zuverlässig wurden, das die Länge aus dem Unterschied zwischen der gemessenen Gestirnsposition zu einer bestimmten – auf der Uhr ablesbaren – Zeit und der bekannten – aus einer Tabelle ablesbaren – Position des selben Himmelskörpers zur selben Zeit an einem in seiner geographischen Lage genau bestimmten Ort nur noch abgelesen werden mußte.

BOOTSMANN

Seemann, der einer Gruppe von Matrosen vorgesetzt ist, ohne selbst – wie etwa der Steuermann – Offizier zu sein. Seine Stellung entspricht damit der eines Vorarbeiters oder z.B. eines Poliers an Land.

BUKANIER

Abgeleitet von einer zeitweiligen Nebenbeschäftigung der karibischen Piraten – dem Handel mit Häuten – eine andere Bezeichnung für den gefürchteten Flibustier (s. dort).

FLIBUSTIER

Neben Bukanier die alte Bezeichnung für die Piraten der Karibik, die – oft mit Kaperbriefen ausgestattet – besonders während des 17. Jahrhunderts ihr greuliches Unwesen trieben und dabei so selbstsicher wurden, daß sie, darin den Wikingern des frühen Mittelalters und den Seeräubern Nordafrikas ähnlich, nicht davor zurückschreckten, sogar Küstenstädte zu überfallen und zu plündern. Der Name Flibustier ist mit dem deutschen Wort Freibeuter – Filibuster – verwandt.

FUSSPERD

Auch Fußpferd geheißen; eine parallel zu den Rahen verlaufende Leine, auf die die Matrosen mit den Füßen Halt fanden, wenn sie, mit dem Oberkörper über der Rah hängend, Arbeiten am Segel ausführten.

HEISSEN

In der Seemannssprache das Hochziehen von z.B. einer Flagge nur mit Hilfe von Blöcken etc. (siehe Hieven).

HIEVEN

Das Heben von Lasten mit Hilfe einer Winde; auch in der heutigen Seemannssprache noch gebräuchlich.

HOLEN

Auch heute noch der Seemannsausdruck für Ziehen.

INDIENFAHRER

Die schweren, bauchigen Schiffe, die im Auftrag der reichen und meist staatlich kontrollierten »Indischen Handelskompanien« auf der Asienroute fuhren. Als bestimmender Schiffstyp lösten sie im 17. und noch im 18. Jahrhundert die Karavellen und Galeonen des 15. und 16. Jahrhunderts endgültig ab.

JAKOBSSTAB

Einfaches Gerät zur Bestimmung beliebiger Winkel über ein Visier (siehe Astrolabium).

JANMAAT

Norddeutsche volkstümliche, scherzhafte, aber nicht ehrenrührige Bezeichnung für den einfachen Seemann.

KALMENGÜRTEL

Bandförmige, beständige Zonen häufiger Windstille in der Gegend des Äquators und der nördlichen und südlichen Subtropen. Alle drei Kalmengürtel mußten bei jeder Fahrt nach Asien, Australien, Südamerika oder der nordamerikanischen Westküste zweimal durchquert werden und sollen die Segler manchmal zu nervenzermürbenden Aufenthalten gezwungen haben.

KAP HORN

In der Tradition der Seefahrt – und entgegen dem Duden – schreiben wir es mit nur einem ›o‹.

KIELHOLEN

In früheren Zeiten eine schwere Strafe für Matrosen, die beim Kielholen an einem Tau von der einen Bordwand des Schiffes unter den Kiel durch auf die andere Seite und wieder an Bord gezogen wurden. Mit zunehmender Größe der Schiffsrümpfe und entsprechendem Tiefgang war der Tod des Seemanns als Folge dieser grausamen Bestrafung häufig nicht auszuschließen.

KLIPPER

Die letzten schlanken und schnellen Großsegler der Weltmeere. Häufig mit stählernem Rumpf und Masten waren sie etwa von der Mitte des vorigen Jahrhunderts an noch bis zum Ersten Weltkrieg Konkurrenz für die aufkommende Dampfschiffahrt. Die Klipper hielten vor dem Bau der transkontinentalen Eisenbahnen ums Kap Horn herum die Verbindung zwischen New York und San Franzisko, sie bestimmten den Teehandel mit China und den Wollhandel mit Australien, sie waren die ersten, die über den Atlantik einen festen monatlichen Fahrplan einhielten und sie bestimmen heute noch das Bild, das sich der Binnenländer von einem »richtigen Segelschiff« macht.

KOJE

Bettartige Schlafstelle des Seemanns, als die Zeiten von Strohsack (Eselsfrühstück) und Hängematte endlich vorbei waren.

KOPPELN

Ein Verfahren zur Bestimmung des Kurses und des gegenwärtigen Schiffsorts nicht aufgrund einer im Moment der Bestimmung vorgenommenen Messung – etwa mit dem Sextanten –, sondern mit Hilfe einer zeichnerischen und/oder rechnerischen Summierung geschätzter oder gemessener Größen wie Schiffseigengeschwindigkeit, Strömung, verflossener Zeit, Abdrift durch Wind etc. Die Verfolgung eines gekoppelten Kurses auf der Seekarte führt zu einem mehr oder weniger geschätzten Standort des Schiffes, dem »gegießten Besteck«.

LUK

Öffnung im Schiffsdeck, meist im Sinn von Ladeluke, durch die Kisten und Warenballen in den Schiffsbauch hinabgelassen wurden.

MARLSPIEKER

Ein metallener Dorn mit Griff, der beim Umgang mit Tauwerk, z. B. beim Spleißen, d. h. dem Verbinden zweier Taue durch Ineinanderverflechten der Enden, gute Dienste leisten kann.

NAGELBANK

Starke Holzleiste, fast auf Deckshöhe, etwa am Schanzkleid (der massiven »Reling« von einst) angebracht, mit senkrechten Löchern für die Belegnägel. Diese wiederum waren schwere, knapp halbmeterlange Metallstäbe, an denen lose Tauenden festgebunden, »belegt« wurden.

ÖLZEUG

Kleidung der Fahrensleute aus starkem Leinen, die früher tatsächlich mit Öl wasserdicht gemacht wurde. Inzwischen sind die Methoden der Stoffbehandlung und -beschichtung technisch immer aufwendiger geworden, und das »Ölzeug« ist auch bei Landratten beliebt. Bisher letztes Glied in dieser Ahnenreihe ist die leuchtend gelbe »Segeljacke«, die inzwischen zur Schlechtwetterbekleidung der Schulkinder geworden ist.

PAKETBOOT

Paketschiff, Packet-Ship; in der Zeit der Segelschiffe ursprünglich Schnellsegler, die Stückgut, Passagiere und Post beförderten. Die berühmten Klipper gehörten zum Teil dazu. Der Ruhm dieser Segler lebt in einer späteren Beibehaltung bzw. Ausweitung des Begriffs auf andere Schiffstypen fort. In Frankreich heißen die großen Passagierschiffe, die aussterbenden »Ozeanriesen«, bis heute Paquebot.

PIDGIN-ENGLISCH

Mischsprachen, die in verschiedenen Teilen der Welt, besondes an der afrikanischen Küste und in China im Zuge des intensiven Kontakts zwischen Engländern und Einheimischen als Verständigungsmittel entstanden sind und z. B. in Afrika auch den Einheimischen dazu dienten, eigene, durch die verschiedenen Stammeszugehörigkeiten bedingte Sprachschwierigkeiten zu überwinden. Das Pidgin besteht aus meist englischen Wörtern, die nach den Regeln der jeweiligen Einheimischensprache, der das Pidgin auch im Satzbau gleicht, zu oft bildhaften Begriffen zusammengefügt wurden. Ein nur holperiges unvollkommenes Englisch ist dagegen kein Pidgin.

PORTOLANKARTEN

Mittelalterliche Seekarten, die vor der Festlegung des Gradnetzes für geographische Längen und Breiten nach Küstenbeschreibungen und Routenbüchern gezeichnet wurden.

PRESSEN

Die gewaltsame Entführung eines Menschen mit dem Zweck, ihn zum Dienst auf einem Schiff zu zwingen. Vom Staat oder mit staatlicher Förderung besonders in England geübte Methode, dem stetigen Mangel der Kriegsmarine an Matrosen abzuhelfen. Das Pressen besorgte eine Presspatrouille, die sich oft wahllos geeignet erscheinende Männer aus allen möglichen Berufen von der Straße holte, manchmal aber auch eine Art Lossystem entscheiden ließ, wenn z.B. in einem Wirtshaus derjenige Gast mit zur See mußte, der schließlich am Boden seines Bierbechers den Shilling fand, den der Anführer der Press-Gang in eins der bereitstehenden Trinkgefäße geworfen hatte.

PULL

Der gemeinsame, kräftige Ruck der Matrosen an einem Tau. Das Shanty bestimmt den Zeitpunkt des Pulls und sorgt dafür, daß die Körperkräfte der Seeleute, gemeinsam eingesetzt, die höchstmögliche Wirkung erzielen.

QUADRANT

Gerät zur Bestimmung eines anvisierten Punktes (oft eines Gestirnes) in seiner Abweichung von der Senkrechten. Die Anwendung auf schwankendem Schiffsdeck ist problematisch (siehe Astrolabium).

REEDE

Ankerplatz draußen vor dem eigentlichen Hafen; bietet oft durch seine natürliche Anlage (Bucht, weite Flußmündung) auch einen gewissen Schutz vor Stürmen und Wellengang.

SCHIFFSMESSE

In schon fortschrittlicheren Zeiten Speiseraum, zunächst für Offiziere, später auch für einfache Seeleute.

SCHIFFSZWIEBACK

Das grobe Brot der Seeleute auf ihren langen Segelschiffsreisen. Das Verfahren des zwiefachen Backens sollte, wie beim heutigen süßen Zwieback, die Haltbarkeit in einer Zeit gewährleisten, als Konservierungsmittel noch fast unbekannt waren. Je länger die Reise dauerte, umso unsicherer war jedoch diese Methode der Haltbarmachung. Eine »typische Handbewegung« der Seeleute während des Essens war deshalb ein ständiges Klopfen mit dem Schiffszwieback auf einer harten Unterlage, um die Maden zum Verlassen ihres nahrhaften Aufenthaltsortes zu bewegen.

SHANGHAIEN

Das zivile Gegenstück des militärischen »Pressens«; eine gewaltsame Entführung, oft mit Hilfe von Betäubungsmitteln zum Dienst auf einem Handelssegler. Von Berufskriminellen gegen eine Gebühr, die der zukünftige Kapitän des »Shanghaiten« zahlte, ausgeführt.

SHANTY

Das Arbeitslied der Matrosen auf Segelschiffen, das durch seinen Rhythmus den Einsatz der Muskelkraft koordinieren sollte. Davon abgeleitet die balladenartigen Freizeitlieder der Seeleute, die oft mit einem Instrument, häufig einer Gitarre oder einer Harmonika, begleitet wurden. Heute sind die Shanties ein Zeugnis vergangener Tage, das die – oft verklärte – Erinnerung an die Segelschiffahrt und die ihr eigene Stimmung wachhält.

SKORBUT

Eine Vitaminmangelkrankheit, die auch einfach »Schiffskrankheit« genannt wurde und auf das Fehlen oder die vorzeitige Zersetzung von Vitamin C in der eintönigen Nahrung der Seeleute zurückzuführen war. Auffälliges Symptom war ein blutiger Mund und der Verlust der Zähne. Der Skorbut schwächte die Seeleute so sehr, daß sie zu keinerlei körperlicher Arbeit mehr fähig waren und so das auf Muskelkraft zu seiner Bedienung angewiesene Segelschiff in höchste Gefahr bringen konnte. Besonders durch zusätzliche Infektionskrankheiten, die den geschwächten Körper befielen, war der Skorbut auch lebensgefährlich. Die berühmteste Vorbeugungsmaßnahme war die Ausgabe von Limonen oder Zitronensaft an Bord der britischen Schiffe seit dem Jahre 1760.

TAKELUNG

Auch Takelage, ist alles, was an Masten, Segeln und Tauwerk der Fortbewegung eines Schiffes dient. Die Takelung in ihrer Gesamtheit bildet das auffälligste Kennzeichen und Unterscheidungsmerkmal eines Segelschiffes, wobei die charakteristische Art der Takelung, wie die Anzahl der Masten, die Form und Zahl der Segel, ihre Verwendung als Rah- oder Gaffelsegel usw. die einzelnen Schiffstypen festlegt. Man spricht von einem Segler, der etwa »als Bark« oder »als Brigantine getakelt« ist.

TEER

Der »Teer« der alten Seeleute, mit dem sie abdichteten oder seewasserfest machten, ist eher dem früher auch an Land gebrauchten Pech ähnlich, einem Abfallprodukt der heutigen (Straßen-)Teerherstellung.

VORSCHIFF

Der vordere Schiffsteil, der traditionell den einfachen Matrosen als Aufenthalt und Unterkunft diente. Das in früheren Zeiten erhöhte Achterschiff dagegen, war Wohn- und Arbeitsbereich des Kapitäns. Die in »Forebitter« in diesem Buch, die Freizeitlieder der Matrosen, wurden auf dem Vorschiff gesungen, wo es sich der Sänger mit seinem Instrument auf einem der Poller bequem machte.

WANTEN

Die in ihren unteren Teilen fächerförmig in spitzem Winkel vom Mast zur Bordwand verlaufenden, seitlichen Abstützungen des Mastes aus starkem, getreertem Tauwerk. Durch dünnere Leinen zu steifen »Strickleitern« verbunden, dienen sie den Matrosen zum Aufentern – Hinaufklettern – in den Mast.

WINDJAMMER

Name für die Großsegler besonders des 19. Jahrhunderts, aber auch für die wenigen, heute noch erhaltenen Segelschiffe etwa vom Klippertyp, die ihren Dienst meist als Schulschiffe der verschiedensten Nationen tun.